当世具足の兜の立て物
―そのデザインと機能―

土井 輝生

Teruo Doi

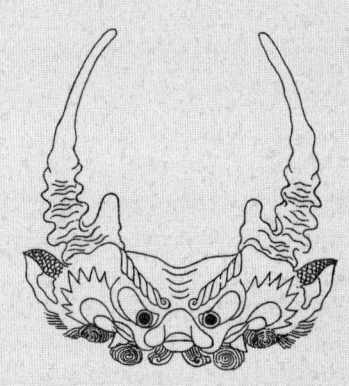

雄山閣

序

　本書のタイトルに用いる「当世具足」（とうせい・ぐそく）の語は、『広辞苑』に、「鎧（よろい）の一種。室町末期以来行われたもので、歩兵用の胴丸（どうまる）の形を受けて胴を鉄板製とし、兵器の変化に応じて身体をおおうため各部の小具足を増加するとともに、戦国時代の個人意識の発達につれて、その形は非常に複雑になった。古来の鎧に既に「具足」の名があるので、区別するため「当世」の字が冠せられたが、後には当世具足だけを具足と呼ぶようになった。」と説明されている。

　「当世具足」は、戦国時代から幕末にかけて数多く製作されたいろいろなスタイルの甲冑のことである。日本の歴史で、応仁の乱が終わって戦国時代が始まったのは、文明9年（1477年）である。群雄が割拠して、各地で戦が行われる。慶長5年（1600年）には、関が原の戦いで、徳川家康が石田三成を破り、覇権を獲得する。このような戦乱の世を背景とする東宝映画「七人の侍」（1954年）、「蜘蛛巣城」（1957年）、「隠し砦の三悪人」（1958年）、「影武者」（1980年）、「乱」（1985年）など黒澤明監督の時代劇映画には、当世具足が小道具として有効に使われている。旗指物のほかに、兜につけた前立てや脇立ても、この時代の戦のファッションの描写を印象づけている。とくに「乱」で使われた衣装、大道具および小動具は、『黒澤映画の美術』（学習研究社、1985）にカラー写真で紹介されている。そのなかの、プレート186には、「五人組　兜」の写真が出ている。これらの兜には、それぞれ異なるデザインの前立てがつけられている。この写真については、「黒澤明オリジナルデザインの前立て」という説明がついている。

　享保14年（1729）に発行された村井昌弘編輯『図解単騎要略—被甲辨』の巻二には、当世具足の兜につける前立（まえたて）、頭立（ずたて）、脇立（わきたて）および後立（うしろたて）の4種類の立て物が図示されている。（A図）このなかで、もっとも数多く残されているのは、兜鉢の正面につける前立てである。兜鉢の正中板につけた鉄鈎や、眉庇の上に鉄鋲でとめた祓立は、前立てをつける装置である。兜鉢には、両側に角状の鉄鈎をつけたも

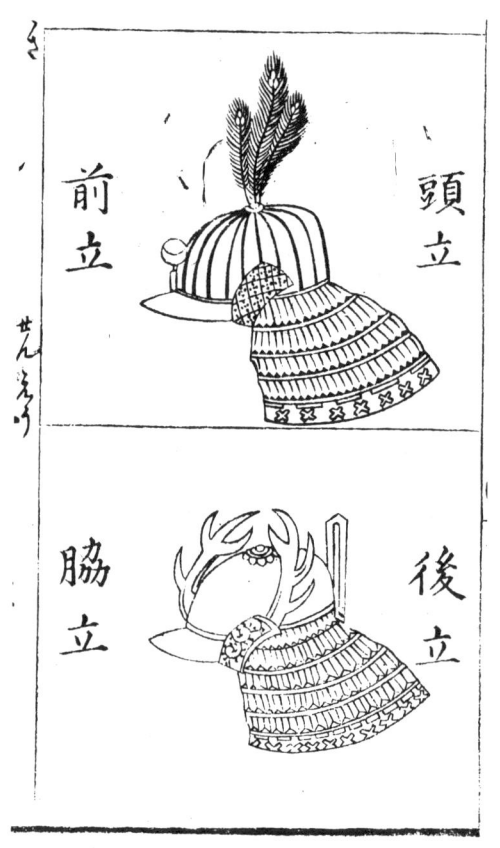

A図 『単騎要略』

のがある。これは、左右対象に作った脇立てをつける装置である。ごくまれに、鉢の後側に鉄鈎をつけた兜がある。これは、後立てをつける装置である。八幡座のない兜鉢には、天辺に2寸くらいの鉄棒をつけたものがある。これは、頭立てをつける装置である。

　本書で実例を取り上げて解説するのは、室町時代末期から戦国時代(約100年；1470～1573)、安土桃山時代（約25年；1575～1600）をへて江戸時代（約250年）(1601～1867)にわたって数多く製作された当世具足の兜につけられた立て物である。これらの立て物は、それ自体に特別の機能のない兜のアクセサリである。しかし、現代の装身具と違って、兜の立て物は、当世具

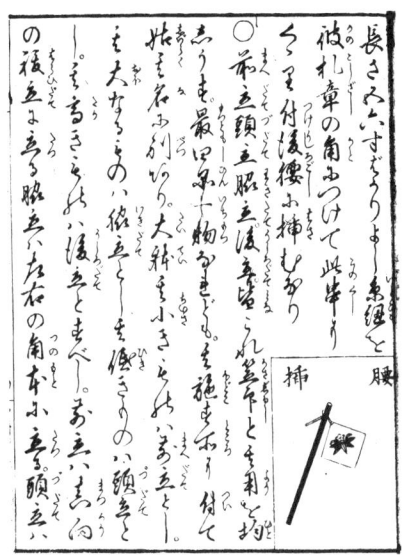
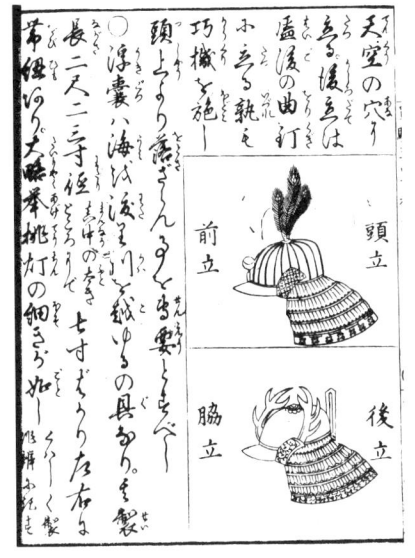

　足の所持者や使用者の所属する集団の合印（ID標識）として、また自分のステイタス・シンボルや祈願の対象として用いるためにそのデザインが考案された。

　ここで取り上げる資料の多くは、明治維新にいたるまでの江戸時代の作品である。それぞれのデザインがどこからきたのかを追求すると、日本の美術工芸のルーツがわかっておもしろい。

　本書の著者は、刀剣春秋新聞社発行の新聞『刀剣春秋』に1985年2月から現在まで「戦場の武器と装具」と題して小論説を連載している。また、同社発行の月刊雑誌『愛刀』に1984年10月号から「古武具コーナー」と題して古武具の資料を紹介している。これらの連載記事の多くが本書の基礎をとなっている。巻末に、『刀剣春秋』と『愛刀』に掲載した兜の立て物にかんする記事のタイトルを掲げておく。このような寄稿の機会を与えていただいた刀剣春秋社代表飯田一雄氏に厚く御礼を申し上げる。毎回の寄稿にあたっては、編集責任者の岸本禎信氏からご配慮をいただいている。

　兜の立て物の研究については、㈳日本甲冑武具研究保存会（会長藤本厳氏）の月例研究会で発表する機会を与えられたことがある。東京都新宿区西

早稲田の水稲荷神社参集室で開かれたこの研究会では、出席会員の方々が展示された貴重な資料を拝見することができた。
　本書の企画、編集および発行にあたってご尽力くださったのは、株式会社雄山閣の編集部で活躍しておられる久保敏明氏である。本書の発行を可能にさせていただいた同氏には、心から感謝の意を表明する。

2007年3月21日

土井　輝生

『当世具足の兜の立て物：そのデザインと機能』

1. 信濃国清水寺の古式「鍬形」（くわがた）とそのデザインの影響 ……… 1
2. 復古調の大円山星兜につけた「長鍬形」（ながくわがた）の前立て …… 12
3. 『集古十種』の「武田信玄前立物図」による獅噛（しかみ）の前立て … 15
4. 不動明王の変化身「倶利迦羅龍王」（くりからりゅうおう）の前立て … 18
5. 国芳の版画に描かれた「飛龍」（ひりゅう）の前立てとその実例 …… 23
6. 兜の装飾として用いられた「向鉢巻」（むこうはちまき）のデザイン … 28
7. 不動明王とともに渡来した「火焔」（くわえん）を表した前立て …… 33
8. 軍陣の指揮具「采配」（さいはい）を模した前立て ………………… 39
9. 山岳宗教の修験道にゆらいする「烏天狗」（からすてんぐ）の前立て … 42
10. 山岳修行者が持つ「錫杖」（しゃくじょう）を模した前立てと頭立て … 45
11. インドの「ストゥーパ」にゆらいする「五輪塔」の前立てと頭立て … 50
12. 走る白狐（びゃっこ）の姿を表した前立て ……………………………… 55
13. 想像上の怪物「鬼」（おに）面の前立て ………………………………… 58
14. 禅宗説法師が持つ麻姑手形と心字形「如意」（にょい）の前立て …… 61
15. 真中に懸け仏をつけた木彫「劔鍬形」（けんくわがた）の前立て …… 65
16. 「宝珠」（ほうじゅ）を表す兜の立て物 ………………………………… 67
17. 仏具「輪宝」（りんぽう）を用いた前立て ……………………………… 71
18. 「刀八毘沙門」（とばつびしゃもん）の文字を大書した扇の前立て …… 76
19. 『単騎要略製作辨』に図示された「隼」（はやぶさ）の前立て ……… 79
20. 木彫に金箔を置いた「鯱」（しゃち）の前立て ………………………… 82
21. 瑞鳥「鳳凰」（ほうおう）を立体的に表した前立て …………………… 87
22. 美麗な羽をつけた「孔雀」（くじゃく）を模した前立て ……………… 90
23. 山岳宗教の法具にゆらいする「鉞」（まさかり）の頭立て …………… 92
24. 「船釘」（ふなくぎ）の前立てと「大釘」（おおくぎ）の後立て …… 97
25. 尾を下げ頭を持ち上げた姿の「虎」（とら）の木彫前立て …………… 99
26. 数条の異なる長さの「蘭」（らん）の葉を模した前立て ……………… 103
27. 打鉤（うちかぎ）として使える鍛鉄製「錨」（いかり）の前立て ……… 104

28. 密教信仰を表す種々の「梵字」(ぼんじ)を表示した前立て ……108
29. 紙垂(かみしで)を串に差し挟んだ御幣(ごへい)の前立て ……111
30. すさまじい形相の妖怪「犬神」(いぬがみ)面の前立て ……115
31. 大黒天信仰にゆらいする「木槌」(きづち)の前立て ……119
32. 銅版に彫金した「毘沙門天」(びしゃもんてん)立像の前立て ……123
33. 桐材に「猿田彦命」(さるたひこのみこと)面を彫り彩色した前立て …127
34. 戦陣の合図用具「法螺貝」(ほらがい)を模した前立て ……130
35. 工具「釘抜き」(くぎぬき)の形を模した前立て ……133
36. 木軸の「毛筆」(もうひつ)の形を模した前立て ……134
37. 銅板に鍍金をした「矢」(や)紋と「矢羽」(やばね)紋の前立て …135
38. 「雁金」(かりがね)紋と「結び雁金」(むすびかりがね)紋の前立て …138
39. 金属板で作った「分銅」(ふんどう)紋の前立て ……141
40. 銅板に鍍銀をした二枚葉つき「桃」(もも)の実の前立て ……143
41. 平板に「丸に上の字」紋を透かした前立て ……145
42. 加賀藩で広く用いられた「梅鉢」(うめばち)紋の前立て ……148
43. 「平井筒」(ひらいづつ)紋を表した合印の前立て ……153
44. 「丸に蔦」(まるにつた)紋と蔓つき「三つ葉蔦」(みつばつた)の前立て …155
45. 相州小田原藩の合印「三鈷杵」(さんこしょ)に剣をつけた前立て …160
46. 革で作り表に金箔を置いた「唐団扇」(とううちわ)紋の前立て …164
47. 異なる仕様で各種「橘」(たちばな)紋を表した前立て ……166
48. 兜の鉢を覆う木彫「いたら貝」の前立て ……170
49. 異なる仕様の「木瓜」(もっこう)紋の前立て ……172
50. インドの古代武器「バジラ(跋折羅)」のデザインを用いた前立て …177
51. 鉄板打出し「風神」(ふうじん)面と「雷神」(らいじん)面の前立て …182
52. 黒漆塗り円板に「繋ぎ四つ目」(つなぎよつめ)紋を表示した前立て …185
53. 「三つ割り唐花」(みつわりとうか)紋を描いた古式鍬形台の前立て …187
54. 立体的に表現した木彫「海老」(かいらう)の前立て ……188
55. 異なる仕様で「鷹の羽」(たかのは)紋を表した前立て ……190
56. 祭祀に使う「把熨斗」(たばねのし)を象った前立て ……194
57. 人頭を象徴する「大耳」(おおみみ)を両側につけた兜鉢 ……197

58. 異なる仕様で「源氏車」(げんじくるま)紋を表した前立て	203
59. 異なる仕様で「鶴の丸」(つるのまる)紋を表した前立て	205
60. 下総国古河藩の合印赤漆塗り「天衝」(てんつき)の前立て	208
61. 異なる仕様で「桔梗」(ききょう)紋を表した前立て	210
62. 異なる仕様で各種「茗荷」(みょうが)紋を表した前立て	215
63. 異なる仕様で「五三桐」(ごさんのきり)紋を表した前立て	219
64. 厚板に六弁の「鉄線」(てっせん)紋を彫った前立て	223
65. 加賀藩の合印「猪の目」(いのめ)紋を表した前立て	226
66. 異なる仕様で「袋」(ふくろ)紋を表した前立て	230
67. 「龍の丸」(りゅうのまる)紋と「入れ違い雨龍」(あまりょう)紋の前立て	233
68. 異なる仕様で「卍」(まんじ)紋(スバスティカ)を表した前立て	236
69. 和紙を貼り合わせ黒漆地に金箔を置いた「蕪」(かぶ)の前立て	241
70. 二つ花房の「藤丸」(ふじのまる)紋を表した前立て	244
71. 頭や甲羅に金箔を置いた木彫「蓑亀」(みのがめ)の前立て	247
72. 三鈷杵を十字に交叉させた密教の法具「羯磨」(かつま)の前立て	250
73. 仙台藩制定の「師之卦」の軍旗と「師卦」(しけ)を表した前立て	252
74. 仏具「鰐口」(わにぐち)を木に彫刻した錆地塗りの前立て	256
75. 能面「飛出」(とびで)の表情をした木彫仮面の前立て	260
76. 北方守護の「毘沙門天」が片手に持つ「矛」(ほこ)の前立て	262
77. 仙台藩片倉家の合印「愛宕山大権現守護所」護符の前立て	264
78. 小円板に「新田一つ引き」(にったひとつびき)紋を表した前立て	267
79. 革を切り抜いた「一柳釘抜き」(ひとつやなぎくぎぬき)紋の前立て	268
80. 開いて杯として使える二枚貝「蛤」(はまぐり)の前立て	269
81. 径五寸の円板に金箔を置いた「日輪」(にちりん)の合印前立て	271
82. 和紙で作り黒漆地に銀箔を置いた「鯖尾」(さばお)の前立て	272
83. 「隅入り平角に片喰」(すみいりひらかくにかたばみ)紋の前立て	274
84. 金革張り円板に黒漆で「丸に五つ柏」紋を描いた前立て	276
85. 革を切り金箔を置いた「向う鉢巻の結び目」を象った前立て	278
86. 柄の先に鍛鉄の爪をつけた「熊手」(くまで)の前立て	280
87. 異なる仕様で「御神火」(ごしんか)を象った前立て	283

ix

88. 円板に「陰三つ鱗」(かげみつうろこ)紋を線描きした合印前立て ……286
89. 径二寸の銅円板2枚に鍍金と鍍銀をして「日月」を表した前立て …287
90. 練り革で作り金箔を置いた「獅噛」(しかみ)の前立て ……………288
91. 曲物(まげもの)の馬上杯(ばじょうはい)を用いた前立て ……………289
92. 明珍派甲冑師が作った「蟷螂」(かまきり)の前立て ……………293
93. 表に金箔を置いた木彫「向兎」(むこううさぎ)の前立て……………295
94. 銅板を切り抜き全面に鍍銀をした「月に星」紋の前立て ……………297
95. 銅板を切り抜き鍍銀をした「五つ星」紋の前立て ……………298
96. 革板に「陰鱗に剣と抱き蕨」の家紋を透かし金箔を置いた前立て …300
97. 春日大社の大鎧兜につけた「獅噛」(しかみ)鍬形台のデザイン ……301
98. 赤い「唐辛子」(とうがらし)革張り白檀塗りの頭立て ……………309
99. 一枚革を切り抜いて作った「三つ鍬形」(みつくわがた)の前立て …312
100. 赤漆塗り円板の下縁に雲を配した「日輪」(にちりん)の前立て ……314

著者が発表した論説目録：
『刀剣春秋』 ……………………………………………………………315
『愛刀』 …………………………………………………………………323
索引 ………………………………………………………………………327

1 信濃国清水寺の古式「鍬形」(くわがた)とそのデザインの影響

「鍬形」は、江戸時代(1596〜1868)に、武士の常備品として作られた当世具足の兜の前立てにもっとも多く用いられたデザインである。現代では、五月の節句に飾る星兜に、ほとんど例外なく鍬形の前立てがつけられている。甲冑研究者のあいだでは、鍬形デザインは、長野県の清水寺に保存されている鉄板製鍬形前立てに遡ると理解されている。

清水寺の前立ては、幕末に編纂された『集古十種』にその略図を掲げて記録されているため、甲冑研究者が実在するもっとも古い前立てとして注目するばかりでなく、その模造品も数点作られている。はじめに、その一つを取り上げよう。(A図) これは、台板と左右鍬形の角の鉄板3枚を鋲止めして作った、縦43cm、先端の幅20.5cmの前立てである。縦23cm、横幅17cmの台板の左右の角に鍬形の細長い鉄板を鋲で止めた構造である。左右対照に作った台板の中央には縦に鎬がつけられ、その鎬のなかほどの両側に2個の小穴があけられている。

『集古十種』は、縮刷した4巻の書籍として、1908年(明治41)に図書刊行会から発行された。1980年には、その復刻版が(株)名著普及会から発行された。この書籍の第3巻に、「兵器類」のなかの「甲冑」1から12までが収録されている。第3巻の136頁には、清水寺に伝わる鍬形前立ての図がでている。(B図) その右には、この前立ての所在場所が、「信濃国高井郡保科村清水寺八将権現社

A図　鉄板で作った古式の鍬形(模造)

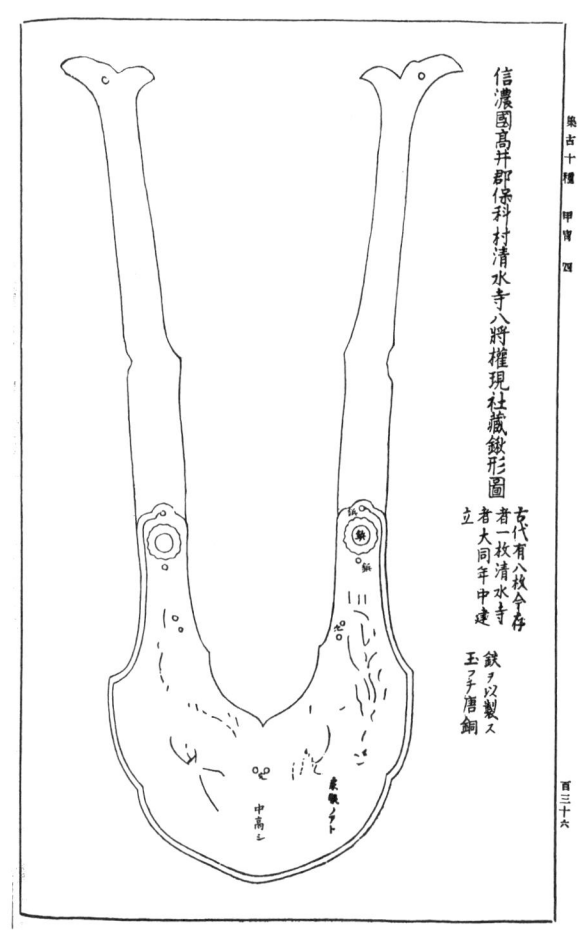

B図 『集古十種』にでている信濃国清水寺蔵鍬形の図

蔵鍬形図」と表示されている。その下に「鉄ヲ以製ス玉フチ唐銅」と、その材質が記されている。描かれた台板の右下には、「象眼ノアト」と書き入れられている。中央の横に並んだ二つの小さい穴の下には「中高シ」と記されている。

『集古十種』第1巻には、二つの解説論文、細野正信「編者松平定信と其の時代」(1〜5頁)と岩間真知子「『集古十種』について」(6〜17頁)が掲載されている。後者の冒頭には、この文献の構成について、つぎのように書かれている：

　『集古十種』は古物を模写し収録した全85冊からなる図録である。十種とは、鐘銘・碑銘・兵器・銅器・楽器・扁額・文房・印象・書・画であり、さらに兵器は旌旗・弓矢・刀剣・馬具に、書は弘法大師真蹟七祖賛と定家卿真蹟小倉色紙に、画は肖像・雪村所摹牧渓玉澗八景・名物古画に分類されている。」

『集古十種』が編纂された年代については、岩間論文の末尾（17頁）に、

「なお、『集古十種』は全く刊記を欠き、全冊の刊行年代は明らかでない。それについては、森銑三氏が「谷文晁伝の研究」で、寛政12年から享和年中。遅くとも文化初年の間としておられる。今のところその説に付与する何ものもなく、詳しくは森氏の同書を御覧頂きたい」と書かれている。

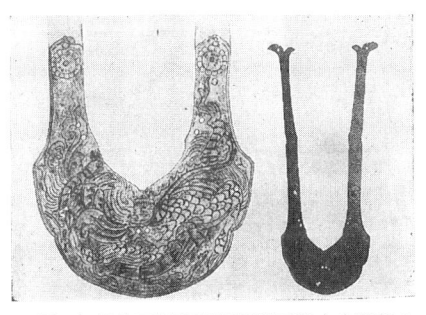

C図　伝坂上田村麿所用信濃国清水寺所蔵の鉄鍬形（山上八郎『日本甲冑の新研究』（下）2071頁に掲載）

　寛政12年は1800年、享和は1801年から1808年2月10日まで、1803年の残りは文化元年である。したがって、『集古十種』が編纂されたのは、19世紀初頭の数年間ということができる。このプロジェクトを企画したのは、松平定信（1758～99；宝暦8～文政12）である。それを実施したのは、谷文晁（1763～1840；宝暦13～天保11）である。上記の論文によると、外国から幕府に対して開国のプレッシャーがかけられていた当時、文化財保護の思想をもっていた定信は、ともに旅をしながら、しばしば谷文晁に古美術品を写し取らせ、さらに、専門家を各地に派遣して古器物の形態や状況を記録させたという。

　山上八郎『日本甲冑の新研究』（1928発行；復刻版、歴史図書社、1972）（下）2071頁には、清水寺の鉄鍬形前立ての写眞が、「鉄鍬形並にその台に居えたる文様（伝坂上田村麿奉納　信濃国清水寺所蔵）」というキャプションを付して掲げられている。（C図）同じ写真は、山上八郎『兜の研究』（大東出版社、1942）（下）の巻頭写眞ページにも掲げられている。台の中央に縦の鎬を挟んで開けられている横に並んだ二つの小さい穴は、革紐をとおし、兜の鉢の正面に開けた二つの穴に差し入れて結びつけるためのものである。これは、前立てを取り付けるもっとも古い装置である。『新研究』2073頁には、「清水寺所蔵の鍬形を見ても、台の中央には二孔を穿ち、又山城国石清水八幡宮旧蔵源義家奉納紺糸威大鎧の兜を見ても、眉庇に同様の二孔があるが、是にも元は古式の鍬形の具していたことが察せられる」と書かれている。

　山上『新研究』は、2068頁から2069頁にかけて、鍬形のルーツについて、歴史物語にこの名称がはじめて出てくるのは源平時代であるとして、『保元

物語』(1186)や『平治物語』(1186)の記述を引用したのち、『平家物語』(1219)、『長門本平家物語』、『源平盛衰記』等においてもひんぱんに言及されていることを指摘する。同書は、2063頁から2070頁にかけて、「古墳時代の鉢には、未だ前立といふべきものがなかったが、中世に至って漸く鍬形・高角等が行はれた……その効用は勿論威容を示す為で、且つ当時は主将若しくは然るべき人のみに限られて用ひられたものであった」と述べている。すなわち、鍬形の前立ては、武士階級が登場してから武将のステイタス・シンボルとして兜に着けられるようになったと理解される。

　山上『新研究』には、2068頁から2070頁にかけて、古式の鍬形前立てをつけた兜をかぶった鎧武者を描いた古画が掲げられている。そのなかで古式鍬形のデザインの特色をよく描いているのは、2070頁に「古畫に見えたる古式の鍬形」(其三)として掲げる『年中行事絵巻』の大鎧を着用し左手に長巻を持った武者の略画である。(D図)

　信濃国清水寺の古式鍬形前立ては、雄山閣が1936年に発行した有坂鉊蔵『兵器考』各巻のオレンジ色のクロス表紙に黒色で型押しプリントされている。(E図)世界の武器甲冑を比較研究したこの書は、1「古代篇」、2「近代篇」、3「砲熕篇一般部」および4「砲熕篇海軍砲熕部及小銃」の4巻よりなる。第1巻「古代篇」の第6章「甲冑軍装」(161〜285頁)では、はじめの70頁に古墳時代から幕末にいたるまでの日本甲冑の変遷について書かれている。190頁には、清水寺の古式鍬形の全ページ大の写真が「伝坂上田村麿奉納のもの　信濃国清水寺蔵」の表示で、191頁には、半ページ大で靖国神社の遊就館にあるこの鍬形のレプリカの写真がでている。(F図)後者には、「田村麿の鍬形の復原型　彫刻を明かに現したるもの」というキャプションがついている。

D図　『年中行事絵巻』にでている古式の鍬形前立てをつけた兜をかぶった大鎧武者の略画

　山上『新研究』は、最古型の鍬形は現存しないが、『将軍塚造営絵巻』に描かれているのが最も古いものであろうと述べ(2070頁)、その絵を

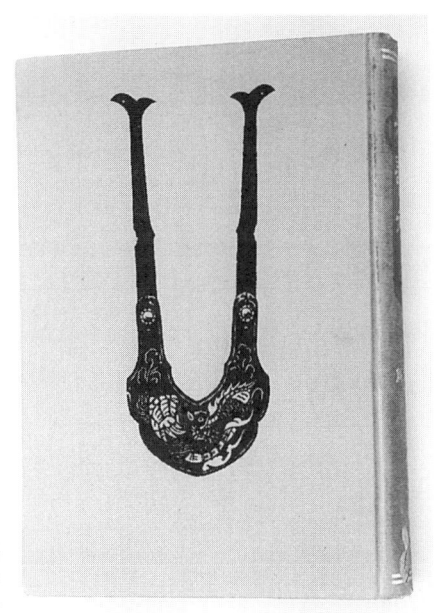

E図　有坂鉊蔵『兵器考』4巻（雄山閣）の表紙

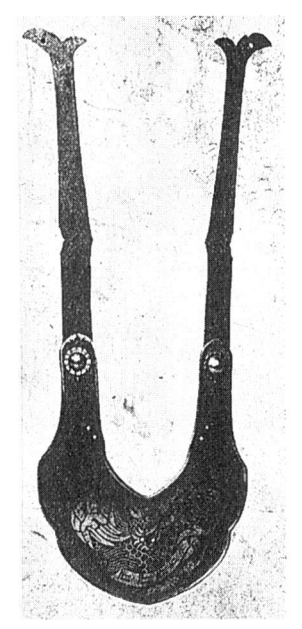

F図　信濃国清水寺の古式鉄鍬形前立ての模造品（遊就館蔵）（有坂鉊蔵『兵器考』1巻191頁掲載）

「古畫に見えたる古式の鍬形」（其一）として掲げる（2068頁）。（G図）この画では、鍬形の長い角の先が兜の鉢の後ろに曲げられている。同書は、これらの古画に描かれた古式鍬形の実物が現存するかについて、信濃国清水寺の古式鍬形の写真を掲げた2071頁で、次のように述べている：

　「翻って実物は如何といふに是等の古式の見られるものは、僅かに信濃国清水寺の宝物に坂上田村麿と伝へてゐるものを一個数へ得るのに過ぎない。而して是は広い台を鉄で作り、これに雲と竜とを象嵌に施し、周りは黒み金の覆輪をかけたるもので、其形状は後世見るが如き物とは大いに異なり、古様掬すべきものがあ

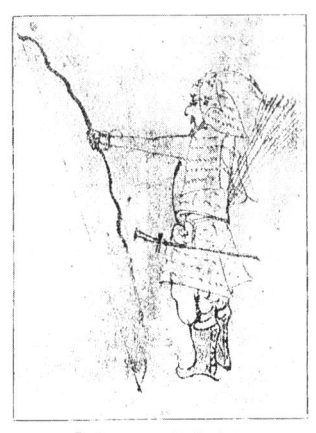

G図　『将軍塚造営絵巻』にでている鍬形前立てをつけた兜をかぶり大鎧を着た武者の略画

1　信濃国清水寺の古式「鍬形」とそのデザインの影響　5

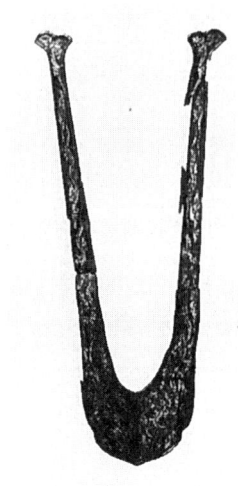

H図　京都市東山区三十三間堂廻り町法住寺殿跡で発掘された古式鉄鍬形前立て（京都国立博物館『日本の甲冑』56頁掲載）

る。尚是は台と角とを鋲でからくり、分離しないやう拵へたものであるが、更にその古いものにあつては、紐でつないだやうであり、更に遡つては台と角とを全然一続きとしたものもあつたやうである。」

上に引用した説明文の末尾に述べられているような鍬形と台とが1枚の鉄板で作られた古式前立てが、1978年に京都市東山区三十三間堂廻り町の法住寺殿跡と考えられる場所から発掘された。そのカラー写真が、京都国立博物館『日本の甲冑』（大塚巧芸社、1998）の56頁（図版50）にでている。（H図）。その台板の部分の拡大写真が57頁に掲げられている。同書の58頁には、信濃国清水寺の鍬形前立ての写真（図版51）が出ている。同書219頁の図版解説には、京都市内で発掘された鍬形前立てについて、「鉄雲龍文金銀象嵌鍬形　一面　長49.6　台幅13.7　平安時代12世紀　滋賀　木下美術館」と表示されている。清水寺の前立てについては、「鉄雲龍文金象嵌鍬形　一面長42.4　台幅15.5　平安時代12世紀　長野清水寺」と表示されている。両者をくらべると、京都で発掘された鉄板1枚で作られた前立てのほうが清水寺の前立てよりも7cm長く、台幅が2cm狭いことがわかる。

京都国立博物館は、1987年10月6日から11月8日まで、特別展覧会「日本の甲冑」を開催した。この展覧会のカタログ『日本の甲冑』（京都国立博物館、1987）の図版51には清水寺の前立ての写真が、図版52には京都市内で発掘された前立ての写真が掲げられている。後者には、1枚の鉄板でできた台と長い鍬形の全面に左右対称に竜文が象嵌されている。上記の大きい図鑑は、この展覧会のカタログを豪華版にしたものである。

古式鍬形前立てのデザインは、その名称が示すように、古代に使われた鍬の形にゆらいすると考えられている。有坂『兵器考』（古代篇）の192頁には、「古墳出土古代の鍬」（東京帝室博物館蔵）と表示して、西日本の異なる場

所の古墳から発掘された鍬3例の写真（1鹿児島県発掘；2美作国真庭郡八束村発掘；3備後国双三郡吉舎村発掘）が掲げられている。（Ⅰ図）山上『新研究』は、2044頁に、「上古の鍬」として、「備後国双三郡吉舎町三玉古墳発掘」の写眞を掲げている。

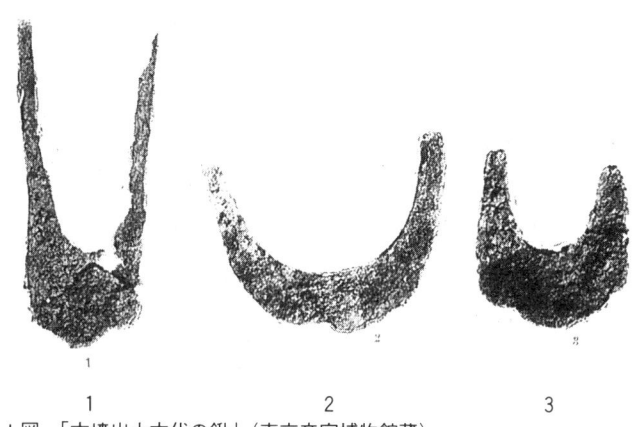

Ⅰ図 「古墳出土古代の鍬」（東京帝室博物館蔵）
1．鹿児島県発掘
2．美作国眞庭群吉舎材発掘
3．備後国双三郡吉舎材発掘（有坂銘蔵『兵器考』（古代篇）192頁掲載）

このような古代農具の鍬から古式の鍬形のデザインが生まれるプロセスは、想像の域を脱しない。山上『新研究』の2044頁では、「思ふに最初は農具の鍬に象って、先端の尖ったものを用ひたのであらうが、その後、先端を変形させて二岐にすることが始まり、この式が流行となって次第に美化され、是が流行した為め鍬形といへば是のみをいふやうになり、その原始的形式のものには、別に名称が出来て、先端の尖っていることから、高角などと呼ばれるやうになったのではあるまいか。彼の蝦夷の鍬先にもこの二形式認められるが、是は一は極めて古く、一はや、後れて、其の当時の流行品が彼の地に伝ったのではあるまいかと思はれる」と述べられている。

『新研究』の2045頁には、角の先が割れていない「蝦夷の鍬先」（北海道札幌区農学校校園内発掘）の写眞（J図）が掲げられ、2072頁には、角の先が分かれている「蝦夷の鍬先」2例、（石狩国夕張郡角田村発掘、東京帝室博

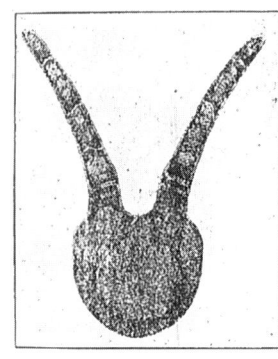

J図 「蝦夷の鍬先」（北海道札幌区農学校々園内発掘）（山上八郎『日本甲冑の新研究』（下）2045頁掲載）

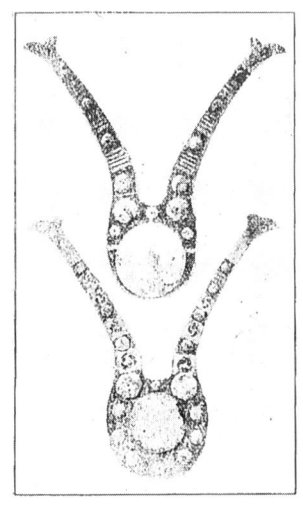

L図 「北海道『アイヌ』人の宝物鍬先」（有坂銘蔵『兵器考』（古代篇）193頁掲載）

K図 「蝦夷の鍬先」（石狩國夕張郡角田村発掘）（山上八郎『日本甲冑の新研究』（下）2072頁掲載）

物館列品）の写真（K図）が掲げられている。有坂『兵器考』193頁には、後者とよく似た蝦夷の鍬形「北海道「アイヌ」人の宝物鍬先」（杉山寿栄男氏蔵）の写眞が掲げられている。（L図）山上『新研究』は、信濃国清水寺の鍬形前立てについて述べたあと、これらの蝦夷の資料の研究価値について、次のように説明している（2072～73頁）：

> 「以上の外には古式の遺物は、全く存してをらないで、かへつて蝦夷の寶器たる鍬先といふものに見られるのは面白い。是は至つて古く蝦夷地に傳へられたもので、後世もその模造品が続々と輸出せられ、其の材料には新しいものが見られるやうになつたが、形式は古式を存しているから面白いし、而かも仲には鍬形の最古式、即ち高角といふ式のものさへ見られるから、益々重要な資料と見られるものである。それから是等の台と角とを一続きに拵えている古式の鍬形は、如何にして鉢に取附けたかといふに、中古以来見るやうな台だけを眉庇に取附けて、抜差しを自

在にしたものとは異なり、むしろ近世以降見る所と同式で、全体を眉庇に取附け、平時は別に保存していたやうである。蝦夷人が鍬先を珍重するに至ったのも、その昔鍬形が鉢から離れて別に取扱はれ、それが何等かの機会で彼等に傳ったのに由来したものであらう。更に其取附方は如何といふに、後世の如きからくりは勿論あつたわけではなく、眉庇の中央に二孔をあけて紐で結び止めたものである。されば清水寺所蔵の鍬形を見ても、台の中央には二孔を穿ち、又山城国石清水八幡宮旧蔵源義家奉納紺糸威大鎧の兜を見ても、眉庇に同様の二孔があるが、是にも元は古式の鍬形の具していたことが察せられる。」

鉄板で作った古式の鍬形前立ての台に獅子の顔を象嵌したのが、獅噛前立ての元祖と考えられる。三重県の八代神社に所蔵されている鉄板製「獅噛文象嵌」鍬形の台は、現存する貴重な資料である。毎日新聞社発行『重要文化財』26巻「工芸品Ⅲ（甲冑類・古神宝類）」（毎日新聞社、1977）の62頁に、その写真がでている。（M図）この写真には、「153　鍬形　一面　三重　八代神社　鉄板獅噛文象嵌總高16.2cm　平安時代」と表示されている。長野県清水寺の古式鍬形前立ては、その前に「152　鍬形　一面　長野　清水寺」として掲げられている。

山上『新研究』（下）2074頁や日本学士院編『明治前日本造兵史』（日本学術振興会、1960）68頁には、『本朝軍器考集古図説』（下）にでている「南京興福寺本談議屋庫中

M図　三重八代神社蔵鉄板獅噛文象嵌鍬形（『重要文化財』26巻（工芸品Ⅲ（甲冑類・古神宝類）掲載）

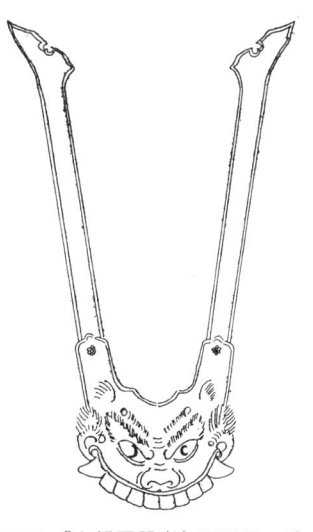

N図　『本朝軍器考』にでている奈良興福寺の獅噛鍬形の図

1　信濃国清水寺の古式「鍬形」とそのデザインの影響　9

O図　源義経の兜に紐で着けられた古式の獅噛鍬形の前立て

P図　NHK大河ドラマ『義経』にでてくる源義経（滝沢秀明）の鎧姿

獅頭」の図が掲げられてる。(N図)。これは、古式の鍬形の台に獅噛の装飾をつけた前立ての図である。鍬形の前立ては、鉄板に代わって、銅板を材料として使い、鍍金をするようになる。やがて、鍬形の台は、兜の眉庇に鋲止めされるようになる。

　2004年1月9日に始まったNHK大河ドラマ『義経』に登場する武装した源義経（1159～89；平治1～文治5）は、台に獅噛を描いた古式の鍬形を赤い紐で兜の眉庇に取り付けている。(O図)義経を演ずる俳優は、滝沢秀明である。(P図)この連続TVドラマの解説書『NHK大河ドラマ「義経」』（角川インタアクテイブ・メデイア、2004）の167頁には、「平安ファッション・チェック」と題して、義経の武装が解説されている。

　その鍬形前立てを見ると、周到な時代考証にもとづいたデザインであることがわかる。義経が着用している鎧は瀬戸内海の大三島にある大山祇神社蔵の伝源義経奉納「緋縅鎧」をモデルとしている。この鎧は、平安時代の武将のファッションが大鎧から胴丸に変わる過程を示す貴重な現存資料とされている。

山上『日本甲冑の新研究』(下) 1307頁には、「源平以降通常見る所の型式」の大鎧は、それ以前の黎明期の大鎧「との型式上の相違は、大體に於いてむしろ胴丸に類似してゐるものと見られる。即ち脇楯がなく、草摺の分裂は全く胴丸に倣って繁多なものであるよって余は更に之に胴丸鎧といふ別名をも附しておく。伊豫国大三島大山祇社に現存している国寶赤絲織の鎧は此の型式を傳えている唯一の遺物であって、その外古書にも稀に散見してゐる。」と述べられている。

　この赤糸織の胴丸鎧は兜を欠いているので、大河ドラマの義経は、『本朝軍器考』にでている興福寺の獅噛鍬形前立ての図を参考にした前立てをつけている。

2 復古調の大円山星兜につけた「長鍬形」(ながくわがた)の前立て

　幕末には、諸藩の大名のあいだで、復古調の甲冑を仕立てさせることが流行した。復古調の甲冑には、胴丸や腹巻が多いが、より古い時代の大鎧を模倣することもあった。復古調の大鎧には、大円山の星兜を付けたものをよく見かける。

　ここに写真を掲げる　長さ49.5cm、左右の鍬形の両端の間幅60cmの長鍬形は、このような大円山の兜の眉庇に、3個の鋲で取り付けられていたと思われる。(A図)鍬形の外辺がまっ直で非常に長い点が、通常の大鍬形とは異なる。

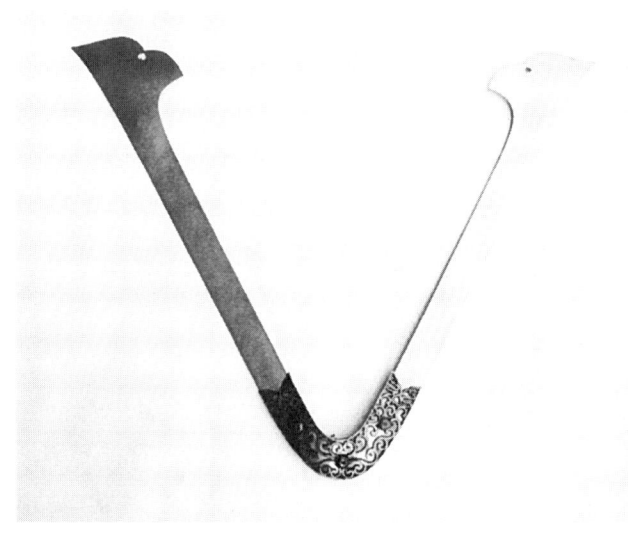

A図　復古調大鎧の兜につけた長鍬形の前立て

　その鍬形台は、高さ10cm、上部外辺の左右両端の間隔は17cmである。(B図)鍬形の下端を差し込む台の幅は、4cmである。鍬形台の表も裏も厚く鍍金をした銅板でできていて、そのあいだに鍬形の足を差し込むのである。

　多くの鍬形台と違って、裏にも渡金の銅板が張られている。さらに、鍬形台

B図　長鍬形の台

の表を打ち出さないで、唐草模様を透した鍍金の銅板が張り付けられている。非常に入念にできていて、しかも古い鍬形台とは違った特色をもたせている。手法の特徴から、加賀の甲冑師の設計にかかると思われる。

　この復古調の長鍬形は、『集古十種』の「甲冑」編にでている「山城国鞍馬寺蔵義経朝臣甲冑圖」の前立てを模したものと思われる。(C図)「冑全圖」には、鉢の大きさについて「鉢前後尺渡7寸5分　横6寸5分　深3寸5分」と記され、鉢表面の装飾について「四方白地板鎬鋲共金メッキ」と書かれている。その左の「獅子牡丹花置物同」という表示は、兜の吹返に付けた金具の説明である。吹返には、「地金金メッキ」と書かれている。その上に、「鉢付ノマワリ丸鋲数二十二金メッキ」と横に書かれている。鉢の八幡座の上につけた獅子については、説明がない。鍬形については、「金物皆金メッキ」と書かれているにすぎない。威しについては、「甲冑威赤糸菱縫同耳糸紺崩黄白打紐伏紐紺茶白」と書かれ、忍びの緒については「冑ノ緒桶檀鳩尾緒本ニ縦フ皆後世漫ニナセシナリ」と書かれている。緒の交叉した部分には、「紐赤糸唐打」と書かれている。

　『集古十種』のつぎのページにでている図は、この兜の鍬形台と眉庇の仕様をこまかく描いている。(D図) 鍬形台には、唐草模様がつけられ、「金メッキ」と表示されている。鍬形台を付けた眉庇については、「革藍二地文白」、「小縁爪形後世修補」と書かれている。

　この長鍬形のような例を見ると、『集古十種』が復古調の甲冑製作に大きく寄与したことがわかる。

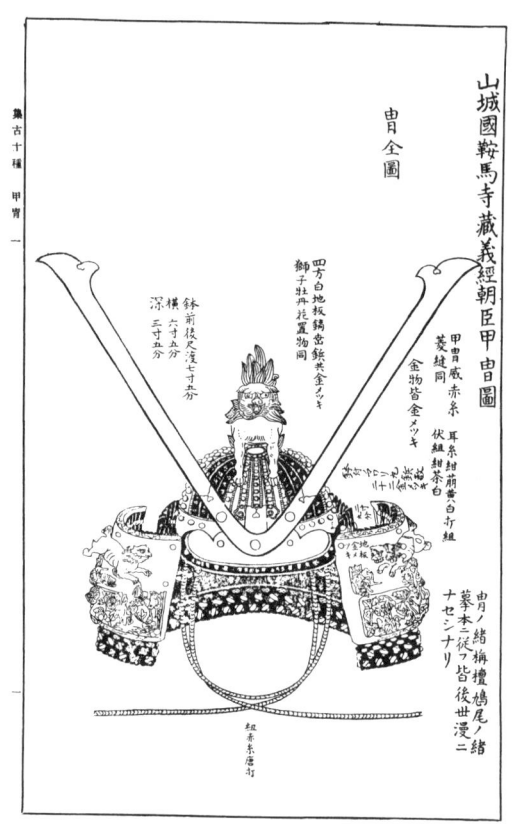

C図　『集古十種』にでている鞍馬寺所蔵の星兜図

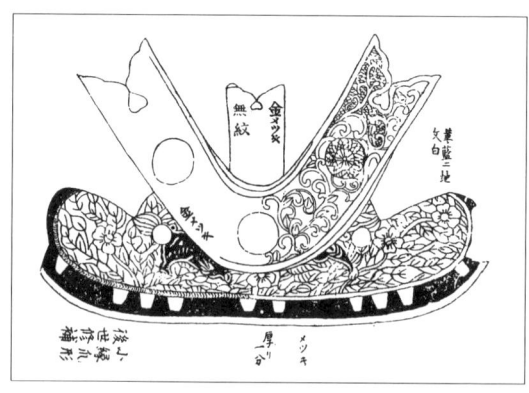

D図　鞍馬寺所蔵の星兜の眉庇に付けた鍬形台

3 『集古十種』の「武田信玄前立物図」による「獅噛」(しかみ)の前立て

　松平定信(1758〜1829；宝暦8〜文政12)が編集した『集古十種』の「兵器類甲冑一」には、武田信玄(1521〜73；大永1〜天正1)が使ったという「獅噛」の前立ての図がでている。(A図)この図には、「或家蔵武田信玄前立物圖」と表示されている。

　『集古十種』には刊行年が記されていないため、1798年(寛政10年)から1803年(享和3年)にかけて発行されたのではないかと推測されている。『集古十種』第一(名著普及會刊覆刻版、1980)17頁にでている岩間眞知子「『集古十種』について」を参照されたい。この解説には、森銑三「谷文晁伝の研究」によったと書かれている。松平定信は、有能な画家を派遣して全国の古美術品の記録をとらせたといわれている。この獅噛の前立てのスケッチもすばらしい。

　復古調の甲冑製作がさかんであった江戸時代末期には、この武田信玄の前立ての図を参考にした獅噛の前立てが多く作られたものと思われる。

A図　『集古十種』の「兵器類甲冑一」所載の武田信玄の前立ての図

B図 『集古十種』の武田信玄の前立の図を参考に復原した獅噛の前立て

　ここに写真をかかげるのは、『集古十種』の図に忠実にしたがって彫刻をした獅噛の前立てである。(B図) 下端からの高さは15.7cm、両耳の先端の間隔は15.3cmであるから、ほぼ正方形のなかにおさまる。『集古十種』にでている図の縦横の比率とほとんど同じである。木彫で、表裏全面に金箔が置かれている。眼玉は黒漆でつけられ、耳や口に赤漆が塗られている。兜鉢の一本角本を差し込むように作られている。著作権法の用語でいえば、このように平面図にもとづいて立体像を作るのは「複製」である。
　1998年9月18日から20日まで新潟産業振興センターで開かれた新潟骨薫大市のポスターには、五雲亭貞秀作の3枚つづきの川中島の戦の版画が使われた。そこに登場する「法性院大僧正信玄」と「上杉輝虎入道謙信」の両雄は、いずれも兜に獅噛の前立てをつけている。(C図)
　『集古十種』にでている武田信玄の獅噛前立ては、芝居の小道具にも復元された。2005年3月8日から15日まで国立劇場で公演された『本朝廿四孝』

C図　五雲亭貞秀の版画に描かれた武田信玄(左)と上杉謙信(右)

(ほんちょうにじゅうしこう)の「長尾謙信館奥庭狐火の場」に登場する八重垣姫(中村時蔵演じる)は、右手に信玄の兜を捧げ持っていた。この兜につけられていた金色に輝く獅噛の前立ては、『集古十種』の図を模したものであった。(D図)

D図　八重垣姫(中村時蔵)が右手に捧げる武田信玄の兜

4 不動明王の変化身「倶利迦羅龍王」 （くりからりゅうおう）の前立て

　不動尊信仰のために、武具甲冑のなかには「不動明王」の像のほかに、「倶利迦羅龍王」をデザインとして使ったものがある。『広辞苑』は、「くりから［倶利迦羅］」の語について、つぎのように説明している：

　　「（梵語 Kulica）倶利迦羅龍王の略。――・ふどう［倶利迦羅不動］倶利迦羅龍王に同じ。……――・りゅうおう［倶利迦羅龍王］不動明王の変化身で龍王の一種。形像は、盤石の上に立って剣に巻きついた黒龍が剣を呑む姿を示し、火焰に覆われる。不動明王の持物の利剣と羂索とを合したもの、またその種子の形をいう。倶利迦羅明王。倶利迦羅不動。」

　これを読むと、倶利迦羅龍王は、不動明王が右手に持つヴァジュラ（独鈷）の柄の利剣と、左手に持つ羂索とを合したものであることがわかる。

A図　『北斎漫画』十三編にでている「倶利迦羅不動」の図

　『広辞苑』は、「けんさく［羂索］」の語について、つぎのように説明する：

　　「（ケンザクとも）［仏］①一端に金剛杵の半形をつけ、他端に鐶をつけた青・黄・赤・白・黒の五色線を撚った検条。不動明王・不空羂索観音などの持つもので、衆生摂取の象徴とする。本来は鳥獣を捕るわな。②凡夫が我見に束縛されるたとえ」

　葛飾北斎（1760～1849；宝暦10～嘉永2）の『北斎漫画』十三編の2頁には、「倶利迦羅不動」の図が出ている。（A図）この図の右には、「右ノ剣龍ハ即チ左リ之索也り」と書かれている。

　兜につける前立てのデザインとされた

のは、「剣に巻きついた黒龍が剣を呑む姿」の倶利迦羅龍王である。

　ここで紹介する第1の例は、龍が利剣に巻きつき、4本の足で剣をつかんで、剣先に噛みついてこれを呑みこもうとしている姿を木に彫刻し、着色した前立てである。（B図）龍の体は青緑色に塗られ、腹、角、ひげ、歯などには金箔が置かれている。剣の柄は、ヴァジュラである。柄の下端に、兜の祓立に差し込む四角い断面の鉄棒が打ち込まれている。龍の角の先端から剣の柄の下端までの高さが33cm、祓立に差し込む鉄棒の長さが4.8cmである。この前立ての裏を見ると、四角い断面の厚い角材を立体的に彫刻して作ったことがわかる。

　第2の例は、分厚い木の板に彫刻して作った倶利迦羅龍王の前立てである。板の表だけが彫刻されている。（C図）龍の全身に金箔が置かれている。剣の刃には銀箔が置かれ、火焔には赤漆が塗られている。高さは24.6cmで、兜鉢の角本に取り付けるようになっている。

B図　濃緑色の龍が剣を呑みこもうとする姿の倶利迦羅龍王の前立て

　これらの前立てが作られたのは、18世紀から19世紀にわたる、江戸時代の後期だと思う。武州川越藩の四代松平康官所用の「本小札紺糸毛引威二枚胴具足」の三十六間筋兜についている倶利迦羅龍王の前立ては、豪華で、高さは40cm以上あると思われる。川越市立博物館で1991年3月1日から同年5月12日まで開かれた第3回企画展「松平周防守と川越藩」のカタログの6頁には、この具足の写真がでている。川越藩松平家四代康官が領主となったのは1675年（延宝3年）、引退して隠居となったのは1705年（宝永2年）であ

る。

　イタリアの古都フィレンツェにあるスティバート博物館（Museo Stibbert）には、大規模の日本甲冑コレクションがある。そのなかには、40cmをこえる高さの華麗な倶利迦羅龍王の前立てをつけた兜がある。H.Russell Robinson, JAPANESE ARMS & ARMOR（Crown Publishers Inc., New York, 1969）のカラー・プレートⅧには、この兜の写真がでている。このプレートの写真には、19世紀の兜として3例が掲げられている。著者ラッセル・ロビンソン氏の時代表示は、正確だと思う。

　山上八郎・山岸素夫『鎧と兜』（カラーブックス344）（保育社、1975）の39頁に掲げられている「紺糸威大鎧」の兜の鍬形台の祓立には、高さ40cm以上もあるような立派な倶和迦羅龍王の前立てがつけられている。

　1920年代から1930年代にかけて、東京美術倶楽部では、旧大名家所蔵品の競売が盛んに行なわれた。その目録には、しばしば復古調の鎧の写真が掲げられた。その一例として、ある競売目録に

C図　剣に巻きつき先から呑みこもうとする全身金箔押の倶利迦羅龍王の前立て

「卯之花縅鎧」と表示し、鍬形のあいだに倶利迦羅龍王の前立てをつけた六十二間筋兜をのせた胴丸具足の写真をあげておく。（D図）

　1923年にニューヨークで最初に発行された、フランス語で書かれた日本と中国の美術辞典、ウエバー『KOJI HOTEN　古事寶典』（W.F.Weber, KO-JI HÔ-TEN, Hacker Art Books, New York, reissued–1975）には、"Ama-Kuri-Kara"の項目について、つぎのような説明が掲げられている：

「『アマリョウのクリカラリョウ』（Ama-ryô no Kuri-kararyô）の略。『アマリョウ』は雨の龍を意味し、『クリカラリョウ』は剣の刃に巻きついた龍を意味する（Fig. 13）。後者は、……仏教の思想にもとづき……人生の二つの基本理念を合わせたものの象徴とされている。……『アマクリカラリョウ』は、日本の刀剣の刃に彫られている（Fig. 14）。」

D図　復古調大名具足の兜につけられた倶利迦羅龍王の前立て

　この説明にでている Fig. 13 は、木彫19世紀、高さ85cmの「雨倶利迦羅龍」の写真である。(E図) "M.Gt." は、パリにあるギメ美術館（Musée Guimet）の所蔵品であることを示している。Fig. 14 は、刀身に彫った「アマクリカラリョウ」3例である。(F図) 右の2例については、それぞれ不動明王を象徴する梵字を龍の形に表わしたもの、と説明されている。『KOJI HOTEN　古事寶典』の項目の一つに雨龍と倶利迦羅龍をいっしょにした「雨倶利迦羅龍」の語がでている理由はよくわからない。

　『広辞苑』は、「あまりょう［雨龍・璃龍］」について、「想像上の動物。龍の一種。トカゲに似て大きく、角なく尾は細く、青黄色をなすといわれる」と説明する。

　平凡社『世界大百科事典』(1988) には、「くりから　倶利迦羅」の項目について、「この語の原語は明らかではないが、一般にサンスクリットの Kurika と考えられている。このクリカは古代インド叙事詩《マハーバーラタ》では八大龍王の一つで、暗褐の体をもつとされている。密教の仏典では黒龍の意味に解され、倶利迦羅龍（王）と呼ばれている。不動明王の三摩耶形（持物などによって示した形）として、直立の剣に黒龍がまつわりついた形がひ

4　不動明王の変化身「倶利迦羅龍王」の前立て　21

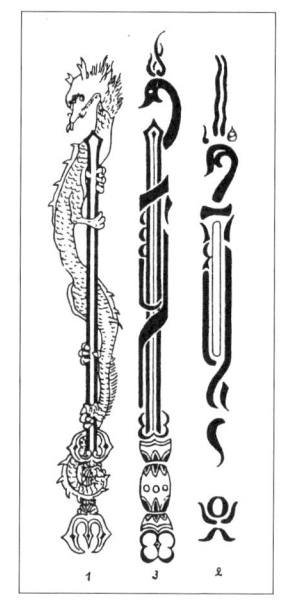

E図 「アマクリカラリョウ」木彫、19世紀、高さ85cm（ギメ美術館）

F図 刀身に彫った「アマクリカラリョウ」3例。

ろく用いられている。倶利迦羅文などといわれている図像は、すべて黒龍の姿をかたどるところからきている。（井ノ口秦淳）」と説明されている。

5 国芳の版画に描かれた「飛龍」(ひりゅう) の前立てとその実例

一勇斎国芳画「英雄六家撰　恩地左近満一」は、暗闇のなかの戦さで、甲冑をつけた武者が刀で敵を倒すシーンを描いている。この武者の顔と、「飛龍（ひりゅう、ひりょう）」の前立てをつけた兜の正面にライトをあてたように表現している。（A図）

歌川国芳（1797〜1861；寛政9〜文久元）が「一勇斎」の号を使うようになったのは、1819年（文政2年）ころである。

飛竜の前立てをつけた武者絵は、デイヴィド・ミラー『サムライ・ウォリアーズ』の62頁に原色で掲げられている。David Miller, SAMURAI WARRIORS (St.

A図　一勇斎国芳の版画に描かれた飛龍の前立て

Martin's Press, New York,1999), p.62。この書の第4章「恐しい武器」の最初のページにでているこの武者絵については、「この威嚇ポーズのサムライは、入念にできた兜の前立てと、背につけた小さい旗とによって、戦場で自分を識別させることができた」と説明されている。

現存するもっとも華麗にできた飛竜の前立ての一つは、秋田藩佐竹家の紫裾濃威大鎧の兜につけられた前立てである。（B図）この大鎧は、1986年10月2日から2か月間、兵庫県篠山町の篠山歴史美術館で開かれた「近世の甲冑展」で展示された。その写真は、同展のポスターやカタログの表紙に掲げられた。

『広辞苑』には、「飛竜（ひりょう）」の語について、「①空を飛びまわるという竜。②聖人が天子の位にあることをたとえていう語」という短い説明がでている。空を飛ぶためには、両翼と尾翼とをつけていなければならない。

B図　佐竹家の紫裾濃威大鎧の兜につけた飛龍の前立て

葛飾北斎（1760～1849；宝暦10～嘉永2）が描いた飛竜の図は、『北斎画鏡』（1818；文化15）のなかに、雨竜（あまりょう）や摩唱魚（まかつぎょ）の図とともに掲げられている。（C図）北斎が描いたもう一つの飛竜は、両翼を広げて飛んでいる姿で描かれている。（D図）この絵は、『北斎絵本』（芸艸堂、2000）の53頁にでている。

『北斎絵事典－動植物編』（東京美術、1998）の「動物」の部には、これら2図を含めて、飛竜の図が3点掲げられている。

山上八郎『兜の研究』（下）（大東出版社、1942）の巻頭写真ページには、鍬形のあいだに飛龍の前立てをつけた津軽家の兜の写真がでている。（E図）

これは、先に掲げた秋田藩佐竹家の大鎧につけられた兜と同様に、江戸時代後期に流行した復古調大名具足の兜の典型的な例である。これらの兜につけられた飛龍の前立てにも、当時のファッション

C図　『北斎画鏡』にでている飛龍の図

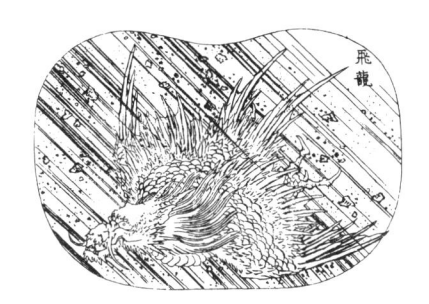

D図　北斎が描いた「飛竜」

E図　山上八郎『兜の研究』(下)にでている「鍬形に飛龍の兜（津輕伯爵家所蔵）」の写真

F図　東両国美術倶楽部の競売目録にでていた「段縅大袖鎧」

G図　「段縅大袖鎧」の兜につけられた飛龍の前立て

が現れている。

　大正末期から昭和の初期にかけて、多くの復古調大名具足がその他の武具や美術品とともに競売に付された。そのような具足の一例をあげよう。

　「舎身居士田中弘之氏並に某旧家御蔵品入札、会場東両国美術倶楽部」の『毛く録』には、187「段縅大袖鎧」と表示して復古調大名具足の写真がでている。(F図)この具足の兜にも、鍬形のあいだに飛龍の前立てがつけられている。(G図)

5　国芳の版画に描かれた「飛龍」の前立てとその実例　25

飛竜の前立ては、竜の頭に両翼と尾翼をつけるので、いろいろおもしろく表現することができる。

ここに示す第1の例は、下顎の先端から尾の先端まで19.5cm、両翼の先端の間隔15.2cmで、木彫に金箔を置き、飛んでいる軽快な姿を表現している。（H図）

第2の例は、前者と比べると、頭から短い首までを通常の竜の形にし、短くふくらませた胸に両翼をつけている。（I図）竜の鼻の先端から尾翼の先端までは13cm、両翼の先端の間隔20.5cmである。

飛龍は、前立てばかりでなく、胴前板の装飾にも使われた。たとえば、『名甲図鑑』（明治20年写之筆者中野太兵衛）には、「松平越後太守源公所蔵」の「飛龍胴図」がでている。（J図）

H図　木彫金箔置き飛竜の前立て

I図　木彫に金箔を置いた飛竜の前立て

飛龍は、前板の鉄板に打ち出されたし、また、黒漆塗りの前板に金蒔絵で描かれたりもした。（K図）

最近アメリカで発行されたドラゴンの自然史にかんする書では、中国からきた日本の飛竜（hairiyo；dragon bird）の図を掲げている。この図には、「どう猛な顔をした生き物である飛竜（竜鳥）は、中国のying-lungに相当するもっとも発達した形のドラゴンである」という説明がついている。

J図　『名甲図鑑』（明治20年　写之　筆者　中野太兵衛）にでている「飛龍胴図」

（L図）Dr.Karl Shuker, DRAGONS : A NATURAL HISTORY（Burns & Noble,Inc.,2003）at 92.

太平洋戦争の末期、昭和19年初頭から量産にはいった日本陸軍最後の制式重爆撃機である三菱重工設計の四式重爆（キ67）は、「飛龍」と呼ばれた。そのまえの中島百式重爆には「呑龍」、川崎二式複座戦闘機には「屠龍」の名がつけられた。

K図　黒漆塗の仙台胴前板に金蒔繪で飛龍を描いた例

飛龍の図は、養命酒製造株式会社が、「養命酒」の名称とともに、商標登録をうけ、その製品薬酒のブランドとして使用している。（M図）同社の社史には、「養命酒の創製と命名は慶長7年（1602年）。信州伊那谷の大草の塩沢家当主塩沢宗閑翁が、行き倒れの客人を助けてその礼に伝授された薬酒の製法をもとに、手飼いの牛にまたがって深山幽谷をまわって採取した薬草を使い、数年かけて編み出したとされる。慶長8年（1603年）の江戸幕府開府の際には、徳川家康に養命酒を献上し、後に幕府から"天下御免萬病養命酒"と免許され、その象徴として"飛龍"を目印として使用することを許されたという。今でも養命酒の商標として使用される"飛龍"は、日本最古の商標のひとつといわれる。」と書かれている。（http : //www.yomeishu.co.jp）

L図　カール・シュカー『ドラゴン自然史』にでている日本の飛龍の図

M図　「養命酒」の商標に使われている飛龍の図

❻ 兜の装飾として用いられた「向鉢巻」（むこうはちまき）のデザイン

　江戸時代の烏帽子や頭巾を象った兜には、鉢巻をつけたものが多い。その代表的な例は、徳川幕府第7代将軍家継（1709～16；宝永6～享保1）所用の「仏胴銀小札卯花糸威具足」につけられた金鍬形脇立て付烏帽子兜である。この具足は、久能山東照宮博物館が発行した図録『徳川十五代甲冑と刀剣』（1971）の29頁にでている。この兜の鉢には、巻きつけられた布の鉢巻を表すデザインの飾りがつけられている。結び目の部分は前立てとして、鉢巻の正面につけられている。前立てを含めた鉢巻全体に、銀泥が塗られている。これは、威勢のよい姿とされる向鉢巻（むこうはちまき）を装飾として仕付けた例である。上記図録の表紙には、赤地に黒でこの兜と面頬を描いた図案のジャケットがかけられている。（A図）

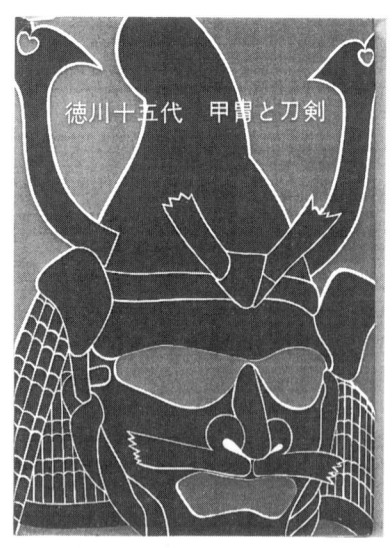

A図　久能山東照宮博物館編『徳川十五代甲冑と刀剣』(1971)のカバー・ジャケット

　鉢巻は、布または手拭を捻って頭のどの場所で結ぶかによって、向鉢巻、後鉢巻、横鉢巻などと呼ばれている。威勢のよいスタイルとされるのは、向鉢巻である。豊国画の芝居絵に描かれている横川実範は、鎧をつけた上に黒い衣をまとい、頭にかぶった頭巾の上に向鉢巻をし、両手に薙刀を持って構えた、威勢のいい姿である。（B図）この芝居絵は、デイヴィド・ミラー『サムライ・ウォリアーズ』の40頁に原色で掲げられている。

　講談社が発行した雑誌『少年クラブ』に1931年から1941年まで連載された田河水泡（1899～1989）の連載漫画『のらくろ』には、主人公である「のらくろ」が猛犬連隊の少尉になったと

き、その同僚として、頭に向鉢巻をした「鉢巻少尉」が登場する。1984年に発行された復刻版単行本『のらくろ少尉』(のらくろカラー文庫6巻)15頁には、「のらくろ」が神主となって行われた武勇大明神のお祭りの余興として、爆弾少尉が出刃包丁を投げる妙技を披露する。鉢巻少尉は、その相手として壁の前に立つ標的の役を引き受ける。(C図)

このように漫画のキャラクターとして向鉢巻をした犬が登場しても自然にそれを受け入れることができるほど、向鉢巻は、威勢のよさを表す服装として日本の社会に定着していることがわかる。

向鉢巻のデザインは、高級な具足の兜にも用いられた。靖国神社の遊就館にある武具甲冑コレクションのなかには、乃木希典大将(1849〜1912)の遺品の具足が数領ある。そのなかの1領は、復古調の腹巻具足である。(D図)この具足の長烏帽子兜には、鉢巻の装飾が仕付けられている。(E図)前立てとしてつけられている向鉢巻の結び目の左右についている二つの布の端は、魚の胸鰭のような形に作られている。この長烏帽子兜をつけた腹巻具足の写真は、遊就館『陳列品絵葉書』(第1編)「乃木将軍遺品其一」(1940年頃発行)にでている。

B図　豊国画の芝居版画「横川実範」の向鉢巻姿

C図　田河水泡の漫画「のらくろ少尉」に登場する鉢巻少尉(右)

向鉢巻は、頭巾形の兜にもつけられた。宮崎隆旨編『戦国変り兜』(角川書店、1984)の44頁にでている、49「池田恒興画像」(絹本着色、岡山美術館蔵)には、鎧を着た上から袈裟をかけ嬰の後立てと向鉢巻をつけた頭巾形の兜をかぶった安土桃山時代の武将池田恒興(1536〜84；天文5〜天正12)の肖像が描かれている。(F図)

同図鑑の50「黒漆塗投頭巾形兜」(張懸)(45頁)は、椎形鉢に投頭巾を張り懸け、黒漆を塗った上に金の向鉢巻をつけている。また、52「黒漆塗頭巾形兜」(張懸)(46頁)は、向鉢巻を銀泥塗りにした頭巾形の張懸け兜である。

D図　乃木大将遺品の長烏帽子兜をつけた腹巻具足（靖国神社遊就館蔵）

E図　向鉢巻をつけた長烏帽子兜

F図　向鉢巻をつけた頭巾兜をかぶった池田恒興の肖像画

向鉢巻の結び目の部分は、木で作られている。さらに、9「金摺込十王頭形兜鉢」（革張、靖国神社蔵）（7頁）は、頭巾の形をした兜の鉢に巻いた布を正面で結んでいる。

これらの例のように、頭にかぶる烏帽子や頭巾を象った兜には、これを頭に取り付ける紐を正面で結び、結び目を装飾的にデザインしたものが多い。それらのうち、結び目の部分を取り外せるようにすると、前立ての一種となる。靖国神社遊就館所蔵の乃木大将遺品の腹巻具足についている長烏帽子形兜の前立ては、装飾効果を大きくしたデザインである。

　兜の装飾とする鉢巻のなかには、ごくまれに、鉢巻全体を上から鉢にはめ込むようにしたものがある。そのような資料を2例あげよう。第1は、直径1cmの麻紐2本を撚り合わせて太い縄を作り、両端を結んで向鉢巻にし、縄全体に黒漆を厚くかけ、1本の縄に金箔を、もう1本に銀箔を置いた、非常に入念に作られた向鉢巻である。（G図）結んだ縄の両端の断面には、黒漆塗りの上に銀箔がおかれている。その直径は、1.7cm～2cmである。鉢巻の内側の直径は、約24cmである。ところどころ漆が剥げたままの状態で保存されている、珍しい資料である。

G図　金縄と銀縄をねじった向鉢巻

H図　紺と白の鹿皮でくるんだ縄をよじった向鉢巻

　第2の例は、細い綿糸を撚って作った2本の芯紐を、それぞれ濃紺色と白色の薄い鹿皮で巻いて袋縫いした紐を撚って太さ2.5cmの縄にし、両端を結んだ向鉢巻である。（H図）鉢巻の内側の直径は、約28cmである。結んだ縄の両端があるところに、高さ7.5cmの薄い羅紗布を切って白い皮で縁取りした吹返しがつけられている。この鉢巻の内側の直径は、約28cmである。

　当世具足の兜の装飾に向鉢巻が使われたのは、日本のファッションの歴史において鉢巻が重要な役割をもっていたからにほかならない。小学館発行の

『日本国語大辞典』（1975）は、「はちまき［鉢巻］」について、つぎのような説明を掲げている：

「①頭の鉢を布などで巻くこと。また、その布。額の目で結ぶ向（むこう）鉢巻と後頭部に結び下げる後（うしろ）鉢巻とがある。武士が軍陣に結ぶ向鉢巻を一重（ひとえ）鉢巻といい、正面で引き違えて結ぶ後鉢巻を二重鉢巻という。＊源平盛衰記－42・屋島合戦「揉烏帽子引立て薄紅梅の鉢巻して」＊軍陣之聞書「はちまきの事。地は布たるべし。色は白くも赤くもする也。黒きは当流の秘説なり」＊浄瑠璃・博多小女郎波枕－上「皆の衆ぬかるな心得たと、鉢まき、襷、尻紮げ」②土蔵の軒下で、横に一段厚く細長く土を塗ったところ＊紙上蜃気「鉢巻土蔵軒」＊歌舞伎・お染久松色読取－2幕（大南北全集所収）「蔵の鉢巻、丸に油といふ字の印を見せ」＊随筆・守貞漫稿－2「京坂の土蔵は皆必ず本葺也。鉢巻江戸の如く広からず」③帽子つばぎわを細布で巻くこと。また、その布＊浮雲〈二葉亭四迷〉1.1「組紐を盤帯（ハチマキ）にした帽檐広な黒羅紗の帽子を戴いてゐ」＊青春〈小栗風葉〉夏・1「海老色の鉢巻に大学の徽章の附いた夏帽子を冠って」④饅を言う、僧侶の語＊浄瑠璃・神霊矢口渡－4「おんぞうとは饅の事だが、宗旨によってしゅきん共又鉢巻共いふげな」⑤樹木を移植するとき、根の周囲の土が落ちないように縄で巻くこと。根巻⑥官吏、あるいは看守長を言う。盗人仲間の隠語……」

ストーン『武器甲冑グロサリ』には、"HACHIMAKI"の語について、「兜の下の詰め物となるように頭にターバンのように巻く長さ5フィート、幅16インチくらいの布。これは、日本の古い時代に用いられた。後に、兜に受張りがつけられるようになると、このようなものは使われなくなった。」と説明されている。George Cameron Stone, A GLOSSARY OF THE CONSTRUCTION, DECORATION AND USE OF ARMS AND ARMOR（Jack Brussel, NY, 1934）.

7 不動明王とともに渡来した「火焔」（くわえん）を表した前立て

不動明王の影像や画像には、かならず火焔を背にした姿が表現されている。不動明王を日本に請来したのは、弘法大師空海（774～835；宝暦5～承和2）だといわれている。不動明王とともに渡来した火焔のデザインは、江戸時代にはいると、兜の立て物に使われるようになった。

『武家重寶記』巻の三の「立物の事」に掲げられている64種類の立物の略図のなかには、「火焔」の前立ての図がある。（A図）

『広辞苑』の「かえん［火焔・火炎］」の項目には、つぎのような説明がでている：

「可燃ガスが燃焼する時、熱や光輝を放つ部分。ほのお。——ぐま［火炎隈］歌舞伎の隈取の一。火炎の形に似せ、白塗りの地に油紅で隈取るもの。『鳥居前』の忠信などの役に用いる。——こうはい［火焔光背］不動明王などの炎々と燃え立つ光背。……」

幕末から明治にかけての芝居絵「豊国画」の「横川実範」には、顔に火焔の隈取りをし、頭に向こう鉢巻をつけ、両手で薙刀（なぎなた）を持って構えた鎧姿の武者が描かれている。この武者の周りには、数個の火焔が配されていて凄みをましている。（B図）この版画は、デイヴィド・ミラー『サムライ・ウォリアーズ』の40頁にカラーで掲げられている。この芝居絵については、「フクシマ・マサノリ（1561～1624）。持っているのは、有名な

A図　『武家重寶記』にでている「火焔」前立ての略図

B図　芝居絵「豊国画」の「横川実範」

槍日本号。これをシズガタケの戦い（1583）で使って、一撃で脇を刺してハイゴ・ゴザエモンを殺した。のちにマサノリは、賭け事で日本号を失った。これを取り戻そうとする話は、有名な黒田節で語り継がれている」と解説されている。この説明は、掲げられた芝居絵とマッチしない。なにかの間違いのように思われる。

　火焔の前立てには、鍬形のように左右対称に分かれているものが多い。C図は、1枚の薄い板を炎状に削って作った、兜の鉢の2本角本につける前立てである。下の太い部分を厚くし、上に向かって薄く削って、火焔に立体感をもたせている。高さは28.5cm、横幅は18cmで、バランスがよくとれたデザインである。表裏全面に、赤漆が塗られている。

　D図は、1枚の革を切り抜いて作った火焔の前立てである。高さ19cm、横幅20cmで、ほぼ正方形の枠のなかに収まる。火焔の両枝の間があいているのは、真中に小さい家紋の前立てをつけるためである。そのために、真ちゅう製のちいさい鉤がつけられている。表裏全面に、赤漆が塗られている。

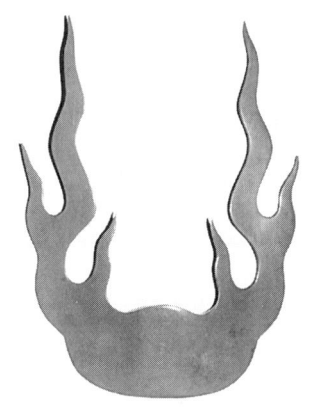

C図　薄い板を削り赤漆を塗った火焔の前立て

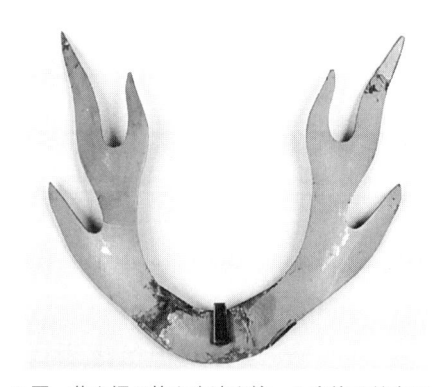

D図　革を切り抜き赤漆を塗った火焔の前立て

E図は、同じく革を切り抜いて作った火焔の前立てである。大きい炎を表現するため、多くの枝がつけられている。少し立体感を持たせるため、上部3分の2の右半分の火焔を別の革で作り、根元を幹になる火焔に止めている。縦横30cmと20cmで、縦長の三角形である。この前立てにも、表裏全面に赤漆が塗られている。真中に家紋の前立てをつけないので、多くの炎の枝がでていても、兜につけたとき、うるさく感じない。

　F図は、高さ18.5cmの銅板を切り抜いて細長い枝に分かれた火焔を表現し、全面に鍍金をした2枚の火焔の板を左右対称に配置し、根元を厚い銅版の筒に差し込んでとめた、小型の前立てである。炎には、筋が刻まれている。このように、薄い銅板で作ると、細長い数条の炎を表現することができる。

　G図は、兜の眉庇に鋲で固定する台の両側に火焔の板を対象につけた前立てである。火焔は、真鍮板を打ち出して

E図　革を切り抜き赤漆を塗った火焔の前立て

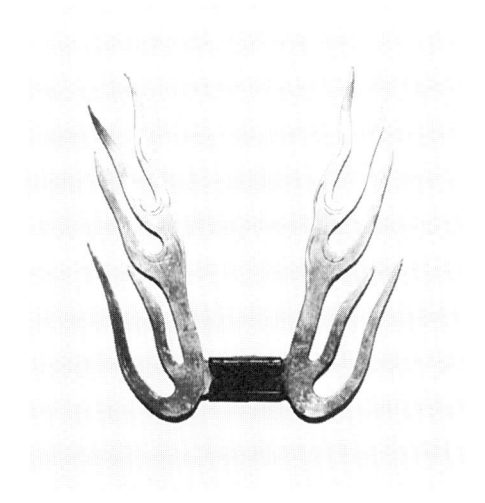

F図　薄い銅板を切り抜いて作り、渡金をした火焔の前立て

7　不動明王とともに渡来した「火焔」を表した前立て　35

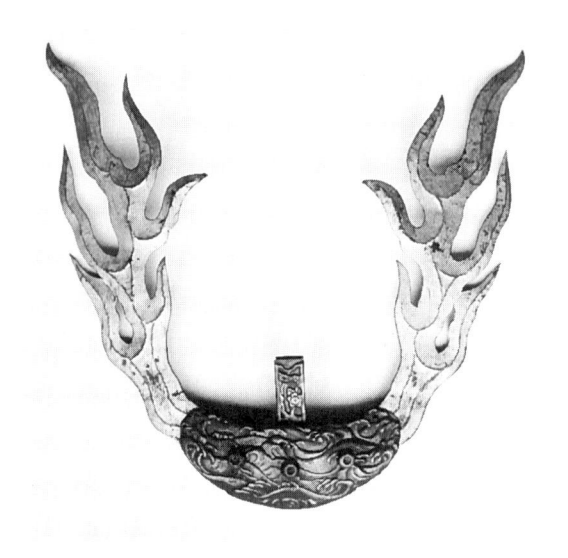

G図　兜の眉庇に鋲止めする台に差し込んだ火焔の前立て

作られている。火焔の表は、鍍金されている。兜の眉庇につける台は、波を打ち出し、鍍銀をした銅板で作られている。この台の中央には、銅板に鍍金をした祓立てが差し込まれ、小さい鋲で止められている。祓立ての表には、花をつけた梅の木の枝が打ち出されている。高さ26cm、横幅28cmである。加賀甲冑師の作風である。

　これらの左右両方に分かれた火焔の前立てを見ると、鍬形や鹿角の前立てと違って、完全な左右対称に作られていないことがわかる。

　前立てのなかには、一条の揺らぐ火炎を表現したものがある。これは、火山から立ち上がる硫黄の燃える炎を神聖視した「御神火」(ごしんか) を象徴する前立てであるから、別の章で取り上げる。

　火焔は、兜の脇立てのデザインにも用いられた。H図は、その１例である。２枚の檜板を、左右対象にそれぞれ高さ18cm、横幅8.5cmの火焔の形に削り、赤漆を塗った脇立てである。

　京都の醍醐寺の宝物のなかには、不動明王像の下絵がある。(I図) 1282年 (弘安５年) に、醍醐寺の信海が、醍醐寺伝来の各種の不動図像を研究して描いたものだといわれている。この下絵をもとにして完成した不動明王像

H図　檜板で作り赤漆を塗った火災の脇立て

は残っていない。この下絵は、中野玄三『不動明王像』（日本の美術 No.238）（至文堂、1986）の75頁にでている。

1図　火焔を背にした不動明王の下絵（京都醍醐寺祈蔵）

8 軍陣の指揮具「采配」(さいはい)を模した前立て

『広辞苑』は、「さいはい [采配]」の語について、「①軍陣で、大将が打ち振って士卒を指揮するのに用いた具。厚紙を細く截って総(ふさ)をつくり、これに柄をつけたもの。さい。②転じて、指図。指揮。③はたき。ちりはらい。」という定義を掲げている。嘉永元年 (1848) に彩色木版刷りで発行された『武器二百図』には、「釆幣」(さいはい) の文字札に対応する絵札に、指揮具とハタキの両方の絵を刷りだしている。(A図)

A図 嘉永元年発行の『武器二百図』にでている「さいはい」の字札 (右) と絵札 (左)

軍陣での指揮用具である采配は、軍扇とともに武将の常備品であったから、甲冑とともに具足櫃に収納された。したがって、兜の前立てに采配のデザインを用いると、同じ物がダブルことになる。しかし、まれに、そのような前立ても作られた。ここに示すのは、金箔を張った薄い和紙を細長く切って棒の先の小さい円板の周辺に規則的に並べて止め、円板の裏の中心に柄の上端を固定した采配デザインの前立てである。(B図) 柄の下端に、兜の角本を差し込む溝があけられている。先端の細長い紙を止める円形の皿にも、柄にも、金箔が置かれている。高さは29cmであるから、本物の采配よりもはるかに小さい。円板に細長い金紙の上端をとめた部分の直径は、約8cmである。細長い金紙には途中でちぎれているものもあるが、ほとんど完全な状態で保存されている。

小学館発行の『日本国語大辞典』(1975) は、「さいはい [采配・釆幣]」の語の意味について、「①紙の幣 (しで) の一種。遠距離への合図や命令の伝達に用いる。軍陣では大将の指揮の持ち物とした。白紙のほか、朱塗り、

B図　金紙を細長く切って棒の先端につけた采配の前立て

金、銀の箔置きなどがある。……②（……する）（「さいはい」とも）指図すること。指揮してさばくこと……③（形が①に似ているところから）ちりはたき。ちりはらい……」と説明している。

戦陣用采配の実物には、細長く切った厚い和紙を数多く束ねて房状にしたものが多い。C図は、細切りの和紙を束ねた采配である。強く振ってもちぎれないように、強い和紙が使われている。黒漆塗りで、両端に銅金具をつけた柄の長さは、32.5cmである。采配の柄の下端には、帯紐の差し込むのに便利なように先を尖らせた筒金具がはめられている。

C図　細切りの和紙をたばねた采配　　　D図　ヤクの毛をつけた采配

E図　ウェバー『KOJI HOTEN　古事寳典』
　　　にでている"Sai-hai"の写真

F図　『KOJI HOTEN　古事寳典』
　　　の図版にでている采配をレ
　　　リーフした鉄鍔

　采配には、鹿革やヤクの毛を用いたものも作られた。D図は、ヤクの毛の采配である。両端に赤銅の金具をはめた柄の長さは、29cmである。
　1923年にニューヨークで発行されたウエバー『KOJI HOTEN古事寳典』は、"Sai－hai"について説明し、イラストレーションとして柄に青貝をちりばめた采配の写真（Fig.801）を掲げる。（E図）また、図版 PLANCHE LII の最後に、金工で采配と大太鼓をレリーフした鉄鍔の写真を掲げている。（F図）侍グッズの采配が刀の鍔や兜の前立てのデザインに用いられたのは面白い。

❾ 山岳宗教の修験道にゆらいする「烏天狗」(からすてんぐ) 面の前立て

　山上八郎『日本甲冑の新研究』(下) の1992頁には、信仰にかんする立て物のなかの怪物を表したものとして魅、天狗、烏天狗、鬼、天の障魔等があげられている。そのなかで、魅以外の立物は、いたって数が少ない。ここで紹介するのは、「烏天狗」面の前立てである。

　A図の烏天狗面の前立ては、木彫で、全面に黒褐色の漆が塗られている。高さ15.5cm、幅9.5cm、丸い目には金箔が置かれ、目玉が黒漆でつけられている。もじゃもじゃとした頭髪には、ヤクの毛が使われている。両眼の上に植えてあった眉毛はとれている。前頭に、山伏がつける兜巾（ときん）をのせている。眉間にはシワがあり、目玉が大きく額がデコなのでユーモラスなやさしい表情になっている。この烏天狗面の裏は、多くの仮面のように彫り込まないで平らに仕上げ、中央から少し下に兜の祓立に差し込む鉄鈎がつけられている。裏面の上部三分の一には、頭髪が植えつけられ、そのうえに革が張られている。

A図　白い頭髪をつけた「烏天狗」面の前立て

B図　両翼をつけた「烏天狗」面の前立て

　B図は、烏天狗の頭に両翼をつけた前立てである。頭の部分は木彫で、左右に広げた両翼は和紙を張り合わせて作り、表面を羽根が重なった形で仕上

げている。全面に黒漆を塗り、表面には金箔を置いている。高さは24cm、両翼先端の間隔は19.5cmで、開けた口のなかには、舌がついている。顔の左右に、人間の耳がつけられており、頭上に兜巾がのせられ、目の上には眉がつけられている。

　参考までに、仙台地方で作られた張子の烏天狗面をかかげる。（C図）全体が黒塗りで、眼、眉、しわ等は金泥で描かれている。烏天狗の、このような形姿がどのようにしてできたのかを調べるとおもしろい。

C図　張子の烏天狗面

　平凡社『世界大百科事典』の「てんぐ　天狗」の項目では、「天狗を信仰の対象や芸術・芸能・文芸にとりいれたのは、山岳宗教の修験道であった。したがって、一般的認識では天狗即山伏というような印象をもたれている……（五來重）」と説明されている。そして、この解説は、山岳寺院で演じられた神楽・田楽・舞楽・伎楽・散楽などでもっともひんぱんに用いられた鬼面と天狗面の起源は伎楽であることを指摘し、「天狗面は伎楽の先払いとして魔を払う治道ちどう面と、毒蛇を食べるという迦楼羅かるら面で、治道は鼻高面・迦楼羅は烏面なので、鼻高天狗と烏天狗という２種の天狗の形象化が起こったのである」と述べる。

　ウエバー『KOJI HÔTEN　古事寶典』の"Ten-gu"の項目では、天狗には烏の形をしたカラス天狗と長い鼻をつけ人間の顔をしたコノハ天狗の２種類あると説明され、『北斎漫画』十一編にでている「天狗のむかえ」の図が、イラストレーションとして掲げられている。（D図）そのキャプションには、左がカラス天狗、右がコノハ天狗と書かれている。本文には、天狗にはカラス天狗とコノハ天狗の２種類があると書かれている。『広辞苑』には、「このは［木の葉］」の項目のもとで、「――・てんぐ［木の葉

D図　『北斎漫画』十一編にでている「天狗のむかえ」の図

E図 『北斎漫画』二編にでている「大天狗と小天狗」の図

F図 『北斎漫画』三編にでている「天狗」の図

G図 五渡亭国貞が描いた「烏天狗」

天狗]」について、「威力のない吹けば飛ぶような小さい天狗。こっぱてんぐ」と書かれている。

『北斎漫画』二編には、「大てんぐ」と「小てんぐ」の顔の絵がでている。小てんぐが烏天狗である。(E図)また、同三編には、両手に刀を持っている烏天狗の図がでている。(F図)全身が鳥のように描かれているが、足のほかに手が２本あるのが怪物らしい。五渡亭国貞の「牛若鞍馬兵術励」と題する三枚続きの版画には、鞍馬山で剣術の修行をする牛若丸を見ている烏天狗が描かれている。(G図)この版画は、日本の武器甲冑の歴史を解説したつぎの書の43頁にでている。I. Bottomley & A.P.Hopson, Arms and Armor of the SAMURAI (Crescent Books, New York, 1988) at 43.

鼻高天狗面の前立ての例に、ヴェネチアのペサーロ宮内東洋博物館(Museo Orientale)の日本甲冑コレクションのなかにある総小札緋威具足についた、室町時代の阿古陀形兜につけられた前立てがある。

『鉄と漆の芸術　京都嵐山美術館蔵品集』(1986　京都嵐山美術館)の16～7頁には、鉄板を打ち出して作った烏天狗形の兜をつけた具足の写真が出ている。その兜には、天狗の羽団扇の後立てがつけられている。

10 山岳修行者が持つ「錫杖」（しゃくじょう）を模した前立てと頭立て

　山上八郎『日本甲冑の新研究』（下）の1996頁では、仏具をかたどった立物について「輪寶・如意・錫杖・佛子を始めとし、獨鈷・三鈷・巻経等があり、其の外舎利塔・五輪等も是に属し、さらに利剣・宝珠等の如きも亦、この部に入れることができる」と説明したあと、「錫杖は津軽家で用ひたもので、現に弘前公園に屹立している始祖津軽為信武装の銅像に見る所である」と述べられている。

　錫杖は、本書の50「インドの古武器『バジラ（跋折羅）』のデザインを用いた前立て」で取り上げる「バジラ」とともに、インドで使われた武器にゆらいする。ストーン『武器甲冑グロサリ』には、"SHAKUJO"の項目で、「先端に金属の輪の武器をつけた棒。これは、日本で乞食僧が携帯した」と説明されているだけで、サンスクリットの名称や写真は掲げられていない。

　もっとも詳細なのは、蔵田蔵編『仏具』（日本の美術 No.16）（至文堂、1967）の85頁から86頁にでている「錫杖」の説明である。この書には、つぎのように書かれている：

　　「声杖・知杖・徳杖ともいう。比丘十八物の一つで、道を行くに当って比丘の携帯すべき道具である。インドにおいては山野を遊行するとき、毒蛇害虫に襲われないために、これを鳴らして行くわけである。『巡錫』の語の由来もこの辺にある。中国でもふるく行なわれ、洛陽伽藍記（らくようがらんき）・南海寄帰内法伝（なんかいききないほうでん）にも出典し、六朝（りくちょう）時代の遺物がある。わが国では奈良時代すでにあり、法隆寺資財張にも仏分として二枝あげている。奈良時代の遺品も正倉院（第154図）にある。平安時代にはいっては多く、……材質は銅・鉄の鋳造である。

　　形制は石突きの長い杖の先に頭をつける、六朝時代の錫杖頭は簡素な円鐶で六輪をつける。わが国のは多く二段六輪で、杖の中心に宝珠、五輪塔三尊仏などをかざり、股の上にも塔形をつくることが多い。手錫杖

は柄の短い錫杖で、天台・真言では、これを振って梵嗅をとなえることがあり、また一般の法会でも、振杖衆がいて、それを使用した……。」

　ここで紹介する前立てと頭立て各2例は、いずれも右の解説で述べられている日本の錫杖頭の特色である宝珠や仏塔のデザインを取り入れた木彫作品である。

A図　中心に仏塔と宝珠を彫刻した錫杖頭の前立て

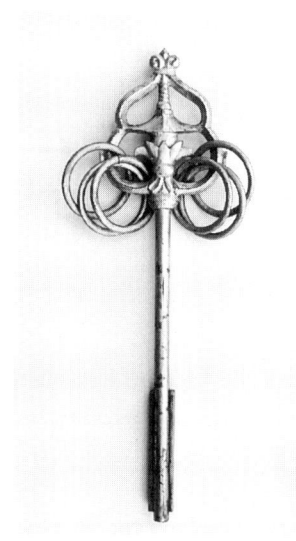

B図　中心に仏塔を彫刻した錫杖頭の前立て

　A図は、中心に仏塔と宝珠を彫刻した、高さ21.2cmの錫杖頭の前立てである。塔には、蓮華のデザインも取り入れている。6個の環は銅でできており、全体に金箔が置かれている。頭の部分は、高さ8.5cm、幅8cmである。棒の下端は、兜鉢の一本角本を差し込むようになっている。

　B図は、高さ36.5cmの、中心に仏塔を彫刻し、全面に金箔を置いた錫杖頭の前立てである。頭の部分は高さ12.4cm、幅10.2cmで、6個の環も本体と同様に木でできている。棒の下端に兜の角本を差し込む溝をつけた、厚くて細長い板がついている。

　C図は、高さ27cmの大型の錫杖頭の頭立てである。兜鉢の上に立てるので、錫杖頭は大きいが、柄を太くかつ短くしている。棒の下端に、頭立ての

C図　中心に仏塔を彫刻した錫杖頭の頭立て

D図　杖の先端と両側に革で作った仏塔をつけた錫杖頭の頭立て

角本を差し込む穴があけられている。表裏全面に金箔が置かれている。6個の環も、木で作られている。錫杖頭の部分は高さ17cm、幅18.5cmである。

D図は、木で作った柄の先端と両側に革板を切り抜いて作った仏塔をつけ、左右4個の輪も革で作った、高さ34cm、横幅16cmの錫杖頭の頭立てである。表面に白壇塗りのような金箔が置かれている。

これらの立て物を比べると、それぞれデザインに特色があっておもしろい。

ウエバー『KOJI HOTEN　古事寶典』の"Shaku-jo"の項目には、「仏僧が持つ環と鈴をつけた杖。もともとシャクジョーは、不注意に踏みつける危険を避けるため、鈴を鳴らしてやってくる虫を追い払うために考案された道具である。シャクジョーは、ジゾーボサツやいろいろなボディサトワ（菩薩）およびラカンの持ち物である」という説明と、イラストレーションとして錫杖と紐のついた鈴をレリーフした鉄製の小柄の写真が掲げられている。（E図）

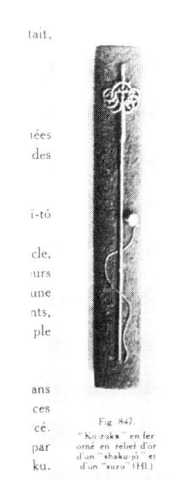

E図　ウエバー『KOJI HOTEN　古事寶典』にでている錫杖と紐をつけた鈴をレリーフした鉄製の小柄

10　山岳修行者が持つ「錫杖」を模した前立てと頭立て

F図 『北斎漫画』十編にでている錫杖を持った「役の小角」の図

1816年（文政6年）に発行された『北斎漫画』十編に収録されている「高僧幻術外風流の人物等」の絵のなかには、錫杖を両手に持ってかまえた「役の小角（えんのせうかく）」の図がある。（F図）

『広辞苑』には、「えんのしょうかく［役小角］」は「役行者（えんのぎょうじゃ）のこと」と書かれ、さらに「えんのぎょうじゃ［役行者］」について、「①奈良時代の山岳修行者。修験道の祖。多分に伝説的な人物で、大和国葛城山に住んで修業、吉野の金峰山（きんぶせん）・大峰などを開いたという。699年韓国連広足（からくにのむらじひろたり）の護（ざん）によって伊豆に流された。諡号（しごう）は神変大菩薩。役の優婆塞（うばそく）。役小角（えんのおづの）・（えんのしょうかく）。②戯曲。坪内逍遥作。三幕。大正六年刊。役行者伝説と取材。二六年初演」と、説明されている。

錫杖頭を標識のデザインとして用いたことでよく知られているのは、津軽藩である。津軽藩の『御旗并御合験図式』には、「御纒金の錫杖」の頭がでている。（G図）この図は、綱田樹夫「津軽藩主の馬印」（武具入門講座85）『刀剣春秋』6303号（2004年11月1日）11頁に掲げられている。

津軽藩『御旗并御合験図式』には、集団の標識として「纒」、「馬印」および「小馬印」が制定された。（G図）これらの合印については、つぎのような説明が墨書されている：

「御三印之内
　御纒金之錫杖　但長三尺六寸　輪差渡一尺九寸　下ニ白熊ニ金之切裂紙
御三印之内
　御馬験　同断　但長ニ尺九寸五分　輪差渡ニ尺　下ニ猩熊　金之切裂紙
御三印之内
　御小験　　　但金之軍配赤万字　長サ一尺七寸　幅一尺二寸　下ニ白熊」

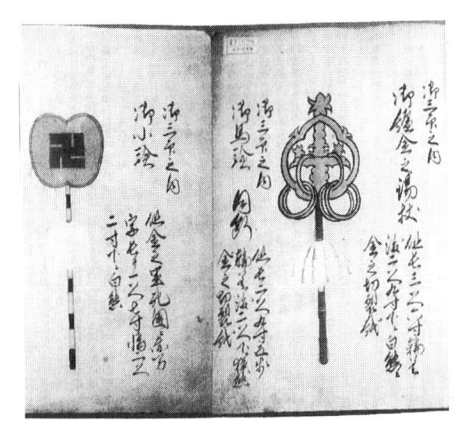

G図　津軽藩の『御旗并御合験図式』にでている「御纏金之錫杖」の図

　津軽藩の纏や馬印の図を見ると、D図に示した頭立ての錫杖頭は同じデザインであることがわかる。錫杖頭は、具足の背につける旗指物の頭にも使われた。昭和9年10月19日に金澤美術倶楽部で行われた勢利入札の『もくろく』に152「紺糸織具足」として写真が出ている胴丸具足の指物には、錫状の頭がつけられている。(H図)その頁には、「五百六十円」と落札価額がペンで書き込まれている。この具足は、「敦賀港　打宅辨次郎家　鶴田仁右衛門家　蔵品売立目録」の最後から2番目にでている。市元は、敦賀「生竹堂中原卯蔵」と表示されている。

　錫杖頭は、家紋のデザインとしても用いられた。(I図)

H図　錫杖頭の旗指物を背につけた武将の胴丸具足

I図　「錫杖」の家紋

10　山岳修行者が持つ「錫杖」を模した前立てと頭立て

11 インドの「ストゥーパ」にゆらいする「五輪塔」の前立てと頭立て

日本の紋章を研究した文献には、「五輪塔」紋も取り上げられているが、この紋章が特定の武家の家紋として使われたとは書かれていない。『日本紋章事典』（歴史百科第2号）（新人物往来社、1978）の「特集・日本の基本紋章254」（109〜212）には、150頁に「五輪塔紋」について、つぎのような説明がでている：

「下から地・水・火・風・空と、五大をかたどった五箇の石を積んだのが五輪塔である。一方、仏舎利奉安などのために築いた卒塔婆（そとば）塔の上部がいつか五輪塔にかたどられるようになった。戦場を墓場と観ずる武士の旗指物に描かれ、鍔の透かし（吉野桜本坊所蔵）としたものもある。『大坂陣図屏風』に描かれる四半（しはん）織にも見られる。かつて旗本の設楽氏の旗印であったという。一向一揆が用いたと伝えられる旗印にももちいられている。」

A図は、同頁に掲げられる「五輪塔」図である。

丹羽基二『家紋大図鑑』295頁には、「五輪塔」について、その墓石図を掲げ（B図）、つぎのような説明がでている：

「▲墓場には、よく左図のような墓石が見られる。これは地・水・火・風・空の五つを方・円・三角・半円・宝珠の五つであらわし、宇宙生成の五元素としたもの。仏教思想からきたもので、金銅や石で下から積みあげ、塔の形にし、いろいろな意味づけしたものである。平安の中期ごろから供養塔、墓標、舎利塔などに用いられ

A図　『日本紋章事典』にでている「五輪塔」の図

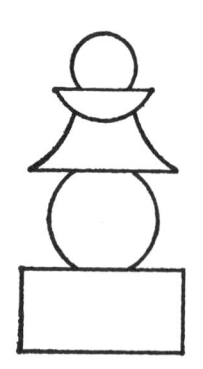

B図　『家紋大図鑑』にでている「五輪塔」墓石の図

るようになり、表面に梵字を刻み五元素をシンボライズした。
　▲五輪塔紋は、仏教信仰からきていることは明瞭であるが、家紋として定着していたかどうかは不明。……」

「五輪塔」デザインの立て物としてよく知られているのは、京都国立博物館所蔵、松平定基所用の「頭形五輪塔頭立兜」の頭立てである。この兜のカラー写真は、宮崎隆旨編『戦国変り兜』（角川書店、1984）の16頁にでている。その説明には、この五輪塔の頭立ては、高さ86.3cmであると書かれている。この頭立ては、幅の広い眉庇のある越中頭形兜につけられている。この兜の写真は、山上八郎・山岸素夫『鎧と兜』（カラーブックス344）（保育社、1975）の79頁にもでている。そこには、「五輪塔の兜　江戸時代　米谷勝弘氏所蔵」と表示して、「左は密教思想に由来し、地水火風空の五大種を現す五輪塔を象り、頭立として信仰と威容を兼ねたもので、星梅鉢紋と丸に土の字紋によって、今治藩主久松氏のものと知られる。」と説明されている。

上記の『戦国変り兜』の42頁には、この「頭立は木製の一枚板で表裏ともに錆塗の上に細かい金粉を蒔いているのではないかと思はれる（鉢側面も同じ）。そして、上下に梵字を透かして『南無阿弥陀佛』の六字名号と『丸に土文字』の家紋を盛り上げ、裏面には同紋と星鉢紋鉢を表わす。金叩塗にした鉢の真向にも黒漆で星梅紋を描き、前立は租蒔きした梨地の大形の獅嚙である。……由緒書によると、仏教信仰の念厚かった今治藩主松平（久松）采女定基が、享保七年（1722）召し抱えの甲冑師岩井某に命じて作らせたものという。」と説明されている。

ここで取り上げる前立3例と頭立て2例は、それぞれ材料や仕様はことなるが、その基本デザインは、空海（774〜835；宝亀5〜承和2）を開祖とする真言密教によって形成された「五輪塔」にもとづいている。そして、そのルーツは、インドの「ストゥーパ」(stupa)に求められる。『広辞苑』は、「とう［塔］」の語について、つぎのような説明を掲げている：

　「①［仏］（梵語　stupa 卒塔婆・塔婆）仏陀の骨や髪または一般に聖遺物をまつるために土石を椀形に盛り、或いは煉瓦を積んで作った建造物。聖地を表示するために作った制地（せいち）（梵語 caitya）を塔と呼ぶこともある。中国では土專（せん）塔または木造の塔が多く、三重・五

重・七重・十三重などがある。頂上の相輪に本来の塔の名残りが見られる。小型の物が多く作られた。その他に密教系で石の五輪塔や木柱・木版に刻みをつけたいわゆる塔婆もある。……」

　山上八郎『日本甲冑の新研究』（下）1998頁には、「五輪」の立て物に言及した合戦物語を引用したあと、「実物は古いものは、羽前国池田家所蔵祖先池田讃岐守盛周所用甲冑の兜の前立に金箔押の残片を、又若いものでは伊豫国松山市東雲神社の宝物中に、長大な頭立の兜を見る所である。」と書かれ、663図「五輪の前立」に池田盛周所用の具足の写真が掲げられている。

　五輪塔を兜の前立てのデザインとするばあいには、兜の鉢にマッチするように、木板または金属板を左右対照に切って縦長の美しい形にすることができる。C図は、高さ7寸、横幅2寸（縦横22×6.2cm）の少し厚めの銅版を切って表裏全面に鍍金をした前立てである。縦長の方形（地）の部分に「星梅鉢」紋が透かされている。裏面の透かし紋の下に兜の角本を差し込む管がつけられている。

　D図は、高さ23cm、厚さ7mmの非常に薄い1枚の板で作られた前立てである。上から宝珠形（空）、半円形（風）、三角形（火）、円形（水）および方形（地）の五輪のそれぞれの接続部分を削り込んでわずかに立体感をもたせている。表裏全面の黒漆地に置かれた銀箔は錆びて薄墨色を呈している。下の方形「地」の部分は、幅8cmである。その裏に兜の角本を差し込む溝がつけられている。方形の上にある円形の中心には、小さい銅板を刻んで鍍金をした梵字がつけられている。この梵字「キリーク」は、阿弥陀如来を

C図　銅板に「星梅鉢」を透かし鍍金した五輪塔の前立て

D図　木板を削り黒漆塗の地に銀箔を置いた五輪塔の前立て

あらわす。

　E図は、高さ9.4cm、方形「地」の下辺は5.7cmの真鍮板を切り抜いて作った質素な「五輪塔」の前立てである。上から3番目の三角形（火）の底辺は、8.4cmである。この前立ては、戦場で集団の合印として使用するのにもっとも適している。

　F図は、高さ31.7cm、厚さ1cmの板で作った頭立てである。下端の兜の角本を差し込む穴の刻みを見ると、後立てのように思われるが、下辺が丸く削られているので、頭形兜の鉢の上に乗せる頭立てであることがわかる。台座の方形「地」の下半分を除いて、表面には金箔がおかれ、上端の宝珠形（空）に「聖観音菩薩」を示す梵字「サ」が黒漆で書かれている。その下には、縦に「南無阿弥陀佛」の文字が書かれている。台座の方形「地」の下半分は、黒漆地に銀箔を置いている。先に掲げた前立て3例（C, D, E図）とくらべると、この五輪塔は、高さに比べて横幅を広くとって、兜鉢の上に立てるに適するようにデザインされている。

　平凡社『世界大百科事典』には、「ごりんとう　五輪塔」について、つぎのように説明されている：

　　「地水火風空の五元素を五大、五輪と称し、形象化されると地は台地の方形、水は水滴の円形、火は火焔の三角形、風は放散する半円形、空は窮隆（きゅうりゅう）の宝珠形となる。これ

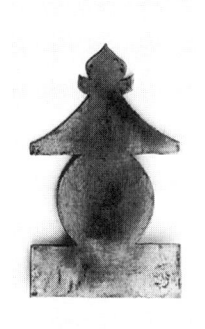

E図　眞鍮板を切り抜いて作った小型の五輪塔前立て

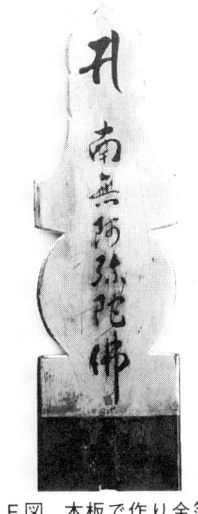

F図　木板で作り金箔地に梵字「サ」（聖観音菩薩）と「南無阿弥陀佛」を黒漆で書いた頭立て

を下から上へと構成し、塔形にしたのが密教の五輪塔である。起源は判然としないが、遺物に関するかぎり、1122年（保安三）に建立された法勝寺の鐙瓦にあらわされた五輪塔が最も古く、文献的にも十一世紀末を

さかのぼりえないため、このころから行われたものと思われる。五輪塔は供養塔、舎利塔、墓石、胎蔵界大日の山味耶（さんやま）として用いられ、石製が最も多く、木製、水晶製、瓦製、土製もみられる。形状は有頸五輪塔が最も古く、火輪が二角錐の二角五輪塔は、鎌倉初期の重源関係の特異なものである。標準形の正形五輪塔が最も流布し、鎌倉時代に盛行する。このほか火・地輪の六角・八角五輪塔や地輪の長い長足五輪塔など種類が多く、各輪に梵字を施したものもある。その形態は平安後期より鎌倉中期になるにしたがって地輪がしだいに高くなり、火輪も薄手で傾斜の緩やかなものから正四角錘へと立ち上がり、様式的に変化がみられる。（石田尚豊）」

　石田茂作編『塔　塔婆・スツーパ』（日本の美術 No.77）（至文堂、1972）は、日本における仏塔の変遷について、実物の写真を掲げて詳細に解説している。

　1923年にニューヨークで発行されたウエバー『KOJI HOTEN 古事寶典』は、"So-to-ba"について、この語はサンスクリットの"stupa"の変形であることを指摘したのち、日本では、スチューパないしソトバは、仏教の寺院や墓地の構内で二つの異なる形式で使われた、一つは死者の名を書いた木柱、もう一つはインドのスチューパのような、小さな石碑であると説明して、その図（Fig.916）を掲げる。（G図）つづいて、この項目は、スチューパの断面図（Fig.917）を掲げて（H図）、下から上に向けてそれぞれ5元素の一つに対応する形を示し、順番に北、西、南、東および中心に該当し、真言宗ではそれぞれ5人の仏陀……シャカ、アシュク、タホウ、ヤクシおよびダイニチを表すと述べている。

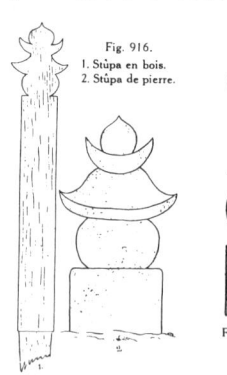

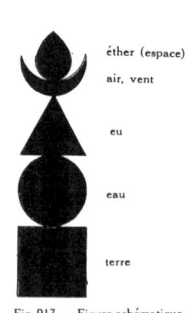

G図　『KOJI HOTEN 古事寶典』にでているスチューパの図

H図　スチューパの断面図

12 走る白狐（びゃっこ）の姿を表した前立て

　ストーン『武器甲冑グロサリ』にでている"CREST"の項目のイラストレーションとして掲げられる"Maetate"29例のなかの26番目には、"A Fox"と表示して狐の前立ての写真がでている。（A図）これは、狐が前脚を前に出し、後脚を後ろに跳ね上げて走る姿をあらわした前立てである。

　京都国立博物館編『日本の甲冑』（特別展覧会、1987年）の50頁には、図版168として、「紫裾濃縅鎧」の写真が出ている。この大鎧の兜には、鍬形台の祓立てに、尻尾を上にあげた銀色の狐の前立てがつけられている。（B図）兜の吹返や、大袖、草摺などに、薩摩藩島津家の「丸に十字」の紋金具をつけている。この復古調大鎧は、島津斉彬（1809～58；文化6～文政5）の所用と伝えられると説明されている。

A図　ストーン『武器甲冑グロサリ』にでている前立て29例の一つ狐の前立て

　ここに掲げる白狐の前立て2例の第1は、前脚をそろえて前に出し、後脚を跳ね上げて走る白狐を木に彫り、黒漆をかけ、銀箔を置いた前立てである。（C図）前脚の先から尻尾の先端まで20cm、鼻の先から尻尾の付け根まで11cmである。前脚のあいだに角本を差し込む溝がつけられている。上にあげた尻尾は先を太くして前立てのデザインとしての効果を上げている。細い両眼や耳の内側には赤漆が塗られている。

　第2の例は、前者よりも大きい白狐の前立てである。（D図）前脚をそろえて前に出し、後脚を跳ね上げて走る狐の木彫作品であるが、狐の体全部について微妙に前者とは表現が異なる

B図　尻尾を上げた狐の前立てをつけた**島津斉彬所用の紫裾濃威鎧**（部分）

12　走る白狐の姿を表した前立て　55

C図　木彫に銀箔を置いた「白狐」の前立て

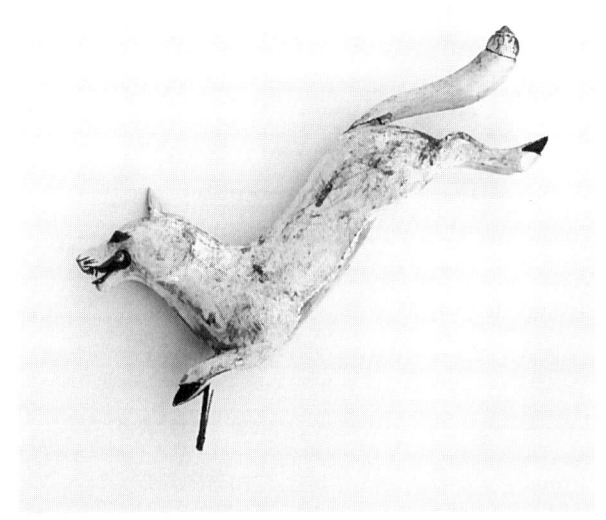

D図　口に経巻をくわえ尻尾の先に宝珠をつけて走る「白狐」の
　　　前立て

のが面白い。前足の先から尻尾の先まで23cm、鼻の先から尻尾の付け根ま
で15.5cmである。この狐は、口に経巻をくわえ、尻尾の先に宝珠をつけて
いる。体全部に、胡粉を混ぜた白い漆が塗られている。前脚のあいだに兜の

祓立てに差し込む真鍮金具がつけられている。

　1815年（文化12年）に出版された『北斎漫画』二編の41頁には、走る狐の略図がでている。（E図）このスケッチとくらべると、立体的な狐の前立てのデザインのおもしろさがよくわかる。

E図 『北斎漫画』二編にでている狐の図

　このような白狐の前立ては、持ち主の信仰を表したものだと思われる。芦田正次郎『動物信仰事典』（北辰堂、1999）は、101頁から104頁にかけて、「狐（きつね・こ）」について説明している。関連宗教として、「神道（神使）、仏教（荼枳尼天（だきにてん）・神使）」を、関連民衆信仰として「稲荷信仰・権現（ごんげん）（山岳）信仰」を掲げている。『北斎漫画』三編には、走る狐の背にまたがって、左手に宝珠を、右手に鉤を持ち、天衣をまとった姿の「荼枳尼天」が描かれている。（F図）この狐は、口に経巻をくわえた白狐の前立てとそっくりの形である。

F図　走る白狐にまたがった「荼枳尼天」

12　走る白狐の姿を表した前立て　57

13 想像上の怪物「鬼」（おに）面の前立て

　山上八郎『日本甲冑の新研究』（下）は、1992頁で、「宇宙の森羅萬象をあらはした」立物をイ「信仰」、ロ「天文・地文」、ハ「動物」、ニ「植物」、ホ「器財」、ヘ「文様」、ト「文字」およびチ「雑」の8種類に分け、イの「信仰に関する立物は、是を神佛像・怪物・祭祀に関係あるもの、佛具・神佛號等に大別することができる」と述べている。同書は、つぎの1993頁で「怪物を用ひたものは更に多い」と述べ、その例として「魅。天狗。鬼。天の障魔（サコ）等」をあげている。このなかでは魅（しかみ）の前立てがもっとも数が多く、まれに天狗面や鬼面を見かけることがある。

　ここに掲げる鬼面の前立ては、厚い桐材を彫刻して鬼の面とし、裏面をくりぬいてうすい桐板でふさぎ、その下方に兜の二本角本に差し込むための穴をあけている。（A図）

　　A図　木彫りの表に黒緑色の漆を塗り両眼に玉を入れた
　　　　「鬼」面の前立て

眼には、玉がはめられている。面には黒緑色の漆が塗られ、鼻の穴と口唇に赤漆が、牙と角には金泥が塗られている。顔の部分の高さは12.3cm、顔のもっとも広い部分の幅は9.8cmである。少しおどけた顔をした、おもしろい表情の鬼面である。

小学館発行の『日本国語大辞典』(1973)には、「おに［鬼］」について、つぎのように説明されている：

「①（「隠（おん）」が変化したもので、隠れて人の目に見えないものの意という）死者の霊魂。精霊。……②人にたたりをすると信じられた無形の幽魂など。もののけ。幽鬼。……③想像上の怪物。仏教の羅卒（らそつ）と混同され、餓鬼、地獄の青鬼、赤鬼などになり、また、美男、美女となって人間世界に現われたりする。また、陰陽道（おんようどう）の影響で、人間の姿をとり、口は耳まで裂け、鋭い牙をもち、頭に牛の角があり、裸に虎の皮の褌をしめ、怪力をもち、性質が荒々しいものとされた。夜叉。羅利（らせつ）。……④民間の伝承では、巨人信仰と結びついたり、先住民の一部や社会の落伍者およびその子孫としての山男と考えられ、見なれない異人をさす場合がある。また、山の精霊や耕作を害し、疫病をもたらし人間を苦しめる悪霊をもさす場合がある。⑤修験道者などが奥地の山間部に土着した無名の者、または山窩（さんか）の類をいう。……⑥（比喩的に用いて）鬼のような性質をもっている人。また、鬼の姿と類似点のある人。荒々しくおそるべき人。……」

前立てとして表現されているのは、上記③の「想像上の怪物」の鬼だと思う。

河出書房の『日本歴史辞典』(1968)は、「おに鬼」について、つぎのように説明している：

「醜くおそろしい容貌をしていて変化自在な怪力をもつと信じられている怪物をいう。鬼という字は古く、中国で霊魂のことであり、霊鬼・鬼魅・鬼神などの熟語はみな同じようなものをさす。「おに」という語については、古く「和名抄」では、ある説として、「鬼物」は隠れた存在でふつうは人に姿を見せようとしないところから、隠という字音から訛ったものだとの説を載せているが、当っているかどうか確かでない。

「日本書記」欽明天皇五年条では鬼魅、魍鬼を「おに」と訓じている。同斉明天皇崩御の条には、山上に鬼がいて大笠を著け、天皇の葬儀を眺めていたとの記事があるが、この段階ではまだ人の目にあらわな姿となっていない。仏教の経典には、夜叉・羅刹などインドの原始的な神祇がとり入れられたものと、餓鬼との二つの系統がある。総体にインド・中国・日本を通じて、死者の霊魂で子孫がないため祭りを受けることのできないものが、鬼界にさまよって苦悩を受けるとの思想があり、それらによって人間は時折あだをされると信じられたようである。……」

B図　北斎が描いた「鬼」の顔

A面の「鬼」面の前立てを、能に使う般若面の厳しく怖い表情と比べると、前者はユーモアのある表情をしている。参考までに、葛飾北斎が描いた鬼の顔を掲げよう。(B図) この略画は、『北斎絵事典―人物篇』(東京美術、1999)の211頁にでている。

14 禅宗説法師が持つ麻姑手形と心字形「如意」(にょい)の前立て

　山上八郎『日本甲冑の新研究』(下)の1996頁には、仏具を象った前立物のなかに「如意」を含めている。しかし、その実物を見ることはまれである。まず、この語の意味からあきらかにしよう。

　『広辞苑』には、「にょい［如意］」について、「①思うようになること。おもいのまま。「不―」②〔仏〕㋐物事が自分の意のままになる、不思議な力。㋑如意宝珠の略。㋒説法・法会に講師・道師が所持する具。主として金属製で爪杖・まごの手の変形したものという。長さ30〜40センチメートルほど」という説明がでている。

　前立てとして使われるのは、右の説明のなかの㋒の如意である。如意のなかには、鍛鉄で作られ、護身用の武器として使えるものもある。しかし、仏教の僧侶が手に持つ道具であるといえるだけで、それ以上の知識がないので、専門書である蔵田蔵編『仏具』(日本の美術 No.16)(至文堂、1967)を参考にした。同書は、仏具を1「仏関係のもの」、2「法具」、3「密教法具」、4「僧具」、5「修験用具」の5種類に分け、如意を僧具のなかに入れている。同書の85頁には、如意についてつぎのような説明を掲げている：

　「説法、講読または法会(ほうえ)の席で講師の持つ威儀の僧具。本来はその文字の如く、意の如く痒(かゆ)い所を掻(か)くのが目的であったが、これが仏具として取り上げられたのは何時かは不明である。奈良時代にはすでに大安寺私財帳に、『合如意壱拾陸枝』とあり、また遺物が正倉院にのこる。入唐八家が請来したものが、『説法具』としてあり、有薩具・灌頂具・供養具としても用いられている。

　如意の形式に麻姑手(まごのて)形と心字形とあり、前者は『孫の手』様で原始形をなし正倉院に斑犀(まんさい)・玳瑁(たいまい)・犀角(さいかく)製の如意など九本がある。心字形とは篆書(てんしょ)の心字を如意の頭部にあらわすとされて雲形につくる。

　……羅漢(らかん)画には心字形如意をもつものが多い。ただし禅宗で

は必須の僧具であった。
　如意が威儀を正す僧具ということから、講師のシンボルとなった例に前述の五獅子如意がある。……
　如意の材質は多種類にわたり、玳瑁（たいまい）・角類・黄楊（つげ）・木・竹・白玉・珊瑚・金銅・銀・鉄・錫などがある。」
　『武家重寶記』巻の三の「立物の事」には、68種類の立物の略図を掲げ、そのなかに「如意」の前立てを含めている。（A図）この如意は、心字形である。上記『仏具』の83頁には、醍醐寺の心字形如意（平安時代）の写真がでている。

　ここに紹介する如意の前立ての第１例は、『武家重寶記』にでている略図のような、心字形の如意を用いた前立てである。（B図）この如意前立ての特色は、大工道具の一種である「ちような」（手斧、釿）の柄の形に曲がった棒の先端に、心字形の雲形板がつけられていることである。柄の長さは35cm、その断面は幅1.7cmセンチ、厚さは２cmである。雲形の板は、縦10cm、横11cmである。その表はまるくふくらませ、裏は平である。

　全面に赤漆が塗られている。雲形板の表には龍頭が毛彫りされ、柄には龍が巻きついた模様が毛彫りされて、雲形のハート形の椽とともに金箔がつけられている。雲形板の裏には、全面にこまかい波模様が彫られ、その上に金箔が置かれている。柄の下端には、兜の角本を差し込む四角い溝が開けられている。

　如意の前立ての第２例は、全面に黒漆を塗った麻姑手形の如意である。（C図）長さは41cm、幅は3.4cm、厚さは1.1cmである。柄の表は丸くふくらませ、下端の裏の溝に鉄

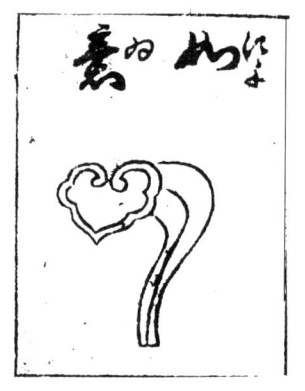

A図　『武家重寶記』にでている『如意』前立ての略図

B図　心字形如意の前立て

の鶴首を差し込んで、兜の鉢の裱立に取りつけるようになっている。(D図)

第3例の前立ては、第2例と同じく、麻姑手形の如意である。(E図) 長さは46.5cm、頭部の幅は3.2cm、下端の幅は3cm、中央の少し狭くなった部分の幅は2.7cm、全面に赤漆が塗られている。柄の表を丸くふくらませ、裏を丸くえぐり、先端を蕨のように巻き、柄にカーブをもたせた美しい形の木の工芸作品である。

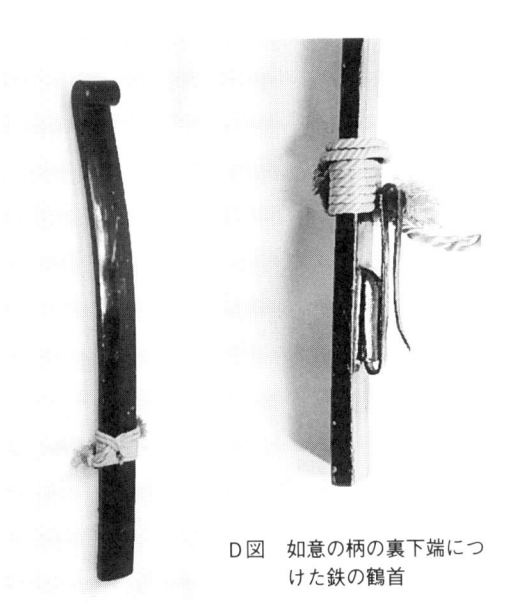

C図　黒漆塗の麻姑手形如意の前立て

D図　如意の柄の裏下端につけた鉄の鶴首

この如意の前立てをつけている兜は、古い突盔(とっぱい)の鉢に張懸けをした烏帽子形兜である。赤色の如意の柄のカーブが兜の形とうまく調和するのがおもしろい。

「如意」について、もう少し調べてみよう。

平凡社『世界大百科事典』の「にょい　如意」の項目には、「元来、如意はいわゆる孫の手のように背中をかいたりする日用品で、初期仏教の時代から僧侶が携帯した。古くは爪杖といわれたが、これを用いれば手の届かぬ背中のかゆい所も意の如くなるところから名付けられたとされる。こうした日用具から説法論義の儀式用具となったもので、最澄の『請来目録』などにも論法具として挙げられている。講讃法要の講師の役などが、経釈の

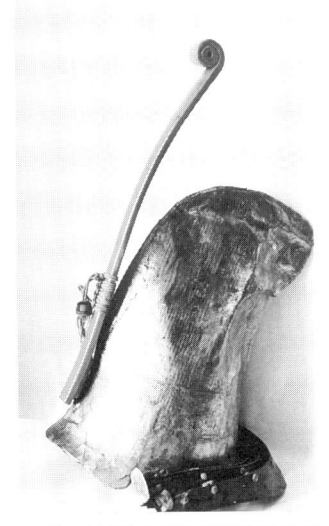

E図　赤漆塗の麻姑手形如意の前立てをつけた烏帽子形兜

14　禅宗説法師が持つ麻姑手形と心字形「如意」の前立て　63

部分や論義で問答に解答を示す部分などで両手を構えて威儀をととのえた。また、中啓で代用されることもある。遺品として著名なものに正倉院宝物中に玳環・犀角などの九柄があり、如意を納める漆塗の箱も残されている。(横道万里雄)」という説明がでている。

ウエバー『KOJI HOTEN 古事寶典』の"Nyo-i"の項目では、「仏僧や羅漢が持った仏具で、『意のとおりになる』とか、『望みがかなえられる』を意味する。日本では、如意は禅宗で使われた」と説明され、イラストレーションとして、パリのギメ美術館（Musée Guimet）にある如意5本の写真が掲げられている。

江戸時代には、鍛鉄で作った護身用の心字形如意も使われた（F図）名和弓雄『隠し武器百科』（新人物往来社、1977）は、「打物篇」のなかの「如意の仕込み」の項目（181頁）で、「鉄如意は正しく僧侶の護身用打物、隠し武器であったに相違ない」と述べている。

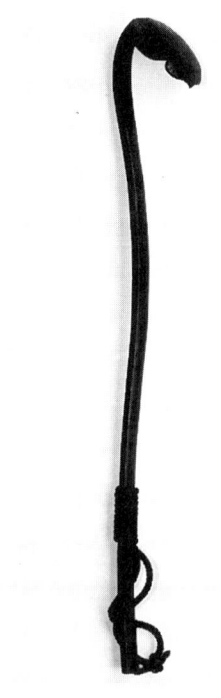

F図　鍛鉄で作った心字形如意

15 真中に懸け仏をつけた木彫「劔鍬形」（けんくわがた）の前立て

『武家重寶記』には、兜の立て物88種類の略図がでている。そのなかの一つに、「劔鍬形」の前立てがある。（A図）この図の中央は剣の形をしているが、両側は鍬形になっていない。なぜこのような形の前立てを「劔鍬形」と呼んでいるのかわからない。ここではその略図に該当する実物を紹介するので、名称の是非は問わないことにする。

取り上げるのは、厚板を削って作った、（縦横10.7×12.3cm）、下端から真中の劔の先端までの高さ7.5cmの小型の前立てである。（B図）中央下端に、兜の角本に差し込むための穴が開けられている。その部分の厚さは、1.5cmである。表裏ともに角を取って丸味がつけられているが、表のほうが平らである。表は濃褐色に、裏は茶褐色に漆塗りされ、先端に金泥が塗られている。

この前立ての最大の特色は、中央にかなり古い懸け仏が取り付けられていることである。懸け仏の高さは5.5cm、蓮華の台座の横幅は3.3cmである。この青銅で鋳造した仏像は、阿弥陀如来（あみだによらい）と思われる。

野間清六・谷信一編『日本美術辞典』（東京堂出版、1979）（22版）に

A図 『武家重寶記』にでている『剣鍬形』前立ての略図

B図 真中に懸け仏をつけた剣鍬形の前立て

は、「阿弥陀如来」について、つぎのように説明されている：

「西方極楽世界に在する仏で浄土教の本尊。無量光仏、無量寿仏ともいう。この仏を信仰し名号を唱えるものはその功徳によって必ず極楽浄土に往生すると説かれている。阿弥陀如来の信仰は、印度、中国、日本を通じて行われてきたが、わが国では平安時代中ごろ恵心僧都が力説し、鎌倉時代には法然上人によって独立の教門となった。この仏の姿は如来像のなかでは最く印相によって九極に分けられ、これを九品の弥陀と称している。絵画にはこの他来迎相として聖衆来迎図、二十五菩薩来迎図、一尊来迎図、三尊来迎図、山越来迎図、九品来迎図、還来迎図などがある」

この懸け仏は青銅でできていて、くぼんだところに鍍金がわずかに残っている。これを前立てに取り付けたときには、全体が鍍金で光っていたものと思う。兜の前立てには神仏の信仰を表わしたものが多いが、このように懸け仏を用いたものは非常に珍しい。

前出の『日本美術辞典』は、「懸仏」（かけぼとけ）について、「神仏混合の結果、本地仏等を表わす一形式として用いられたもので、元来は鏡の表面に毛彫像を描いた鏡像から発展したもので、木製、銅製がある。円板に鋳造や鎚起で神仏像や種子を表わし、天蓋、台座、花瓶等を鋲留して内陣に懸けたものである」と説明している。

なお、「剱鍬形」の名称については、山上八郎『日本甲冑の新研究』（下）は、2063頁から2066頁にかけて「三鍬形」について説明したあと、「尚剱鍬形といふのは勿論右の式に対する後世の唱え方で、『武家閑談』巻二には、上方にて大合戦と云は、舎利寺合戦あり……牛之介はかくれなき大剛の者なり。五尺ばかりの剱鍬形を立物にしてと見えているが、彼の『大阪陣上屏風』にも見る所である」と述べている。

要するに、「剱鍬形」は、「三鍬形」の別名ということになる。

16 「宝珠」(ほうじゅ) を表す兜の立て物

　前立てには、「宝珠」(ほうじゅ) をかたどった例がある。「宝珠」を表す方法は、一様でない。最初に示す、厚い銅板を切り抜いて作った鍬形状の熨斗 (のし) を象った前立てにつけた宝珠は、銀板で作られている。(A図)

　別冊歴史と旅『日本の家紋』(秋田書店、1978) の「家紋図鑑」(丹羽基二解説)(29〜185頁) は、器具紋の一種である「宝珠」紋について、74頁で、宝珠紋14例の図を掲げ、つぎのように説明する：

　　「宝珠　玉ともいう。宝珠とは宝とすべき珠の意。これから思いおもいのままのものを取り出せるというので、如意珠、如意宝珠ともいう。形は

A図　厚い銅板切り抜いて鍍金をした熨斗の前立てにつけた銀の宝珠

火焔をふいているのと、そうでないものとがある。神紋としては弁財天や稲荷社で用いる。ともに、庶民の願いをこの玉によって叶えさせるからである。弁天は火焔がなく、稲荷社は火焔がある。宝珠紋は一個から五個までの配列があるが、使用家は藤原氏支流の薬科氏ほか。」

　『広辞苑』には、「ほうしゅ [宝珠]」の語について、「①宝物とすべきたま。たからのたま。② [仏]「宝珠の玉」に同じ。……－・がしら [宝珠頭] 宝珠の形をした頭。擬宝珠 (ぎぼし)。－・のたま [宝珠の玉][仏] 尖頭で、頭及び左右の側から火焔がもえ上がっているさまの玉。如意宝珠。」と説明されている。

　家紋の図鑑を見ると、宝珠の紋章の種類は多くないことがわかる。これらの紋章は、玉だけのものと、焔をつけたものとに大別することができる。宝珠デザインの前立てを見ると、自分の家紋や集団の合印としてではなく、具

足着用者個人の好みによって使ったようにおもわれる。

　冒頭で述べた熨斗の前立ては、一枚の厚い銅版を高さ19cm、横幅20cmの熨斗の形に切り抜いて作られている。中央の結び目の上につけられている縦横6.3cmの宝珠は、同じ銅版を切り抜いて台板とし、そのうえに表をふくらませた宝珠の形の銀板を鋲でとめている。

B図　厚い板を削って作り、黒漆地に金箔を置いた宝珠の前立て

C図　宝珠の前立ての裏面

D図　仙台藩片倉家の愛宕大権現護符の前立て

　もう一つの例は、一枚の厚い板を彫刻して表をまるくし、黒漆塗りのうえに金箔をおいた、高さ9.2cm、横幅cmの宝珠の前立てである。（B図）宝珠の上についている2条の筋は、赤漆で引かれている。裏面は平らに削り、中央下に細長い円錐形の溝が彫られている。（C図）これは、兜鉢の正面の角本に取り付けるとき、正中の板に植えた星をさけるためである。

　伊達政宗の仙台藩創設に参画した功で白石の城主となった片倉小十郎景綱（1557～1615；）にはじまる片倉家では、仙台胴具足を調製するとともに、兜の八日月前立てに重ねて、金箔地に黒漆で「愛宕山大権現守護所」と書いた護符の前立てをつけた。この護符の上には火焔をつけた宝珠が描かれている。C図の前立ては、その一例である。

　別冊太陽『江戸家老百人』（平凡社、1979）の18頁に

は、護符と八日月の前立てをつけた片倉小十郎所用の兜のカラー写真がでている。また、小十郎景綱の嫡子で大坂の陣につかわされた重綱の仙台胴具足のカラー写真は、歴史群像シリーズ『図説・戦国武将』（学習研究社、2001）10頁にでている。この具足の兜にも、八日月の前立てと護符の前立てがつけられている。重綱所用の具足の写真は、「仙台胴の代表例」として山上八郎『日本甲冑考』（三友社、1942）の写真ページにもでている。

　　　一つ玉　　　変わり焔玉　　　稲荷玉
E図　家紋図鑑にでている3種類の宝珠紋

これらの護符の前立てに金地に黒漆で手書きされた火焔つき宝珠の図を家紋の宝珠とくらべると、違いがわかっておもしろい。参考までに、もっとも基本的な図案の宝珠紋「一つ玉」、「変わり焔玉」および「稲荷玉」の図をかかげておく。（D図）

兜の頭立てのもっとも古い例とされているのは、『本朝軍器考集古図説』（下巻）に「鞍馬寺蔵冑古鉢」と称して掲げられている五本篠垂がついている星兜鉢の八幡座に載せられている火焔のついた宝珠である。（F図）

『本朝軍器考』は、新井白石（1657〜1725；明暦3〜享保10）が宝永年代（1704〜1710）に出版した武具甲冑の研究書である。

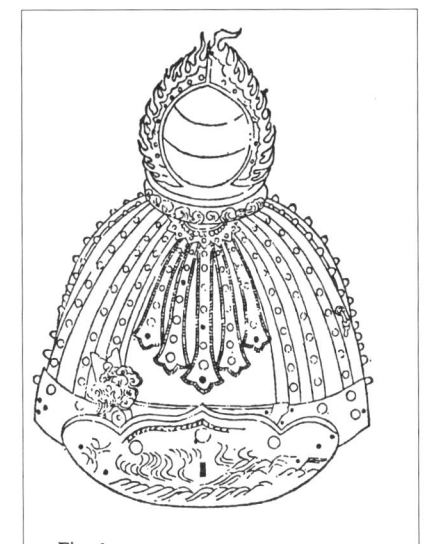

Fig. 6
HACHI with KASHIRA-DATE (top crest) in the form of the Sacred Jewel and with five SHINODARE on the front plate, c. 1300, Kurama Dera. From the woodcut in *Honchō Gunkikō*.

F図　『本朝軍器考』にでている「鞍馬寺古冑鉢」の宝珠頭立て

宝珠頭立てをつけた星兜鉢の図は、ラッセル・ロビンソン編の英語訳 Arai Hakuseki, THE ARMOUR BOOK IN HONCHO-GUNKIKO（Edited by H. Russel Robinson）（1964, Holland Press, London）の30頁から転載したものである。この兜の製作年代は、鎌倉時代末期（1300年頃）とされている。

　この図は、山上八郎『日本甲冑の新研究』（下）2104頁や、同『兜の研究』（下）（大東出版社、1942）181頁にも掲げられている。これらの書には、『本朝軍器考集古図説』の説明文「八幡座ノ上ニ、宝珠有、金メッキ、廻リ九寸八分、高三寸三分、三方ヘ火炎有、玉台有廻一尺三寸余、高一寸」が引用されている。

　宝珠は、鞍馬寺の兜のように、前立てのデザインとするよりも、八幡座の上につけるのが適切である。室町時代末期（16世紀後半）には、そのような兜も出現した。「相州小田原明珍勝家」の銘がある鉄錆地三十間筋覆輪座星兜には、銅板を打ち出し鍍金した直径2.5cmの玉がはめこまれている。（F図）

F図　「相州小田原明珍勝家」作の三十間座星
兜の八幡座にはめこまれた宝珠

　2001年4月28日から5月27日まで小田原城天守閣で開催された展覧会のカタログ『特別展　武士の装い……小田原鉢と日本甲冑の名品……』（小田原市、2001）の29頁には、この兜のカラー写真がでている。

17 仏具「輪宝」（りんぽう）を用いた前立て

　輪宝（りんぽう）は、密教の法具の一つとして広く知られている。また、兜の前立てとしてもよく使われた。したがって、『武家重寶記』には、輪宝の前立ての略図が出ている。（A図）ここでは、その実物を数例取り上げる。

　野間清六・谷信一編『日本美術辞典』（東京堂出版、1952）の「輪寶りんほう」の項目には、この法具について、つぎのような説明が掲げられている：

> 「もと印度の武器で、仏教では煩悩の賊を破るにたとえ、また降伏しないものを降す兵器の一種で、仏の説法は衆生の迷妄を降すこと輪の転じて止ることなきが如くでるとの喩えとした。この輪宝を仏教の象徴としてインドの古代においては仏像の代りに礼拝せられた。殊に密教においてはこの輪宝を金工品で製作して、重要な密教法具の一として大壇の上にかざる。概ね金銅鋳造である。形式は車輪形の輞（ほう）の外側に八個の鋒という突起があり、これを連ねて八角形を作る。車軸に当る所を穀といい蓮弁形になる。穀と輞を八本の輻でつなぐ。」

A図　『武家重寶記』にでている「輪宝」前立ての略図

　『広辞苑』では、「りんぽう［輪宝］」の語が「（仏）古代インドで理想の国宝とされる転輪聖王の感得する七宝の一。転輪聖王遊行の時、必ず先行して四方を制するという。金・銀・銅・鉄の四種がある。もとインドの武器」と説明されている。

　さらに、『ブリタニカ国際大百科事典』の小項目事典には、「輪宝」について「仏教伝説の『転輪聖王の宝』の意。転輪聖王の行くところ必ずみずから前進して外敵を破る金輪宝、銀輪宝、銅輪宝、鉄輪宝の四種があるという。仏法の象徴として崇拝されるようになり、のちに紋章化された。比叡山の菊輪宝は、輪宝のまわりに菊の花びらをあしらったもので、密教法具として大

壇に用いられる」と説明されている。

　これら三つの説明を読んでも十分に理解することができないので、さらに『世界大百科事典』(平凡社)の「てんりんじょうおう　転輪聖王」の項目を見ると、つぎのような説明がでていた：

　　「古代インドの伝記上の理想的帝王のこと。単に転輪王または輪王ともいう。この王が世に現われるときには天の車輪が出現し、王はその先導のもとに武力を用いずに全世界を平定するとされるところから、この名がある。サンスクリットのチャクラバルディン Cakravartin またはチャクラバルティラージャ Cakravartirāja の訳。仏典では、この王は輪宝、白象宝、紺馬宝などの七宝を有し、また仏と同じ〈三十二相〉(三十二の身体的特徴)を備えているとされ、俗世界の主として、真理界の帝王たる仏にもたとえられる地位を与えられている。実際、釈尊がその誕生のときに、出家すれば仏となり、俗世にあれば転輪聖王となるであろうとの予言を受けたというのは、よく知られた伝説である。しかし、歴史的にはこの転輪聖王は、釈尊より後のインド統一帝国の帝王のイメージが投影されたものであろうと考えられている。(岩松浅夫)」

　最後の説明を読むと、輪宝は、戦わずして全世界を平定することができる伝説の転輪聖王が持っていた超能力を発揮する武器であったことがわかる。

　これは、兜の前立てとするに相応しい器物である。最初に引用した『日本美術辞典』の説明は、輪宝の要所の名称を教えてくれるのでよい参考になる。

　古代インドから密教の法具として渡来した輪宝を用いた前立て数例を比較すると、その仕様やデザインが画一的でなく、いろいろなヴァリエーションがあることがわかる。

　第1の例は、薄くて硬い一枚の革を切り抜いて作った縦横7.4cmの小型の輪宝である。(B図)表裏両面に金箔が置かれている。この輪宝は裏側中央に竹の足をつけて、革で作った高さ18.5cmの左右対照の鍬形の足の合わせ目のところに差し込まれている。鍬形の合わせ目の高さは、5.2cmである。鍬形の根本は、彦根具足の天衝きと同じ構造になっている。鍬形の先端の幅は、30cmである。鍬形にも、両面に金箔が置かれている。

　第2例は、銅板を切り抜いて透かし、表裏両面に鍍金をした高さ13.4cm

B図　鍬形前立てににつけた革製の小型「輪宝」

C図　銅板を切り抜き鍍金をした八鋒輪宝の前立て

D図　八角形の真鍮板に線彫りした輪宝の前立て

の輪宝の前立てである。(C図) 輪の中心の轂（こく）は蓮華文で、そこから8本の肘木（ひじき）輻（ふく）がでている。それぞれの輻の網（外輪）を抜けた先の鋒（ほう）は剣先形になっているから、「八鋒輪宝」と呼ばれる。

　第3の例は、真鍮板を八角形に切って打ち出し、膨らんだ表に輪宝を線彫りし他、縦横9.5cmの輪宝の前立てである。(D図) 裏に銅板を貼り付け、中央下端に角本を差し込む管がつけられている。

　第4例は、直径11.5cmの薄い木の円盤の表に、薄い革を切り抜いた輪宝を貼り付けた、合印として作られた前立ての一つである。(E図) 裏側の下端に一本角本を差し込む溝がつけられている。

17　仏具「輪宝」を用いた前立て　73

E図　円板に輪宝を切り抜いた金革を貼り付けた前立て

　第5例は、八鋒の先端に剣先を出す代わりに三鈷杵の先をつけた輪宝を真鍮板に透かした縦横13.5cmの前立てである。（F図）殻の裏から兜の祓立てに差し込む鈎が取り付けられている。

　第6例は、薄い銅板を透かして作った縦横18.5cmの輪宝の前立てである。（G図）全面にほどこされていた鍍金は錆のためにとれている。中央下の剣先の裏に角本を差し込む管がつけられている。

F図　八鋒に三鈷杵先をつけた輪宝の前立て

G図　薄い銅板を切り抜いた輪宝の前立て

H図　銅板を透かし鍍金をした小型輪宝の前立て

I図　銅板を透し鍍金をした輪宝の前立て

　第7例は、少し厚めの銅板を透かして作り、鍍金をした、高さ8.5cmの、小型の輪宝前立てである。（H図）轂の裏から細長い鉤がでている。

　第8例は、銅板を切り抜き、表に鍍金をした、高さ15.5cmの輪宝の前立てである。（I図）中央下の剣先の裏に角本を差し込む管がつけられている。

　ここに掲げた輪宝の前立て数例を比較すると、同じ密教法具をいろいろ異なるデザインで表現し、兜の正面に取り付けた江戸時代の工芸作品のおもしろさがよくわかる。輪宝は、刀の小道具のような侍グッズの装飾にも使われた。その一例は、小さい金無垢の輪宝の目貫きである。（J図）この目貫の写真は、『菊』新聞433号（2005年10月15日）4頁の「読者マーケット」欄にでていた。

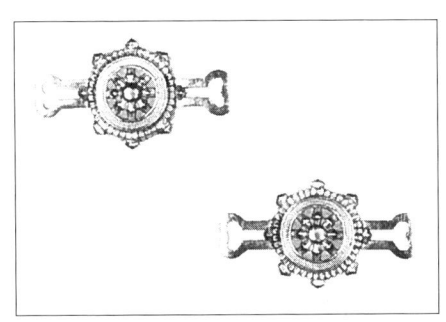

J図　輪宝を彫った金無垢の目貫

17　仏具「輪宝」を用いた前立て　75

18 「刀八毘沙門」(とばつびしゃもん)の文字を大書した扇の前立て

　これはカナメを上にして逆さにし、380度開いて両親骨を合わせ、そこにつけられている細長い竹の平棒を下にスライドさせて、受け筒に差し込んで固定させるようにした、珍しい扇の前立てである。(A図)

A図　全開した扇の前立て

　扇の直径は49cm、たたんだときの長さは27cm、親骨の棒をのばすと32.5cmになる(B図)のばした平棒は、長さ6cm、矩形の断面の小さい受筒に差し込むようになっている。(B図)赤銅でできたこの受筒の裏側には、兜の角本を差し込む短い筒がつけられている。(C図)

　扇面には、赤漆で左から「刀八毘沙門」の文字が書かれている。また、下端の親骨に接した部分には朱漆を塗り、その上に「南無妙法蓮華経」の文字が墨で縦に書かれている。(D図)

　『日本国語大辞典』(小学館、1975)14巻には、「とばつびしゃもんてん[兜跋毘沙門天]」について、つぎのように説明されている：

　「(兜跋国に現われた毘沙門天の意とも、『兜跋』は『吐蕃』訛ともい

う）毘沙門天の一種。
西域に起源をもつとみ
られる異形の毘沙門天
像をいう。北方を守護
し、外敵を撃退する力
をもつという。宝冠を
戴き、異国風な鎧を着
し、左手に宝塔を捧げ、
右手に戟を持ち、地天
（女神）の両掌上に立
つ。後世、鉢のような
兜をかぶっているとこ
ろから兜跋を兜鉢の意
と解し、また兜跋を

B図　扇を逆さにして開くところ

C図　開いた扇の親骨を差し込む受筒

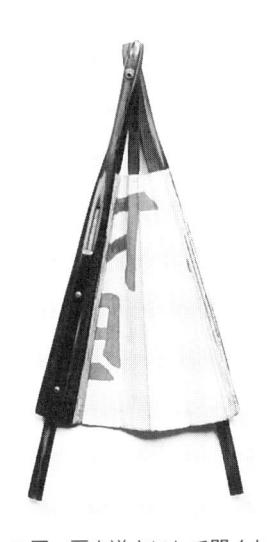

「とうばつ」とよんだためか、刀八、刀跋の意と解し、八口の刀を帯びた像が作られた。兜跋毘沙門」

『北斎漫画』十一編には、42頁と43頁両面にわたって、右の説明の最後に述べられている八口の刀を手に持っている「刀八毘沙門天」（とうはつびしゃもんてん）の絵がでている。（E図）

平凡社『世界大百科事典』(1985) には、「びしゃもんてん　毘沙門天」について、つぎのような説明がでている：

「サンスクリット名 Vaisravana を写したもので多聞天とも訳す。古代インド神話中のクベラ（Kuvera、倶尾羅）が仏教にとり入れられた。拘毘羅くびら毘沙門と称せられることもある。四天王の

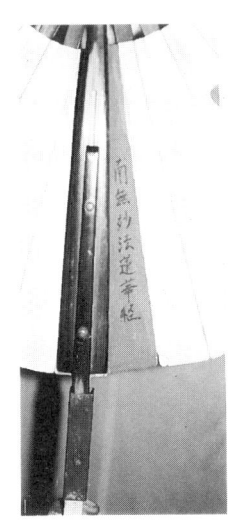

D図　「南無妙法蓮華経」の文字を書いた部分

一尊として北方をつかさどり、また財宝富貴をも守るといわれる。密教においては十二天の一尊であり、やはり北方に位置される。

18　「刀八毘沙門」の文字を大書した扇の前立て　77

形像は、甲冑を着る武神像で、左手の掌上に宝塔をのせ、右手に宝棒を持ち二邪鬼の上に乗る姿が一般的である。

四天王の一尊として造られた像は立像であり、単独に造像された場合に両脇侍として吉祥天と善膩師ぜんにし童子が加えられることが多い。脇侍像がある例は、高知雪蹊寺の像が著名である。

なお、異形の像としては西域の兜跋とばつ国に化現した像を写したと伝える兜跋毘沙門天があり、空海請来の伝承がある教王護国寺(東寺)像(唐時代、国宝)が日本におけるこの系統の手本となった。また日本では、持国天とともに二天王の一つとして造像されることも多い。(関口正之)」

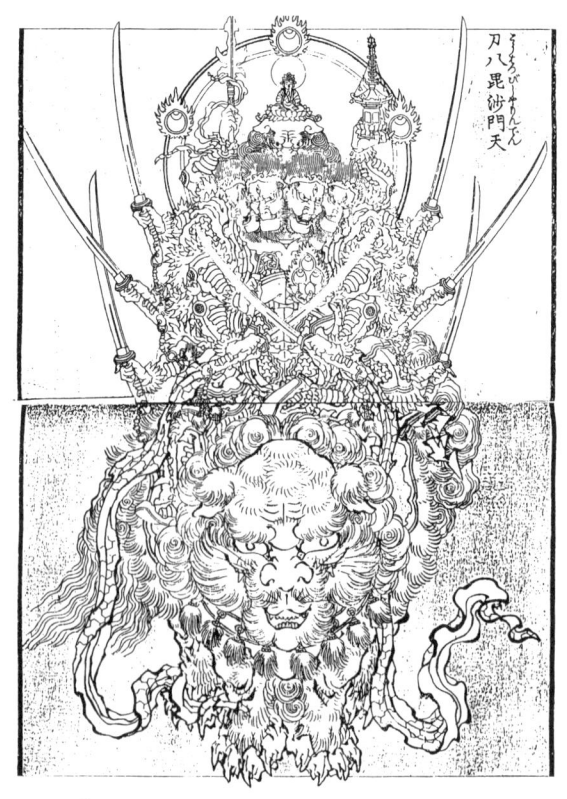

E図 『北斎漫画』十一編にでている「刀八毘沙門天」の図

19 『単騎要略製作辨』に図示された「隼」(はやぶさ) の前立て

　山上八郎『日本甲冑の新研究』(下)の2016頁には、『単騎要略製作辨』にでている「隼」の前立てを上から見た図が掲げられている。(A図)

　この略図を立体化したのが、写真に示す隼の前立てである。(B図) 嘴(くちばし)の先端から尾の先端までが22cm、両翼の先端から先端までが29cmであるから、前立てとしてはかなり大型である。したがって、数個の木のブロックを組み合わせ固定して素材を作り、それに彫刻をした、寄木造りの手法がとられている。

A図　『単騎要略製作辨』にでている「隼」の前立ての図

　全体に黒褐色の漆が塗られ、その上に銀箔が置かれている。この銀箔地の上に、非常にこまかく羽根の線が描かれている。両眼には、玉が入れられている。胴の下部には、折りたたんだ両脚が彫られ、祓立のついた兜に装着するための鶴首を差し込む角形の穴がもうけられている。木箱に入れて保存されていたため、実質的な痛みはない。表面の銀箔が錆びて、鉛色を呈している。江戸中期の優れた工芸品として観賞できる、すばらしい前立てである。高級の具足の兜についていた前立てである。(C図)

　なお、上に掲げた「隼」前立ての略図がでている『単騎要略製作辨』は、本書の序文で参考にした当世具足の兜の立て物を図示した『単騎要略被甲辨』(享保14年(1729))の姉妹編であって、甲冑の種類や部品を解説している。その編輯者は、村井昌弘先生と表示されている。

　小学館発行の『日本国語大辞典』(1975)には、「はやぶさ [隼]」の語について、つぎのような説明がでている：

　「①ハヤブサ科の中形の鳥。全長40〜50センチで、雌の方が大きい。背

B図　木彫銀箔を置いた「隼」の前立て

C図　木彫「隼」の前立ての側面

面は暗灰色、下面は白または黄褐色で、灰黒色の横斑（よこふ）がある。虹彩（こうさい）は褐色で、あしは黄色。主として平原にすみ、飛行はきわめて早く、空中で鳥を捕食し、獲物をみつけると高空から急降下し、鋭い足でけって殺す。ほとんど全世界に分布し、日本には九、10月ごろ全土に渡来するが、少数は北海道・本州・伊豆七島の海岸で繁殖している。日本・ヨーロッパで鷹狩に用い、カモ・キジなどを取らせる。……
②ハヤブサ科の鳥の総称。ワシタカ目の中では中・小形の鳥で、日本で

は飛翔中に翼の先端がとがることで他のワシタカ目の鳥と区別される。主に空中で小鳥を襲うハヤブサ類、地上のネズミ類を襲うチョウゲンボウ類その他があり、ワシタカ科の鳥と違って自分では巣を作らず、岩棚や他の鳥の古巣に産卵する。約60種が全世界に分布している。③挙動がすばしこくて勇ましいこと。また、そのような動物や人。・歌舞伎・貞操花鳥羽恋塚－五立「この矢を摑み、早ぶさにて下りて来り」④刑事をいう、盗人仲間の隠語。〔隠語輯覧〕⑤旧日本陸軍の一式戦闘機の通称。初飛行は昭和13年（1938）12月。最大時速550キロ、航続距離3,200キロ。……」

山渓フィールドブックス４『野鳥』（山と渓谷社、1991）の25頁には、ハヤブサ科の鳥は日本では７種あると書かれ、「チゴハヤブサ」、「ハヤブサ」、「チョウゲンボウ」および「コチョウゲンボウ」の色彩図がかかげられている。また、同書の143頁には、ハヤブサが木にとまっている姿と、急降下する姿の写真がかかげられ、つぎのような解説が付されている：

「ハヤブサ Falco peregrinus－海を見おろす断崖の松の枝にとまって獲物をむしる中形のタカ類。雌はカラス大、雄はそれより小さい。上面は黒色で顔に黒いひげ状の模様があり、下面は白くて黒い横斑がある。目の回りとくちばしの基部は黄色い。ハヤブサ類は、翼の先が尖っていることで他のタカ類から区別できる。北海道から九州の断崖のある海岸で局地的に繁殖し、冬期には各地の海岸近くで比較的普通に見られる。上空から急降下して飛んでいる鳥を捕らえる。

この前立ては、急降下するハヤブサをデザイン化したものである。実物の隼の写真と比べてみると、実物の特色と作者自身の造型的表現とをブレンドした見ごとな作品であることがわかる。

20 木彫に金箔を置いた「鯱」(しゃち)の前立て

『広辞苑』は、「鯱（しゃち）」の語について、「1.クジラ目の歯クジラの一種。体長約九メートル。背面は黒、腹面は白色。頭は円錐形で歯鋭く、背びれは大きく逆鉾状。世界中の海に分布。クジラを襲うので、土佐方言で『鯨と押し』という。逆叉（さかまた）。2.『しやちほこ』の略」と説明する。

また、同辞典は、「鯱（しゃちほこ）」について、「1.棟飾りの一つ。頭は龍のようで、背に鋭いとげのある海魚の形をなし、大棟の両端につける。城郭建築に多く、鴟尾（しび）の変形をいう。瓦、銅、石、木などで作る」と説明する。

平凡社『世界大百科事典』の「シヤチ・鯱」の項目では、「killer whale; reinus orca クジラ亜目マイルカ科の哺乳類。サカマタともいう。また学名からオルカとも呼ばれる。世界中の海に分布する高い背びれをもつ大型イルカ。…（粕谷俊雄）」と説明されている。

兜の立物に使われているのは、もちろん棟飾りの鯱と同じく、哺乳類のイルカからは遠い、魚の形をした怪物といったほうがよい。

鯱は、いろいろ異なるデザインで兜の前立てや脇立てに用いられている。鯱の立物は、家紋にゆらいするものではなく、ステイタス・シンボルとして、また装飾アクセサリとして兜につけられたものである。丹羽基二『家紋大図鑑』（秋田書店、1971）は、鯱の家紋を1種類だけ掲げ（A図）、つぎのように説明している：

A図 「鯱」紋

「屋根の大棟の両端につけられる棟飾りの一種。想像上の海魚で魔除けである。名古屋城の『金の鯱』は有名であるが、『平安紋鑑』には飛龍に似たシャチが1個載っているにすぎない。他の紋張や武鑑類にはみあたらない。使用家や由来は不明、「まぼろしの紋」である。」

この家紋には、鯱の複雑な形姿の特色がよく表現さ

れている。B図の立物のデザインに用いる鯱の原型は、この紋章に求めるのが無難である。1934年に発行されたジョージ・キャメロン・ストーンの『武器甲冑グロサリ』には、"MAIDATE, MAYEDATE"の項目の説明において、ニューヨークのメトロポリタン美術館が所蔵する前立て29種類の写真を掲げている。そのなかのNo.14が、B図の鯱の前立てである。非常に複雑な外観である。これには、「木製、黒く漆を塗ったイルカ」（A dolphin of wood lacquered）という説明がついている。尾びれが、二つに分かれていて、上記の鯱の家紋とよく似ているが、龍のように2本の角がついている。

　C図は、体をU字形にそらして曲げた木彫の鯱の前立てである。縦17cm、横幅17.5cm、全面に黒漆を塗り、金箔を置いている。頭は、魚らしく龍の頭を単純にした形である。角やヒゲはない。開いた口には、金の玉をくわえている。胸と腹に、それぞれ2枚のヒレをつけている。尾ビレは、開いていない。頭の両側に、小さい耳をつけている。

　一匹の鯱を派手に見せるため前ビレを大きく広げると、飛龍と似た姿になる。D図の「卯の花威の胴丸」の写真の兜には、鍬形の前立てがついている。その祓立には、立派な金の鯱の前立てがつけられている。これは、幕末の復古調ブームに乗って製作された大名具足である。鯱の前立ても同時に設計して製作されたものである。当時の大名ファッションの一端がわかっておもしろい。この写真は、1940年ころの『写真画報』にでていた「武士道の華－日本甲冑物語」と題する4頁の国民精神の昂揚を目的とする特別

B図　ニューヨークのメトロポリタン美術館の鯱の前立て（ストーン『武具甲冑グロサリ』掲載）

C図　木彫に金箔を置いた鯱の前立て

記事である。この胴丸の兜の吹返、袖および草摺の裾板につけられた扇の紋金具を見ると、秋田藩主佐竹家のものだと思われる。

鯱は、脇立てのデザインとしても用いられた。E図は、鯱を抽象的な図案にした木彫の脇立てである。黒漆を塗った上に金箔をおいている。この脇立ては、高さ21cm、幅11cmで、比較的小さい。非常に単純なデザインにした点がすぐれている。

イギリスの日本甲冑研究家ジョン・アンダーソン氏の『日本の甲冑』の研究書のカバージャケットには、大きい鯱の脇立てをつけた加賀具足の写真がでている。（F図）この脇立ての鯱は、奥深く裂けた大きい口を開いている。同書の38頁には、この具足の写真が掲げられ、胴に明珍宗昭1745年の銘が入っていると書かれている。L.J. Anderson, Japanese Armour (Stackpole Books, US, 1968).

D図　「卯の花威の胴丸」の兜につけられた鯱の前立て

E図　単純なデザインの木彫「鯱」の脇立て

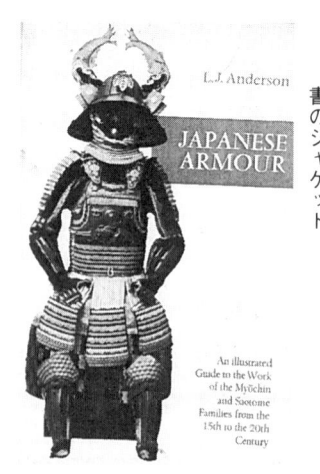

F図　ジョン・アンダーソン著の日本甲冑研究書のジャケット

もっとも有名な鯱は、名古屋城の天守閣の棟飾りの金の鯱である。この鯱

は、明治5年（1872年）にお茶の水の聖堂で開かれた博覧会に出品されたあと、いろいろな場所で展示されてきた。G図は、雑誌『キング』昭和5年新年号付録『明治大正昭和大絵巻』に出ていた石井滴水筆「最初の博覧会　三月十日」と題する名古屋城の金の鯱を展示した光景を描いた絵である。

2000年11月に名古屋市で開かれた「名古屋国際アンティーク＆骨董市」のポスターには、幕末に「諸国名所百景」の一つとして発行された名古屋城天守閣の金の鯱を描いた版画が用いられた。
（H図）

G図　明治五年の博覧会で金の鯱を展示

自在鉤を吊す支柱につける横木には、鯉のデザインのものが多い。ごくまれに、鯱を彫刻したものがある。I図は、高さ41.5cm、横幅39cmの大型の横木である。鉤をつけた棒を通す、横木の元口の部分が頭になる。太い木に鑿をいれて目や鼻や口を粗く削って鯱の頭の特徴を表現している。

J図は、高さ20cm横幅17cmの小型の鯱の横木である。一角の、鯱の顔の表情がよく彫れている。

兜の前立てや脇立てのデザインに鯱を用いたのは、権威の象徴としてであったと思われる。芦田正次郎『動物信仰事典』（北辰堂、1999）には、「鯱魚虎（しゃち　しゃちほこ）」の項で、「鯱は、日本の城郭建築に用いられて

いるが、防火の呪いというよりも、龍頭魚身で、権威の象徴と考えられたようである。鰭にある刺は、『鋭いこと剣の如し』といわれ、鯱は、クジラ目の動物でなく、霊獣と思われている」と書かれている。

H図　幕末の版画に描かれた名古屋城天守閣の金の鯱

J図　自在鉤の棒をとおす鯱の横木

I図　自在鉤の支柱につける鯱の横木

86

21 瑞鳥「鳳凰」(ほうおう)を立体的に表した前立て

　山上八郎『兜の研究』(下)(大東出版社、1942)の105頁には、動物の立て物の一種として、虫の立て物につづいて鳥の立て物について、つぎのような説明がなされている：

　「次に鳥類を象ったものも少くない。即ち鶴。鳩。鶏。隼。百舌鳥(モズ)。山鳥。等を挙ぐべく、この外假空動物たる鳳凰を数ふる外、特殊な形態を見せてゐるものに隼落。向鶴。などがあり、又鷲の手。鷲の爪。鳥翼。などはその局部によって名づけられたものである。

　以上は何れも戦国時代以降用ひられたものであるが、史籍には多く見ない。『慶元闘戦記』大坂夏の陣に明石掃部介全登海松色の桶皮胴の具足、頭形の甲に向鶴の前立物したるを猪首にきとあるのはこの一例であらう。」

　この説明のなかでは区別がなされていないが、鳥をかたどった前立てのなかでも、家紋の構成要素としての鳥を扱ったものがある。装飾として鳥をかたどった前立ては、わりに数が少ない。両翼を広げた形の前立てには、鳥ではなく、鯱をかたどったものが多い。

　ここに掲げるのは、右の書の説明にでてくる鳳凰をかたどった前立てである。(A図)胴体が木でできているほかは、紙を貼り合わせて作られてい

A図　木の体に金紙を貼って作られた鳳凰の前立て

る。両脚も紙で作られている。7本の尾羽根は、細い針金に紙を貼り合わせ、ギザギザに切って作られている。表裏全面の黒の下地塗りの上に、金箔が置かれている。非常にきらびやかで、しかも軽くできているのは、いかにも前立てらしい。

『広辞苑』には、「ほうおう〔鳳凰〕」について、「古来中国で、麟（りん）・亀・竜と共に四瑞として尊ばれた想像上の瑞鳥。形は前は鱗、後は鹿、頸は蛇、尾は魚、背は亀、頷（あご）は燕、嘴は鶏に似、五色絢爛（けんらん）、声は五音に中り、梧桐に宿り、竹実を食い、醴泉（れいせん）を飲むといい、聖徳の天子の兆として現われると伝えられる。雄を鳳、雌を凰という。鳳凰。」と説明されている。

B図　全体に金箔を置き両翼に着色した鳳凰の前立て

この鳳凰の前立ては、嘴の先から真中の尾羽の先端まで29cm、左右両翼の先端の間隔が17cmある。『広辞苑』の説明に述べられているような複雑な鳳凰の特色を、細部を省略して大まかに表現しているところがおもしろい。

鳳凰の前立てのもう一つの例は、嘴の先から真ん中の尾羽の先端まで21.5cm、左右両翼の先端の間隔が12cmで、両脚の付け根のところに、

C図　北斎が描いた鳳凰の図

兜の鈸立てに差し込む細長い金具がつけられている。(B図) 長い尾羽は細長い銅板で作られている。体は軽い木で作られている。全体に金箔が置かれ、両翼には赤、緑、青、白などの色がつけられている。この鳳凰の姿勢も、頭を下に下げた形である。

　参考までに、北斎が描いた飛ぶ鳳凰の略図を掲げておこう。(C図) この絵は、『北斎絵事典—動植物編』(東京美術、1998)の141頁にでている。

22 美麗な羽をつけた「孔雀」(くじゃく)を模した前立て

　『広辞苑』の「くじゃく〔孔雀〕」の項目には、「キジ目の鳥。羽が極めて美麗。雄の尾の基をおおう上尾筒(じょうびとう)という部分の羽が著しく発達して先端に眼状斑があり、時々これを扇状に拡げる。南アジアの森林にすむ。マクジャクは中国南部からマレー・インドシナ・ジャワに分布し、冠毛細く羽は緑色に光る。インドクジャク(鳳凰孔雀)はインド・セイロンに産し、扇を半開きにした形の冠毛をもち、羽は藍色に光る」と書かれている。
　このくじゃくをかたどったのが、ここに掲げる前立てである。(A図)体の部分が軽い木でできていて、これに和紙を貼り合わせて作った両翼と尾がつけられている。尾には、針金が入れられている。両翼には、うろこ状の小さい紙が瓦のように重ねて張りつけられ、全面に極彩色の着色がなされている。裏面には、体の部分もあわせて、金箔が置かれている。体の裏の中央部に、鯨のひげで作った平たく細長い棒がつけられている。(B図)兜の祓立てに差し込むためである。嘴の先端からもっとも長い尾の末端まで、23cmある。相当に

A図　孔雀の前立て

時代がたっていて、16世紀前半のものではないかと思われる。よく見ると体と翼と尾の表裏全面に地漆を塗り、その上に金箔を置いたのち、胡粉を塗り、赤、青、緑、白などで着色した実物の孔雀と同様に華麗であったことがわかる。

孔雀の姿は、架空の瑞鳥鳳凰とよく似ているが、孔雀の特徴は、雄の尾羽の基をなす上尾筒の先にある眼状斑にある。

孔雀の絵で参考になるのは、兵庫大乗寺にある円山応挙（1733～1795：享保18～寛政7）が描いた孔雀の襖絵である。（C図）

この雄孔雀が尾羽を上げた襖絵は、雌孔雀を描いた襖絵とともに、鈴木進編『応挙と呉春』（日本の美術 No.39）（至文堂、1969）56頁に掲げられている。また、日本美術全史『江戸時代 Ⅱ』（美術出版社、1969）56頁には、大乗寺にある、尾羽を下げ庭石の上に立った雄孔雀を描いた応挙の襖絵がでている。

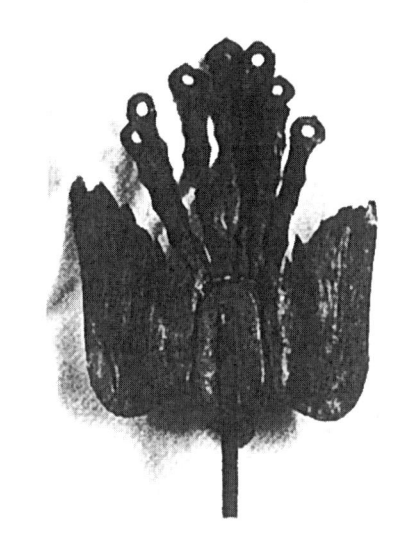

B図　孔雀の前立ての裏面

C図　応挙が描いた孔雀の襖絵　兵庫大乗寺

23 山岳宗教の法具にゆらいする「鉞」（まさかり）の頭立て

　「まさかり」「鉞」の語について、『広辞苑』は、「①斧（おの）に似た大形の道具、おもに木を伐るのに用い、また、古代には兵器・刑具にも用いた。〈霊異記上訓釈〉②紋所の名。鉞にかたどったもの。③歌舞伎の鬘（かつら）で、髷（まげ）を鉞形にしたもの。」と説明している。

　山上八郎『日本甲冑の新研究』（下）は、2025頁から2032頁にかけて、「器財」を象った前立てを、1「文具」、2「武具」、3「工具」、4「船具」、5「玩具」、6「楽器」、7「食器」、8「貨幣」、9「日用品」、10「その他の器材」の10種類に分け、2029頁で、3「工具」について、「工具を象ったものは可なり多い。即ち左の通りである」と述べて、釘、槌、鎌、鉈、鋸、鉞（マサカリ）、手斧（テウナ）および鉄床（カナトコ）をあげている。カッコ内のカナ文字は、原文の振り仮名である。

　これらの多種多様な器物のどれかを選んで兜の立て物のデザインとする理由は、使用者自身の家紋、または使用者が所属する集団の紋章にゆらいするものが多いと考えられる。しかし、そうでない場合もある。このような立て物には、日本の伝統的なデザインを取り入れるのが通常である。立て物を製作する仕様は、いろいろな要素により、一様ではない。これが、染色や漆の蒔絵による紋章の表示とは異なる、

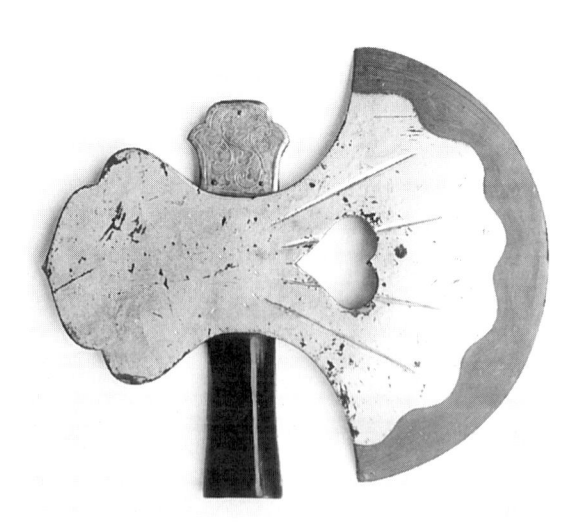

A図　「鉞」（まさかり）のデザインの頭立て

兜の立て物の面白さだと思う。

　ここで取り上げるのは、一挺の「鉞」（まさかり）の柄を立てて、頭を横にし、刃を右に向けたデザインの頭立てである。（A図）柄の下端の幅は3.5cm、厚さ1.6cm、下端の縁を少し湾曲させて、頭形兜鉢の天辺につけた角本を差し込んで取り付けるようになっている。鉞の頭は、木目を横にした厚さ1.8cmの板を削って作られている。鉞の柄は、上と下とを2枚の板で作り、頭の細くなった部分の裏にはめこんでいる。裏面は、平らに削り、少し内側に湾曲させて、全面に黒漆を塗っている。鉞の頭の表面は、白檀塗りである。先の波型刃紋は、銀箔で描かれている。刃の根本には、縦横4.8×5.0cmの猪の目が開けられている。鉞の頭は、上下（頭立ての横幅）28.5cm、刃の横幅23.7cmである。頭立ての高さは、24.7cmである。構造上、柄の左右の重量のバランスをとることはむつかしいが、厚さを加減してその努力をしている。

　鉞は、当世具足の背につける指物の旗の図案としても用いられた。南薫造（1880〜1950；明治16〜昭和25）の代表的作品の一つ「相馬野馬追」の油絵には、騎馬武者の背に指した数本の旗のなかに、全面に鉞を染め抜いた旗がもっとも引き立つように描かれている。（B図）この作品は、1940年ころ絵はがきとして発行された。

　このような鉞デザインの兜の頭立てや指物の旗は、山岳宗教の法具にゆらいすると考えられる。丹羽基二『家紋大図鑑』の545頁には、鉞紋を14種掲げている。C図は、そのはじめにでている3種の鉞紋である。同書の546頁には、

B図　南薫造画「相馬野馬追」に描かれた「鉞」の旗指物（右端）

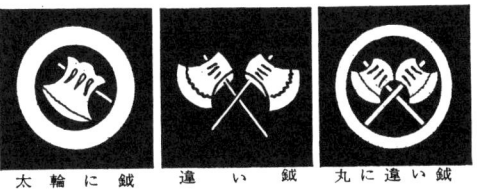

太輪に鉞　　違い鉞　　丸に違い鉞
C図　「鉞」紋3種

「鉞」紋について、つぎのように説明されている：

「マサカリは斧（おの）の大形のもの。あわせて斧鉞（ふえつ）といったりする。ともに工具で、使用目的によって使いわけられる。足柄山の金太郎がマサカリを担いでいるのは、大木をきるためとおもうが、斧でも木をきる。しかし、マサカリはむかし中国においては兵器として用い、ことに将軍が出陣するとき、天子みずから大命を下すシルシにこのマサカリを用いた。……」

芝居版画に描かれている鉞には、デザインの特色がよく表現されている。D図は、鉞を頭上に構えて鬼を退治する金太郎を描いた芝居版画である。これは、1813年（文化10年）3月、中村座で上演された「四季詠寄三大字」（しきのながめよせてみつだい）の「豆蒔金太郎」（坂東三津五郎）である。E図は、1827年（文政10年）11月、市村座で上演された「重年花源氏顔鏡」にでた「山がつ熊王実は鷲尾三郎義久」（坂東三津五郎）が両手で鉞の柄を持っている図である。これら2枚の芝居版画は、それぞれ、『国立劇場所蔵　芝居版画図録』（初巻）（1979年）の26頁と70頁に掲げられている。

D図　芝居版画に描かれた鉞を振りかざした金太郎

E図　芝居版画に描かれた鉞を持った鷲尾三郎義久

F図　「源平盛衰記　阿波国勝浦合戦」の図

三枚組版画「源平盛衰記　阿波国勝浦合戦」には、鉞をつけた長い柄を肩に担いだ鎧武者が3人描かれている。右の1枚（F図）には、武蔵坊弁慶の前に長柄の鉞を担いだ武者がいる。この版画は、ディヴィド・ミラー『サムライ・ウオリ

アーズ』の5頁に原色で掲げられている。

　ストーン『武器甲冑グロサリ』には、「MASA－KARI」の項目について、「日本のバトル・アックス。日本では、バトル・アックスはほとんど使われなかった。これを使ったのは、主として山伏であった。」と説明し、異なる種類のマサカリの寫眞を掲げている。（G図）

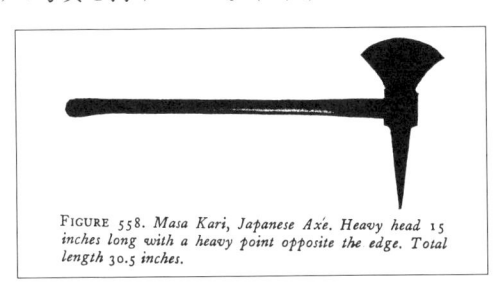

G図　ストーン『武器甲冑グロサリ』にでている日本のマサカリの写真

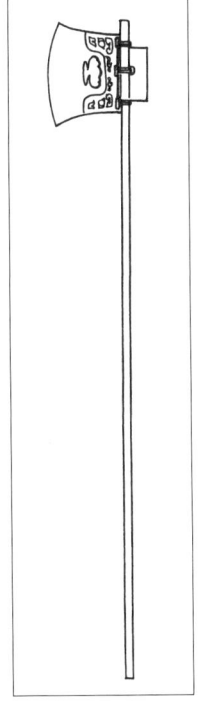

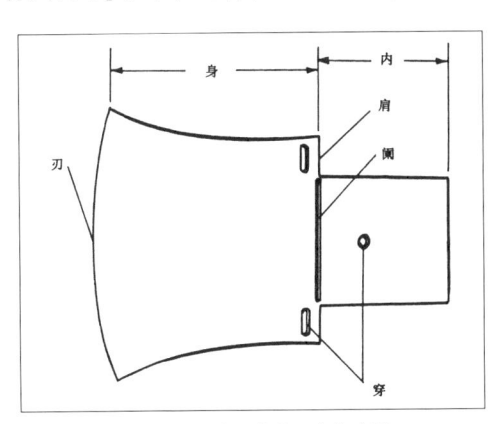

H図　中国商時代の鉞

I図　中国商時代鉞の各部名称

23　山岳宗教の法具にゆらいする「鉞」の頭立て　95

中国では、商代（BC1600〜BC1100）に作られた青銅の鉞やその他の武器が発掘されている。つづいて、周、秦、漢代（BC206〜AD220）をつうじて、いろいろなデザインの鉞や幅の狭い斧が作られた。『中国古代兵器図集』（解放軍出版社、1990）には、4,000年にわたる中国の古代武器の写真や図がでている。H図は、この書の27頁にでている青銅の鉞の略図である。I図は、鉞各部の名称を付しているのでよい参考になる。

　ここで取り上げた鉞の頭立ては、『諸国デザイン図鑑』2巻（青幻社、2005）の139頁に「宗服・仏具」として掲げられている「斧」の図のように、山岳宗教の法具であった。（J図）小林祐献編画『武器二百図』（嘉永元年）には、『鳶嘴　鉞　塯槌』の読み札に対応する絵札に3本描かれている武器の真ん中に鉞の図が掲げられている。（K図）

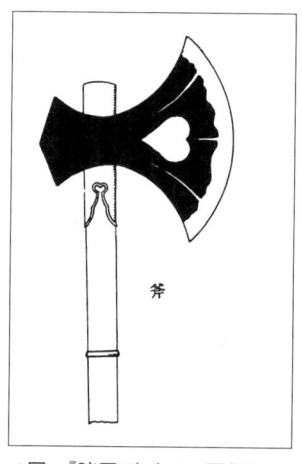

J図　『諸国デザイン図鑑』2巻にでている「斧」の図

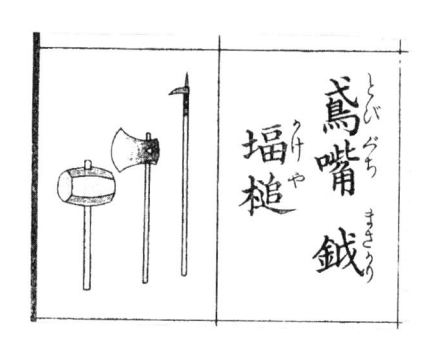

K図　小林祐献編画『武器二百図』（嘉永元年）にでている読み札（右）と絵札（左）（中央が鉞）

24 「船釘」(ふなくぎ)の前立てと「大釘」(おおくぎ)の後立て

　『武家重寶記』巻之三の「立物之圖」のなかに「船釘」の前立ての図が出てる。(A図)しかし、その実物を見ることはまれである。ここに紹介する船釘の前立ては、全長が55cm、下端の釘頭の部分の幅が10cmで、厚い和紙を貼り合わせて作られている。(B図)表には全面に金泥が塗られ、裏面には赤漆がかけられている。

　書物でよく見かけるのは、大釘の後立てであるが、これは前立てである。下端の角本の鈎に乗せる部分のきざみが裏側につけられているのを見ると、これは後立てではなく前立てであると判別することができる。全体が前側に反っているため、兜の眉庇の上につけるとよく調和する。

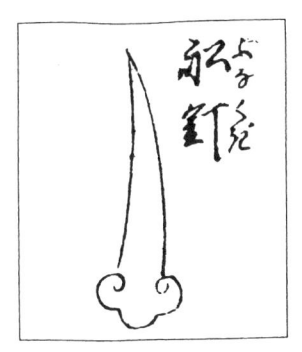

A図　『武家重寶記』にでている「船釘」前立ての略図

B図　和紙を貼り合わせて作った「船釘」の前立て

山上八郎『日本甲冑の新研究』（下）は、2020頁に「工具を象った」立物のなかに「釘」をかかげ、「釘は最も多く見る所で其の形状は頭がやや延びて末は尖ってゐるもの、一に釘形とも称し、その長大なものは、是を大釘と稱へてゐる」と説明したあと、古文献における「釘」前立ての描写を引用している：

「『作州記』に　忠政朝臣（中略）冑前立銀の釘　とあるのがこれ、又『常山紀談拾遺』巻二関ヶ原御一戦御勝利稲次右近功名條には　このとき治部少輔が兵水野庄次郎、鼪（テン）の皮の羽織、銀の大釘の立物の兜にてのり來り、中村母衣のもの梅田大蔵が手負ひて引兼ね候を首をとり、大垣へのりかへり……　と見え、又『元和略傳』関ヶ原合戦條にも　線淺香荘次郎（中略）銀の大釘の前立物にて　などと見えてゐるが左右に用ふるときは是を割釘などと稱へてゐる。」

C図　檜板で作り銀箔を置いた「大釘」の後立て

この書の2027頁には、「釘の後立」（伝徳川家康所用一ノ谷兜東京帝室博物館列品）と「大釘の後立」（仙石秀久所用兜仙石子爵家所蔵）の写真がかかげられている。いずれの後立ても、非常に背が高い。ここに示すのは、檜板を薄く削って作った高さ99cm、幅8cm、釘頭を厚めの横幅19.5cmの板で作った大釘の後立である。（C図）釘頭の板の裏には、兜鉢の後につけた2本角本を差し込む溝がつけられている。表裏全面、黒漆地に銀箔が置かれているため、黒ずんだ色になっている。

25 尾を下げ頭を持ち上げた姿の「虎」（とら）の木彫前立て

　山上八郎『日本甲冑の新研究』（下）2010頁には、「動物を象った立物は至って多い。即ち獣類に属するものには虎・猪・兎・狐・白狐等があり……」と書かれているが、兎の前立てに比べて、他の実在動物の前立ては非常に数が少ない。虎も兎も十二支に加えられている。しかし、虎は紋章に使われていない。

　ここに紹介する虎の前立ては、側面が縦横7.8×9.5cmの枠のなかにおさまる、小型の木彫作品である。（A図）

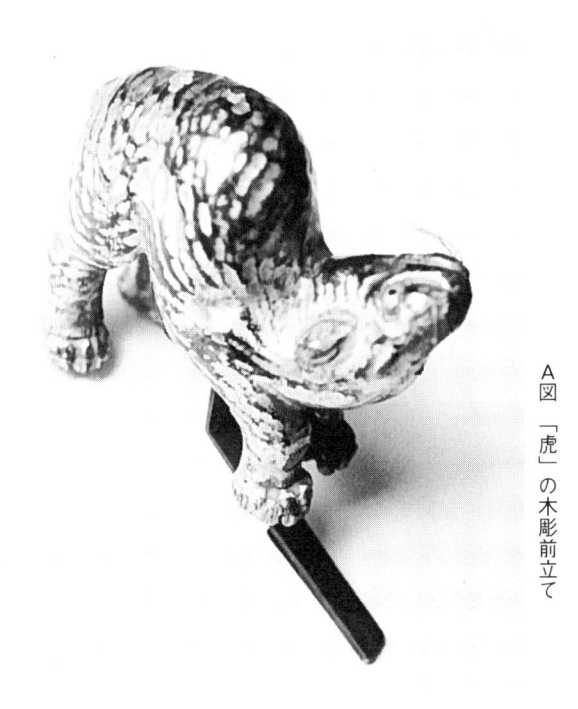

A図　「虎」の木彫前立て

この虎は、前脚をまげて前に出し、後脚をのばし、前半身を低くして頭を持上ている姿勢である。前脚のあいだに、兜の祓立に差し込む細長い銅板の鈎がつけられている。右側面の写真のほかに、左側面から見上げ、また右上から見下して見ると、頭の形や顔の表情がよくわかる。

　彫刻刀で体の縞を彫り、全面に黒漆を塗り、金箔を置いているから、虎の体のストライプがうまく表現されている。平らな顔に、両眼と鼻が浅く彫られ、口の上部に白いヒゲが植えられている。尻尾は、たれ下がっている。

　『北斎漫画』初篇　（文化11；1814）の29頁には、この前立の虎と同じ姿勢の虎の略図がでている（B図）。

B図　『北斎漫画』（初篇）29頁にでている虎の略図

　この前立ての虎の顔は、表情が小型の張子の虎（体の長さ9cm）の顔とよく似ている。(C図) ヴェネツィアの運河に面したペサーロ宮（Palazo Pésaro）内にある東洋博物館（Museo Orientale）には、ぼう大な江戸時代の武具甲冑コレクションが展示されている。そのなかに、木彫の虎の前立てをつけた三十六間金覆輪の阿古陀形筋兜がある。(D図) この虎の姿は、大型の張子の虎（体の長さ55cm）とよく似ている。(E図) きびしい表情をし、尻尾を体の上にあげている。

　JAPANESE ARMS AND ARMOR（Crown Publishers,N. Y.,1969）のカラー・プレートIXに、この兜の写真がでている。阿古陀形金覆輪の鉢は、15世紀後半（室町時代末期）に作られたもので、これに素懸威しの日根野鞠がつけられている。改造されたのは、18世紀（江戸時代中期）だと思われる。鍬形台

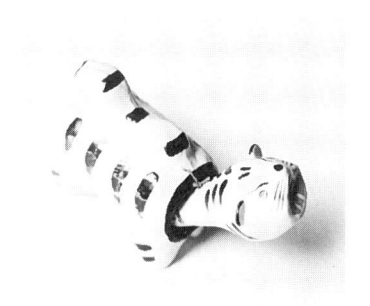

C図　小型の張子の虎

に差し込まれている鍬形は、他の兜についていたものであろう。

　虎は、刀の鐔のデザインにも使われた。F図の鐔は、縦横7.8×7.1cmで、表面に錫をかけた厚い銅板に十二支のはじめの七獣（鼠から馬まで）が彫られている。表の下端に、走っている虎がいる。

　平凡社『世界大百科事典』の「トラ虎tiger：Panthera Tigeris」の項目には、［伝承、象徴］の見出しのもとに、西洋、中国および朝鮮につづいて、日本について、「トラは日本には生息しないが、その存在は古くから文献を通じて知られ、また毛皮や絵画などによって、その形姿も伝えらえていた。……トラの図像は中国の四神の一つ（白虎）として、日本でも古代以来知られていたが、文様や絵画作品の遺品をみるかぎり、龍や獅子の図に比して少ないといえよう。絵画においてトラが数多く描かれるのは室町後期からで、『龍虎』『竹に虎』という組合わせがよくみられる。（村下重夫）」という説明がでている。

　朝鮮では、「トラは勇猛の代名詞とされ、文班、武班からなる両班（ヤン

D図　ヴェネツィアの東洋博物館に展示される虎の前立てをつけた兜 JAPANESE ARMS & ARMOR（Crown Publishers, 1969）のプレート掲載

E図　大型の張子の虎

25　尾を下げ頭を持ち上げた姿の「虎」の木彫前立て　101

バン）のうち、武班は虎班とも呼ばれた」と、『朝鮮を知る事典』（平凡社、1986）の「トラ虎」の項目（金東旭）に書かれている。この書の表紙のカバーにでているのは、朝鮮民画「虎と鵲」である。（G図）この絵と比べると、表現の違いが分かっておもしろい。

G図　カバーの朝鮮漫画「虎と鵲」

F図　十二支を彫った鐔の「竹に虎」

26 数条の異なる長さの「蘭」(らん)の葉を模した前立て

　1694年(元禄7年)に発行された、『武家重寶記』の巻の三に掲げられている64種類の立て物のなかには、「蘭」(らん)の前立ての図がでている。(A図)これに該当すると考えられるのが、写真の前立てである。(B図)

　この前立ての重ねた長短4枚の葉は、竹の皮を薄く削って筋をつけ、全面に黒漆をかけて表に金箔を置いている。裏面下端に、二本角本を差し込むことができるようにした小さい板をはりつけている。蘭の葉の長さは、左から、48cm、31cm、23cm、41cmである。葉の下端の幅は2cmから2.2cmである。

　この前立てを兜につけると、葉の先端が鉢の後方にさがって装飾的な効果をあげるようにデザインされている。具足の所持者の家紋が蘭であることから、前立てのデザインを蘭の葉にしたのではないかと思う。

　丹羽基二『家紋大図鑑』(秋田書店、1971)の608頁には、「蘭」について、「ランは『日本書紀』允恭記にみえるのが初めてだが、聖武天皇のころ、中国から中国ランが渡来してにわかにこの香気ある植物が評判になったらしい。カタチは葉を中心に配列したものと、リアルな全形を丸形にアレンジしたものとある。使用家は『寛政重修諸家譜』三枝部氏流辻氏が蘭家が蘭花とあるだけである」と説明されている。

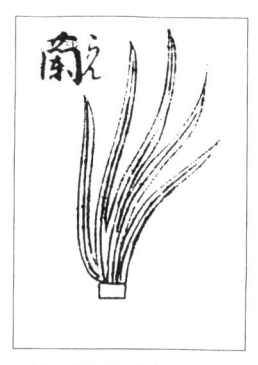

A図　『武家重寶記』にでている「蘭」の前立ての略図

B図　「蘭」の葉を模した前立て

27 打鉤（うちかぎ）として使える鍛鉄製「錨」（いかり）の前立て

　江戸時代に作られた前立てのなかには、実用の器具または武器として使うことができるように設計されたものがある。

　ここで取り上げるのは、鍛鉄製の小さい錨（いかり）の前立てである。（A図）長さ4寸位の鉄棒を鍛えて、その先を四つに裂き、四方に外に向けて曲げそらして爪にし、軸の下端に穴をあけ、外側の直径2.2cmの鉄環を取り付けている。一つの爪の先端から対角の爪の先端までの間隔は、9cmである。錨の高さは6.5cm、約2寸である。環も含めて、錨全体に黒漆を薄くかけ、そのうえに金箔を置いている。しかし、鉄錆によって金箔は大部分はがれている。錨の軸の環に近いところに幅1.2cmの鉄帯を巻き、兜の祓立に差し込む鉄の鶴首の一端を固定している。

　この鍛鉄製の錨形前立ての特徴は、軸の端の環に長い縄をつけて戦場で鉤縄として使うことができる点である。

A図　鍛鉄製の「錨」の前立て

　世界の武器甲冑百科事典としてよく知られているジョージ・キャメロン・ストーンの『武器甲冑グロサリ』は、"KAGI NAWA"の項目について、「一端に複数の爪の鉤をつけた約10フィートの細長い縄。これは、日本の兵士が壁を登ったり、舟をつないだり、甲冑に引っ掛けたり、その他の目的に使った。これは、通常、馬の鞍に掛けて携帯した。」と説明し、イラストレーション（Figure 417）として、B図の写眞を掲げている。この写真には、「Kagi-nawa. 直径4分の1インチ、長さ17フィート8インチの絹縄の先端に4本爪の錨をつけたもの。」という説明がついている。

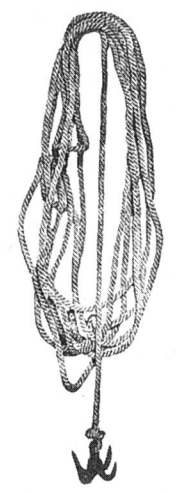

FIGURE 417. *Kagi-Nawa. White silk cord about a quarter of an inch in diameter and 17 feet 8 inches long with a four-pointed grapnel swiveled on the end.*

B図　ストーン『武器甲冑グロサリ』にでている「鉤縄」の写真

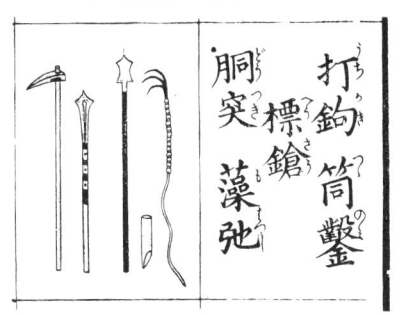

C図　『武器二百図』にでている「打鉤」の文字札（右）と絵札（左）

　嘉永元年（1848）に木版印刷で発行された山脇正準閲・小林祐献編画『武器二百図』には、カルタの読み札200枚の文字札と取り札200枚の絵札が1面に8組木版で印刷されている。そのなかに、「打鉤」等5種類の武器の文字札と絵札とが並べてかかげられている。（C図）

　この書には、各ページに8組の文字札と絵札が刷られている。各ページを厚い紙で裏打ちし、切り取って文字札と絵札各8枚のカルタにすることがで

27　打鉤として使える鍛鉄製「錨」の前立て　　105

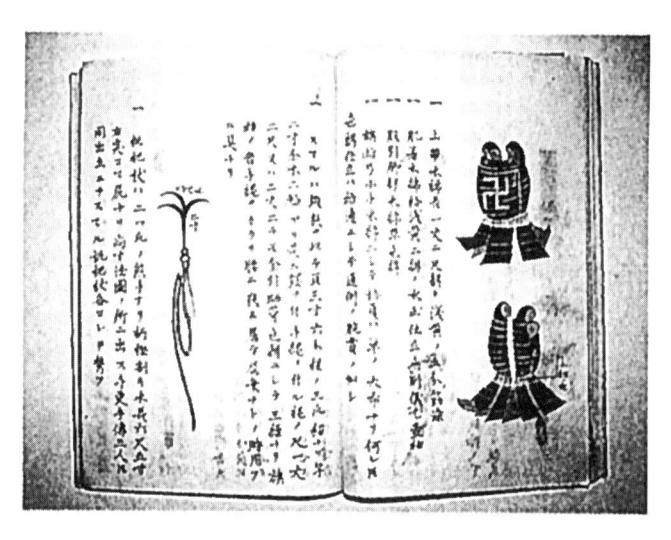

D図　『蜂須賀家の甲冑』(1995)
「武具御定」安政二年写

きる。この書の始めの「凡例」には、「古今武器の類其数限リ無ケレト洩ラ
サス書出シモ煩シケレハ今ハ只其概略ヲ録シ幼童ノ耳目ニ得易カラシメン事
ヲ要トス」と記したあと、カルタ札としての用法について、つぎのように説
明している：

「〇　此書ハ斯一冊子ト成シタレト元来闘牌（カルタ）ニ製シ小童ノ玩
具トセン事主意ナルカ故ニ書画共格眼ノ随ニ裁チ分チテ尋常ノ如ク製ス
ヘシ闘牌ノ取リヤウ席上ニ絵ヲ列ラネ名ヲ唱テ競ヒ取ラシムル也或ハ文
字ヲ列ラネ絵ヲ説キ取ラシムルコトモ時〆有ヘシ但裁分タサル前ニ書
画ノ裏別ニ一ニ三ノ相符ヲ記シ置キ偖裁切ルヘシ」

ここに示す前立てのように、鍛鉄製の小型錨に長い縄をつけた鉤縄は、江
戸時代諸藩の常備の武装にも使われた。たとえば、徳島藩で寛永12年
(1635) 8月に発布された「家中武具御定書十五ケ条之抄」と「図解目録」
の上下2部のマニュアルは、安政2年 (1855) に筆写されたものが残されて
いる。国立史料館蔵「蜂須賀家文書」の「武具御定之記録」のなかにある。
1995年10月12日から11月12日まで徳島市立徳島城博物館で開催された特別展
の目録『蜂須賀家の甲冑――武家の象徴――』(1995)の29頁には、雑兵具

足の胴と三本爪の錨をつけた鉤縄の略図がでている。(D図)
　ここで紹介した四つ爪のある錨の前立てのデザインは、家紋の「錨」にゆらいすると思われる。丹羽基二『家紋大図鑑』は、72ページの「碇・錨」の項目で、まず、「イカリ」について使われる漢字が「碇」から「錨」に変わった理由を、つぎのように説明している：

　「イカリはあさい海で船体をつなぎ止めるために用いるオモシであるが、動かないようにする『石かがり』から来たという。それゆえ、むかしは碇の字をあてた。が、木のばあいもあるので椗の字も生まれ、のち鉄製にかわって錠の字も用いる。猫の爪のように、うまく水底をひっかいて船を止めるので、木猫とも書いたが、鉄にかわったので、鉄猫にうつり、鉄の字と猫の字がいっしょになって錨の字が出来た。」

つづいて、この書は、錨の図形が紋章のデザインとして使われるようになった過程についてつぎのように解説し、71頁と73頁に錨紋21例の図を掲げている：

　「▲　イカリを紋章に選んだのは、船をつなぎとめる巨大な威力にことにせたに違いない。カタチからくるいかめしさもたしかにある。紋章には綱のついた『縄つき碇』とそうでないのがある。ふつう数によって、一つ碇、二つ碇、三碇、四碇とよび、丸いものを碇丸という。
　▲　碇紋を用いた家は『寛政重修書家譜』には、清和源氏頼光流の伊丹氏とある。また『姓氏家系大辞典』では、藤原利仁流の伊丹氏も藤に三つ碇を使用している。」

紋章に使われている錨には、四つ爪がある。参考までに、錨一挺よりなる紋章を3例掲げておく（E図）：

| 錨 | 縄付き錨 | 錨丸 |

E図　「錨」の家紋3種

28 密教信仰を表す種々の「梵字」（ぼんじ）を表示した前立て

　梵字は、当世具足の胴の装飾としてしばしば用いられた。連載『刀剣春秋』に連載の「戦場の武器と装具」19回（刀剣春秋1986年10月1日号2頁）では、大日如来を表わす「アーンク」の文字を打ち出した雪の下胴の前板の写真を掲げた。また、108回（1992年2月1日号2頁）では、不動明王を表わす「カンマーン」の文字を打ち出した鉄板製腹当の写真を掲げた。

　兜の前立てのデザインとして梵字を用いるときは、文字の形に金属板を切ることができるから、装飾効果が大きくなる。梵字は家紋としては使われなかったから、前立てに梵字を使用する目的は、合印としてではなく、もっぱら、使用者の信仰を表すためであったと考えられる。

　『広辞苑』は、「ぼん［梵］」の語について、「①（梵語 brahman）⑦インドにおける宇宙の最高原理。ブラフマン。⑦その原理を神格化した最高神。ブラフマー。梵天。②天竺（てんじく）・仏教に関する物事に冠する語」と説明している。また、「ぼんご［梵語］」については、「古代インドの文語で

A図　銅板に作り渡銀をした「カンマーン」不動明王の前立て

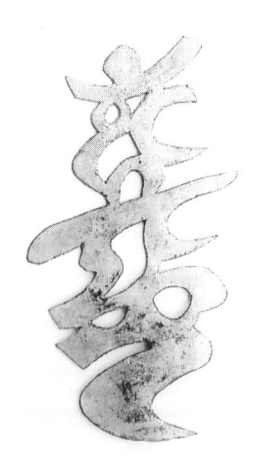

B図　銅板に渡金をした「カンマーン」不動明王の前立て

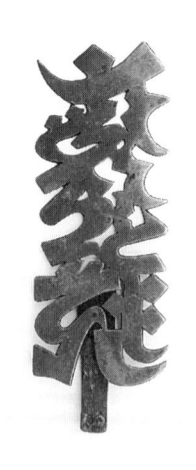

C図　銅板に作り鍍銀をした梵字の前立物

あるサンスクリットの称。梵天が作ったという伝承から、中国・日本でいう」と説明されている。

本稿で使う「梵字」について『広辞苑』は、「梵語すなわちサンスクリットを記すのに用いる文字。字体は種々あるが、日本では主として悉曇（しつたん）文字を用いてきた」と記している。

梵字の前立てには、梵字「カンマーン」を切り抜いた、不動明王信仰を表わすものが多い。

A図は、銅板を切り抜いて鍍銀をした前立てである。縦横17.7cm×7.4cmである。裏には、兜の角本を差し込む管がつけられている。

B図は、同じく「カンマーン」不動明王の前立物で、少し薄い銅板を切って作り、鍍金をしている。同じく、兜の角本を差し込むようになっている。縦横19.3cm×10.1cmである。

C図は、銅板を切って作り、鍍銀をした縦横五12×5cmの小型の前立てである。裏には、兜の祓立に差し込むための鈎がついている。複雑な文字の組合せであるが、不動明王を表わす文字なのか判断することができない。

D図は、銅板を切り抜いて作り、鍍金をした「バイ」毘沙門天の前立てである。縦横14.2×13cmである。裏には、兜の角本を差し込む管がついている。

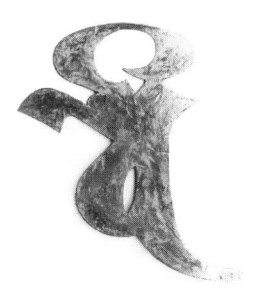

D図　銅板に渡金をした「バイ」毘沙門天の前立て

『図説・戦国武将』（学習研究社、2001）の35頁には、恵林寺所蔵の「信玄所用の軍配」の写真がでている。この軍配の中央には、赤い丸のなかに金で「バイ」の梵字が書かれている。

E図は、薄い銅板を切り抜いて千手観音三尊のなかの不動明王を示す「カーン」の梵字を透かした縦横13.5×8.2cmの小型の前立てである。

F図は、比較的薄い銅板を切り抜いて大日如来を示す「ア」字を透した前立てである。縦横10.8

E図　銅板に不動明王を示す「カーン」を透し渡金をした前立て

28　密教信仰を表す種々の「梵字」を表示した前立て　109

F図　銅板を切り抜き「ア」文字を透し鍍金をした大日如来を示す前立て

×10.5cmである。鍍金をした文字の表面を、まるく打ち出している。

　以上例示したのは、梵字だけを表示した前立てである。そのほかに、他の種類の前立ての表面に梵字を書いた例をよく見かける。G図は、縦横16.3×23.5cmの銅板に鍍金をした小型の鍬形前立てである。黒い赤銅の鍬形台の中央の丸い錨板の上に、金で毘沙門天三尊のなかの大黒天を表わす梵字「マ」が書かれている。

　本書の31「大黒天信仰にゆらいする『木槌』（きづち）の前立て」で紹介する、頭を下にした全面に金箔を置いた木槌の前立てには、頭の両端の円形のなかにそれぞれ釈迦如来を示す「バク」と、阿彌陀如来を示す「キリーク」の梵字が黒漆で書かれている。

G図　鍬形台の上に昆沙門天三尊の大黒天を示す梵字「マ」を金で書いた前立て

29 紙垂（かみしで）を串に差し挟んだ御幣（ごへい）の前立て

　兜の前立てや具足の背中の指物には、御幣（ごへい）のデザインを用いたものがある。これらの例を見てまず疑問に思うのは、「御幣」の語の意味である。

　『広辞苑』を見ると、この語について、「幣束の尊敬語・神祭用具の一。白色または金銀・五色の紙を幣串（へいぐし）に挟んだもの」という説明がでている。おなじく、『広辞苑』には、「幣束（へいそく）」の語が「①神に捧げる物。にきて。ぬさ。②裂いた麻や畳んで切った紙を、細長い木に挟んで垂らしたもの。御幣」と説明されている。さらに、「幣串」の語については、「祓（はらえ）に用いる串で、麻・木綿（ゆう）などを掛けた榊（さかき）や竹」、と説明されている。

　御幣は神社の祭事に使われているので、その形や構造はよく知られている。しかし、御幣をはっきり描いた絵は、多くないと思う。

　永田生慈監修・解説『北斎漫画』一巻（岩崎美術社、1986）294頁には、『北斎漫画五編』（文化13, 1816）にでている猿田彦太神（さるたひこだいしん）が御幣を捧げ持っている図が収録されている。A図は、その一部分である。

　日本のサムライ映画には、兜に御幣の前立てをつけた武将を登場させる作品がある。1957年1月15日に封切された東宝の映画『蜘蛛巣城』は、黒澤明監督の名作の一つである。

　この映画を見て感心するのは、登場人物の具足も含めて、時代考証がしっかりしていることである。登場

A図　御幣を捧げ持っている猿田彦太神『北斎漫画』

する城主都筑国春（佐々木孝丸演）の軍師小田倉則保（志村喬演）は、かぶっている烏帽子形兜に御幣の前立てをつけている。（B図）映画『蜘蛛巣城』は、シェイクスピア（Shakespeare, William, 1564～1616）の『マクベス』（Macbeth）の翻案である。

B図　東宝映画『蜘蛛巣城』に登場する軍師小田倉則保（志村喬演）――御幣の前立てをつけた烏帽子兜をかぶっている。

この映画については、つぎの書に解説がでている。阿部嘉典『映画を愛した二人　黒澤明・三船敏郎』（報知新聞社、1999）106～113頁。

御幣の前立てを数例比べてみると、幣串に挟んだ紙の部分の材料やデザインに工夫をして装飾性と識別力をもたせていることがわかる。

第1の例は、白い和紙を畳んで切り目を入れて幣串に挟んで垂らした御幣の前立てである。（C図）長さ22cmの四角い断面の木の幣串の上端に刻みを入れて、紙を挟んでいる。幣串の下端には、兜の角本を差し込む穴を開けて、銀金具がはめられている。

第2の例は、薄い真鍮板を切って、上から折り畳んで中央の板を幣串の上端のみぞに差し込んで固定している。（D図）幣串の長さは21.2cmで、下端を兜の祓立に差し込むようになっている。

C図　畳んで切った紙を垂らした御幣の前立て

1984年9月11日から11月18日まで、ベルギーのブリュッセルで『サムライ展』(Exposition SAMURAI) が開催されたとき、ヨーロッパのコレクターが所蔵する当世具足の名品が展示された。

　そのなかには、御幣の前立てをつけた高級の加賀具足が1領出品されていた。その前立ては、金箔を置いた厚い紙の札（ふだ）を左右に2枚づつ中央の串につけた札から吊り下げた入念な作品である。（E図）

　この展覧会の図録のカラーページには、9番目にこの具足の写真がでている。SAMURAI (Passage44, Brussels, 1984, Credit Commercial de Belgique)。

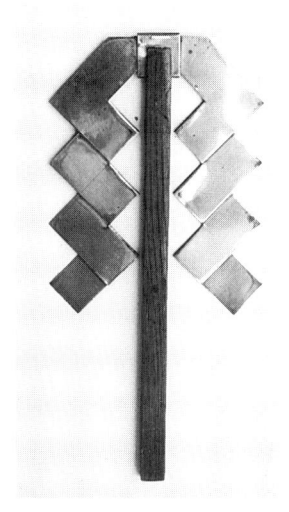

D図　薄い真鍮板を切って垂らした御幣の前立て

E図　1984年にベルギーで開催された「サムライ展」に出品された加賀具足の御幣の前立て

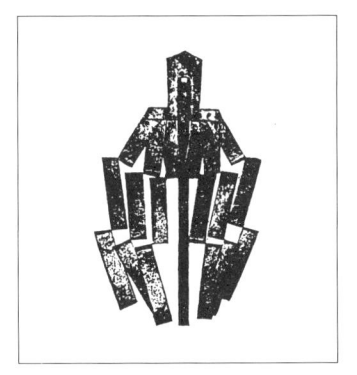

F図　ストーン『武器甲冑グロサリ』に出ている御幣の立て物

　1934年にニューヨークで発行されたジョージ・キャメロン・ストーン『武器甲冑グロサリ』の536図には、前立て29例の写真が掲げられている。そのなかには、御幣の前立てが含まれている（F図）。

　この前立ての写真には、"Gohei (Shinto papers) of silver fastened on a stick"「棒に銀紙を取り付けた御幣（神道の紙）」という説明がついている。

29　紙垂を串に差し挟んだ御幣の前立て

ウエバー『KOJI HOTEN　古事寶典』には、"Gohei"の項目で、「神道の祭事にゆらいする。キリスト教の十字架に対応するものと考えられている。ゴヘイの文字は神聖な捧げ物を意味し、小さい棒に一定の様式で大きい紙束をつけたもの……」と説明し、御幣の紋章4種の図を掲げている。（G図）

　御幣は、兜の前立てに使われたばかりでなく、当世具足の背につける指物のデザインとしても使われた。

　明治時代に日本に来たヨーロッパ人が撮った風俗写真のなかには、具足を着用し、馬甲をつけた馬に乗った武者の写真がある。（H図）この武者は、背に御幣の指物と母袋とをつけている。

　この写真は、ベニス人「フェリーチェ・ベアト」（Felice Beato）の作品である。この写真は、『むかしむかしピエール・ロッチの日本』と題するパリで発行された写真集にでている。MUKASHI MUKASHI LE JAPON DE PIERE LOTI（Les Editions Arthaud, Paris, 1984）。

G図　ウェバーの『古事宝典』にでている御幣の紋章4種

H図　母袋とともに御幣の指物を背につけ馬甲を着せた馬に乗った甲冑武者の写真

30 すさまじい形相の妖怪「犬神」（いぬがみ）面の前立て

　『広辞苑』は、「犬神」（いぬがみ）の語について、「四国などに伝わる俗信で、人に害をなすという目に見えない憑きもの。犬などの霊とされる。これに憑かれた家筋（犬上筋）は縁組などを嫌われた」と説明し、ついで「犬神憑」（いぬがみつき）を、「犬神がのりうつったという異常な精神状態。また、その人」と定義している。

　『広辞苑』には、さらに同じ「犬神」の語について、「歌舞伎舞踊の一。長唄。本名題『恋罠奇掛合（こいのわなてくだのかけあい）』。二世桜田治助作詞。二世杵屋正次郎作曲。1812年（文化9）初演。もと清元と掛合。栗生頼賢の愛妾に化けた千枝孤が、名玉を盗みに来た長崎勘解由左衛門（実は犬神遣）と立ち回り、頼賢から名玉を授かる筋。犬神の妖術を見せる歌舞伎舞踊は他にもある」という説明がでている。

　犬神は、日本の妖怪の一つであるが、その絵や彫刻を見ることはまれである。松井文庫の『百鬼夜行絵巻』にでている犬神の肖像画（A図）を見ると、僧衣を着た犬神の顔の特徴がよくわかる。

　この犬神の絵は、平凡社『世界大百科事典』（1988）の「妖怪」の項目についての5頁にわたるカラー版イラストレーションのなかに掲げられている。

　松井文庫の『百鬼夜行絵巻』については、「この絵巻は1832年（天保3）作・撰・画・題は尾田淑とされ、肥後・松井家に代々伝わったもの」と表示されている。

A図　松井文庫の『百鬼夜行絵巻』にでている僧衣をまとい袈裟をつけた「犬神」の肖像画

『広辞苑』の説明を読むと、多種多様の偶像を崇拝してきた日本の社会に犬神の像が見られない理由が分かる気がする。しかし、犬神の顔を兜の前立てのデザインに使うと、敵を怖わがらせる効果をもつと思われる。

　このものすごく怖い形相をした面は、木彫で、漆で彩色をした犬神の顔を表現した前立てである。(B図)。この犬神面下顎は、なくなっている。しかし、鼻の下から前方に突き出した上顎の形、その下についている先が尖った長い舌や、上下の顎のつけ根についている牙を見ると、猛犬の顔を擬人化していることがわかる。

　犬神の顔全体に、黒褐色の漆が塗られている。両眼球には金箔を置いたあと、黒漆で大きいひとみをつけている。頭には、不揃いの長い毛を植えている。(C図) 犬神面の横幅は、11cmで、高さは、10cmである。下顎がついていれば、もう少し高いはずである。

　犬神面の裏側を見ると、頭の上の中央から下に長さ10.5cmの鉄でできた棒がつけられていることがわかる。鉄棒の上端は、曲げて面の木に固定されている。(D図)。その3cm下に、T字形の短い鉄棒をつけ、面裏に差し込んでいる。この下が細くなっている鉄棒は、兜の眉庇につけた祓立に差し込んで固定させるためのものである。面の裏には、黒漆が塗られている。そして、顎の内側には赤漆

B図　犬神面の前立ての左側面

C図　犬神面前立ての正面

D図　犬神面の裏

が塗られている。土下の顎が開かれていると、そのあいだから、赤い口腔内が見られる。

　この犬神面の前立ては、使用者が信仰した偶像ではなく、敵を呪い威赫するためにつけられたのだと思われる。

　平凡社『世界大百科事典』の「妖怪」のカラー・イラストレーションの冒頭には、「妖怪とは、漢字の字義どおり広く解釈すれば、人知の及ばない〈あやしい〉事物や現象のこと。その意味では、必ずしも人間に害や恐怖感を与えないニンフや妖精なども含まれる。だが一般的には、人々に恐怖感を与える不気味で危険な魔物という意味に限定されることが多い。……」と述べられている。

　そのあと、「日本の妖怪」について、つぎのように説明されている：

　「日本では、妖怪は〈化物〉〈おばけ〉などとも呼ばれる。この〈おばけ〉を、恨みをのんで死んだ者の霊魂である〈幽霊〉と区別する考え方もあるが、平安時代には死霊や生き霊まで妖怪と同義の〈物の怪〉ととられており、必ずしも区別が明らかなわけではない。まつる者がいなくなって、打ち捨てられた神、年を経た事物、死者の魂、怨念をもつ生物の魂などが妖怪の姿をとる。また、陰陽師にかしづく使い魔、地獄などの他界から現世に現われたものも妖怪である。これらのいくつかの性格をあわせもった妖怪も多い。」

妖怪の物語は、江戸時代に庶民の間のエンターテインメントとして広まった。犬神は、もっともよく知られた妖怪キャラクターの一つであった。狩野派の絵師として活躍した鳥山石燕（1712～88；正徳2～天明8）は、妖怪画を好んで描いた。その作品のなかには、右手に御幣を持った犬神の図がある。（E図）この犬神の絵は、鳥山石燕の『画図百鬼夜行』の「陰」の部にでている。その全作品は、鳥山石燕『鳥山石燕画図百鬼夜行全画集』（角川書店、2005）に収録されている。

E図　鳥山石燕が描いた神主姿の「犬神」

31 大黒天信仰にゆらいする「木槌」（きづち）の前立て

　家紋のなかには、木槌の図案を用いたものがある。兜の前立てには、平面の槌の家紋を表示したものと、立体的な槌のデザインのものとがある。後者の前立てとしてよく知られているのは、兵庫県の湊川神社にある「黒漆塗大黒頭巾形兜（張懸）」につけられている小槌の前立てである。(A図)

　この兜の写真は、宮崎隆旨編『戦国変り兜』（角川書店、1984）の7頁(8)にもでている。この書の40頁には、編者のつぎのような解説がでている：

　　「古物の利用かと思われる二十六間筋鉢の上に、大黒頭巾を張懸けた兜である。頭巾の形は前後に長い楕円形に造り、破損部から、和紙を重ねた上に二重の麻布を敷き厚い漆下地に黒漆を塗っているの

A図　湊川神社所蔵伝楠木正成所蔵の大黒頭巾形兜

がみえる。宝珠の金銅板を貼った両脇の割瓢状のものは、御神酒徳利であろうか。前立はいわゆる打出の小槌で木製金箔押とし、金銅の波の上に立つ形をとる」。

　この解説の末尾には、「楠正成所用の社伝があり、鉢裏や小槌裏にもその旨の朱銘が記されているが、兜をみる限り江戸時代の特徴を示している。おそらく、湊川神社が大楠公を御祭神としているために、いつしかその信仰と結ばれて生まれた伝承であろう」と、書かれている。

　この大黒頭巾形の兜についている小槌の前立ては、高さ12.1cmである。大黒天の持物の小槌として、大黒頭巾の張懸兜を製作したときに作られたものである。槌は、木に黒漆を塗り金箔を置いて作られている。柄の下端につけられている金具は、銅板を打ち出し、波の筋を彫り、鍍金をして作られている。これは、大国主命と関係のある海の波を象徴するものと思われる。この小槌の前立ては、大黒頭巾の兜とともに、着用者の大黒天信仰を表わした

ものと思われる。

　ウエバー『KOJI-HOTEN　古事寶典』の"DAI-KOKU"の項目には、「光琳神仙百図」に掲げられている尾形光琳（1658〜1716；万治1〜享保1）の大黒の絵がイラストレーションとして使われている。（B図）この図に描かれている大黒は、頭巾をかぶり、右手に小槌を持ち、右肩から大きな袋を背負っている。右の大黒頭巾の兜についている前立ての槌に彫刻されているのは、袋の図案かもわからない。

　平凡社『世界大百科事典』の「だいこくてん　大黒天」の項目は、異なる筆者によって、インドにおける発祥から日本への渡来までと、日本における福神としての発展の2部に分けて解説されている。

　ハンマーである槌には、頭が木製のものと、鉄製のものとがある。木製の槌の大型のものは「掛矢」、小型のものは「才槌」と呼ばれている。『広辞苑』には、「さいづち［才槌・木槌］」について、「小型の木の槌。胴の部分がふくれた形をしている」と説明されている。

　ここに紹介する小槌の前立て3例は、いずれも福の神大国天が持っている小槌を表現したものと思われる。材料も作り方も違うのがおもしろい。

　第1の例は、長さ15cmの厚い革の柄を、高さ12.5cm、中心部の直径4.7cmの頭に差し込んで作った木槌の前立てである。（C図）頭の両端の直径は4cmである。全体に黒漆をかけて金箔を置き、裏側の頭の中央部下端に、兜の角本を差し込む溝をあけている。頭にはむくの木を、柄には厚い革を使っているため、重く感じるが、重心が下方にあるので、兜につけたときには安定がよい。頭の右面の梵字は「釈迦如来」（バク）を、左面の梵字は「阿彌陀如来」（キソーク）を表わす。柄の下端に、猪の目が透されている。これは、紐をとおすためである。兜につけると、猪の目が上になる。そして、この猪の目は、ハート形を逆さにした形である。

B図　ウエバー『KOJI-HOTEN 古事寶典』にでている「光琳神仙百図」に描かれた大黒天

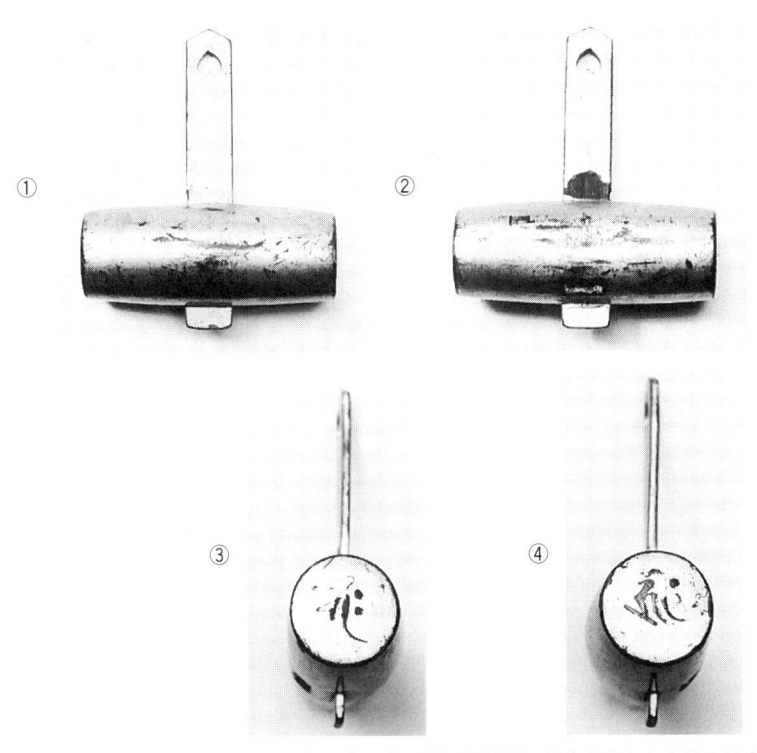

C図　柄を革で作り胴の両側面に梵字を入れた小槌の前立て
①表、②裏、③右側面、④左側面

　第2の例は、高さ7.5cm、幅5.4cmで、頭の断面が楕円形の小さい小槌の前立てである。全体に黒漆を塗り、金箔を置いているが、擦れるとはげやすい。頭の中央部の高さは3.6cm、楕円形の両側面は縦2.7cm、横1.7cmであ

D図　木で作った「小槌」の前立て
①前立ての正面、②前立ての側面

31　大黒天信仰にゆらいする「木槌」の前立て　121

る。柄の下端に、兜鉢の角本に差し込む穴が開けられている。大きい前立ての中央に、つけたものかもわからない。

　第3の例は、これらの例のなかでもっとも大型の前立てである。(D図)高さは26cm、頭の長さは10cm、中心部の直径10cm、両端の円の直径は6.8cmである。これも、全体を黒漆で塗り、金箔を置いている。ただし、柄の裏側には銀箔が置かれている。これは、兜につけるときに表裏を区別するためだと思われる。兜の角本を差し込む穴は、柄の下端に開けられている。大型でかつ頭が上になるので、軽くするため、頭のなかは空洞である。この前立てが、もっとも福の神大黒天の小槌らしい。

　これら3例の前立てを比較すると、製作年代が異なることがよく分かる。

　なお、丹羽基二『家紋大図鑑』432頁には、「槌」について、「槌には金槌と木槌とある。ともに、工具としてむかしから用いられたもの。紋章に選ばれたのは木槌のほうで、槌はものを打つことから敵を討つに掛けたり、『打出の小槌』のように、財宝が飛び出すめでたい魔法の槌の意を宿したりする」と書かれている。

　武器として使われた大型の木槌は、「掛矢」(かけや)と呼ばれた。本書の96頁には、『武器二百図』にでている「鳶嘴」(とびぐち)、「鉞」(まさかり)、「掛槌」(かけや)の読み札と絵札を掲げている。

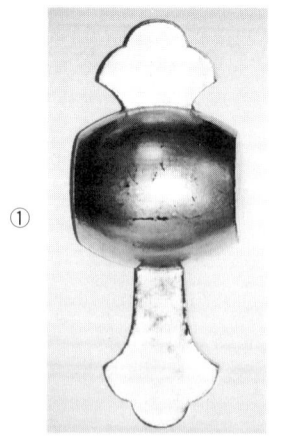

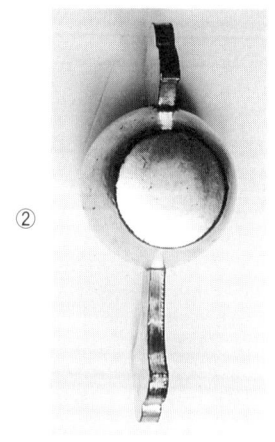

E図　頭が空洞になった大型「小槌」の前立て
①表、②側面

32 銅板に彫金した「毘沙門天」(びしゃもんてん)立像の前立て

　山上八郎『日本甲冑の新研究』(下)は、兜の立物を類別し、イ「信仰」について1992頁に、「信仰に関する立物は、是を神佛像・怪物・祭祀に関係あるもの、佛具・神佛號等に大別することが出来る」と述べたあと、「神佛像中の主なものは不動明王で、武田信玄が用ひたといふものは、『甲斐國志』巻六十八にもみえ、現に同國表門神社の寶物として存してゐるし、後世のものに多く見る所。又常に信玄と對照せらる、上杉謙信は信濃國の飯綱権現を尊崇して是を兜の前立に用ひたが、是は羽前國上杉神社所蔵の兜に見る所。又越後國古志郡栃尾の謙信廟にも上杉伯爵家から奉納せられてゐるものがあるといふ。其の外毘沙門天・摩利支天等を用ひたものは遺物に見る所である」と説明している。しかし、これらの神佛像の前立てを見ることは、まれである。

　ここに紹介するのは「毘沙門天」の像を薄い銅板に打ち出し、鍍金をした前立てである。(A図) 高さは16.5cmで、もっとも広い部分の横幅は7.7cmである。左手に宝塔をかかげ、右手に戟を持ち、邪鬼を踏みつけている。頭には、鍬形の前立てをつけた兜をかぶっている。裏を見ると、薄い銅板を打ち出して作ったものであることがよくわかる。

A図　銅板を打ち出し鍍金をした
　　　「毘沙門天」立像の前立て

法蔵館発行の『総合佛教大辞典』(下)(1987)は、「びしゃもんてん毘沙門天」についてつぎのように説明している：

「(梵)ヴァイシュラヴァナ Vaiśravana の訛略。鞞舍囉婆拏びしゃ、らばな、吠室羅摩拏などと音写し、多聞たもん、遍聞、普聞などと訳す。多聞天とも呼び、また倶肥羅天((梵)クベーラ Kubera またはクヴューラ Kuvera 倶吠羅とも音写する）と称する。四天王の一、十二天の一で、北方の守護神。富貴財宝をつかさどる。また単独でも尊崇され、戦勝の神ともする。夜叉および羅刹らせつの王で、多数の眷属を有し、夜叉八大将や二十八使者があり、最勝・独健・那吒・常見・禅弐師の五太子や九一子をもつ。須弥山の第四層に住し、仏の道場を守護し、常にその説法を聞いているからヴァイシュラヴァナ（多聞天）であるともいわれる。密教では胎蔵曼荼羅の外金剛部院の北門に位置する。一般には二鬼を踏み、左手に宝塔を、右手に宝棒を持った神王像であるが、異教のものもあり、東寺には兜跋とばつ毘沙門と称する像がある。日本では一般民衆の信仰の一つとして、福徳をさずける七福神の一つにも教えられる。
　〔参考〕長阿含経二〇、増一阿含経九、兜跋蔵王経、那拏天経上、大日経疏五、秘鈔問答一二」

中村元『佛教語大辞典』(縮刷版)(東京書籍、1981)の〔毘沙門〕（びしゃもん）の項目には、「ⓈVaiśravana の音写。多聞天。世界の北方を守護する神。クヴェーラ（ⓈKubera）神に同じ。もとヒンズー教の叙事詩（『マハーバーラタ』など）において北方を守護する神で、財富の神と考えられた。それから、仏教にとり入れたのである。仏教神話においては、須弥山の第四層において、四天王の随一として、夜叉・羅刹の衆を率いて北方を守護する天神。常に仏の道場を守護して法を聞くゆえに、多聞天と名づける。あるいは、その福徳の名声が遠く千万に聞えるがゆえに、多聞天と名づける。また財を授けるから施財天ともいわれる。仏教においては、護法と施福とを兼ねる天神として民衆に崇拝される。わが国では七福神の一つに数えられ、また北方にあって、はるかに王城を見守る武神とされた」という説明がかかげられている。

　世界の武具甲冑専門家が参考にするストーン『武器甲冑グロサリ』には、

"BISHAMON"の項目について「日本の戦さの神の一つと考えられている。Weberは、これは不正確だといっている。ビシャモンは、しばしば、ダイコクおよびベンテンまたはマリシテンとともに、戦さの三神の一つとされている。日本の具足の籠手の一種」という説明がでているにすぎない。ストーン『武器甲冑グロサリ』で「日本の具足の籠手の一種」といっているのは、毘沙門籠手と呼ばれる壺袖または小袖を仕付けた当世具足の籠手を指している。

ウエバー『KOJI-HOTEN　古事寶典』の"BI-SHA-MON"の項目では、「ヒンドゥ教に起源を有する神で、『七人の福の神』（シチフクジン）の一人である。ダナダ（Danada）またはクベラ（Kubera）の名で知られているこのバラモン教の富の神ビシャモンは、日本でも繁栄の神とされている。その崇拝者は、幸運、英知、栄誉、高位および長寿を祈願すると、すみやかにかなえられる」と説明して、58図として浮世絵師北尾政美（1764〜1824；明和1〜文政7）が描いた毘沙門の立像の絵をかかげる。（B図）また、58-2

Fig. 58. — Bi-sha-mon.
(d'après Kita-ô Masa-yoshi)

Fig. 58 bis. — "Ko-zuka" en "shaku-dô" orné, en relief d'or, du trident de Bi-sha-mon et d'un "muka-dé", animal particulièrement consacré à Bi-sha-mon (Hl.)

B図　ウエバー『KOJI HOTEN　古事寶典』にでている「ビシャモン」の図（北尾政美画）

C図　『KOJI-HOTEN　古事寶典』にでているビシャモンの三又の戟とムカデをレリーフした赤銅の小柄

32　銅板に彫金した「毘沙門天」立像の前立て　125

D図 『KOJI-HOTEN 古事寶典』にでている木彫「ビシャモン」立像

E図　小さい厨子に入れた「毘沙門天」像

　図として、金で毘沙門天の三又の戟と毘沙門信仰で神聖視されたムカデをレリーフした赤銅の小柄の写真をかかげている。（C図）さらに、この項目では、「日本美術では、ビシャモンは、つねに武器を持ち、武人らしく、勇猛な表情をした武神として表現されている。……天の守護者4人の1人（四天王）、須弥山の北方を守っている。タモンテンまたはビシャモンテンと呼ばれ、一般にその像は邪鬼を踏みつけている。顔は青く、三又の戟を持っている」と説明し、59図として木彫のビシャモンテンの立像の写真がかかげられている。（D図）

　ここに紹介した銅板に彫金した毘沙門天は、その一例である。高さ2、3寸の毘沙門天像は、小型の厨子に入れて携行された。（E図）

33 桐材に「猿田彦命」(さるたひこのみこと) 面を彫り彩色した前立て

　ここで紹介するのは、「猿田彦命」の面を前立てにした木彫作品である。(A図) 面の高さは13.3cm、横幅は9.9cmである。面の表には朱漆が塗られ、目玉は銀地に黒漆で描かれている。眉も黒漆で描かれており、鼻下、頬および顎には、ヤクの毛の白鬚が植えられている。裏には、黒漆が塗られ、下端に、角本または鶴首の一端を差し込む穴が開けられている。非常に軽いので、桐材が使われていると思われる。

A図　「猿田彦命」面の前立て

　「猿田彦命」について、小学館『日本大百科全書』(1986) には、つぎのように説明されている：
　「日本神話で、天孫瓊瓊杵尊(ににぎのみこと)の降臨の際、天八衢(あめのやちまた)にいて天上天下を照らしていた神。この神は猿女君(さるめのきみ)の祖である天鈿女命(あめのうずめのみこと)と対決して猿田彦命と名のり、天孫を先導したのちに伊勢の阿邪訶(あざか)(三重県一志郡)に鎮

座する。その容姿は、鼻の長さ七咫、背の高さ七尺、口赤く、眼は八咫鏡のように輝いていたという。ここには鋭い僻邪視をもつ道祖神や、太陽神のおもかげが予見できるが、その姿は朝鮮の長栍あるいは伎楽の陵王面と同質表現であろう。天鈿女命との対決は、伊勢の漁民に信奉されていたこの神と大和勢力との対決を表わし、またこの神の名のりは伊勢地方の服従の神話化であり、阿邪訶の海岸でこの神がヒラブガイに手を狭まれて溺れるという詰も、この神の祭儀と関連があろう。（吉井巌）」

「猿田彦」の名称の語源や伝説の出典については、『国史大辞典』（吉川弘文館、1985）の「さるたひこのかみ　猿田彦神」の項目につぎのような解説がでている：

「天孫降臨の神話において先導をしたとする神。猨田毘古神・猨田彦大神・猿田彦大神とも書く。サルタは琉球語のサダルが転じたサルダに由来するとみなす説もあるが、サ（神稲）ル（の）タ（田）すなわち神稲の田を意味するとの説もある。『古事記』では、天孫降臨の際、天の八衢（やちまた）にいて、「上は高天原を光（てら）し、下は葦原の中国（なかつくに）を光す神」（原漢字）として登場する。天宇受売（あめのうずめ）神の問いに答えて、「国つ神、名は猨田毘古神」（同）と名乗り、天孫降臨の先導をなす。先導の役をつとめた猨田毘古神を天宇受売神が送り、その名によって天宇受売神の子孫が猨女君を称することになったと伝える。『古事記』では、さらに猨田毘古神が阿邪訶（あ

B図　北斎が描いた「猿田彦」

ざか、三重県一志郡内の地名）にいた時、漁撈に赴き、比良夫（ひらぶ）貝に手を咋（く）い合わされて溺れたとの興味深い神話を載す。『日本書記』神代天孫降臨章第一の一書には衢神（ちまたのかみ）として表現され、「その鼻の長さ七咫（ななあた）、背の長さ七尺あまり」（原漢文）で、「口尻明り耀（て）れり、眼は八咫鏡の如くして、てり、かがやけること赤酸醤（あかかがち）に似れり」（同）と描写する。そして『日本書紀』では、天鈿女（あめのうずめ）命が、伊勢の狭長田（さなだ）の五十鈴川の川上に猿田彦大神を送ったという。『日本書紀』と同類の神話は『古語拾遺』にも記されており、猿女君の氏姓の由来譚は記紀と『古語拾遺』に共通する。猿田彦神は庚申信仰と習合したり、道祖神信仰と結合したりした。」（上田正昭）

　天孫降臨の神話にでてくる猿田彦は、たいへんよく知られているが、アジア大陸から伝来した多くの神と違って、その姿を描いた資料は非常に少ない。『北斎漫画五編』（文化13；1816）には、両手に御幣を捧げ、高足駄をはき、頭髪を長くたらし、髯を生やした猿田彦の全身像の図が載せられている。（B図）北斎が描いた猿田彦の顔の表情と、前立て猿田彦面の表情とをくらべると、江戸時代には、大衆の間に猿田彦のキャラクターについて共通の理解があったものと考えられる。

　三省堂発行のコンサイス『日本人名事典』（1994）には、「さるたひこのかみ　猿田毘古神」について、「記紀神話などにみえる神。（名）猨田彦大神。ニニギが高天原から降る時、天之八衢（あめのやちまた）に立っていた神とされ、＜身長七尺鼻高く眼は鏡の如く＞であったという。アメノウズメと問答した後にニニギの天降りの先導をした。その後アメノウズメに送られて伊勢国に行き、阿邪訶（あざか）（阿射加神社）に鎮まると伝える。のちに道祖神の信仰とも結びつく。」という説明がでている。

　日本の古代神話にでてくる神のフィクショナル・キャラクターが、このように表現されているのはたいへんおもしろい。

34 戦陣の合図用具「法螺貝」(ほらがい) を模した前立て

　兜の前立てのなかには、甲冑の附属品としてよりも、工芸品として観賞するにたる優れた作品がある。ここで紹介する木彫赤漆塗りの法螺貝の前立ては、その一例である。高さは21cm、全体が木を彫刻して作られていて、根来塗で仕上げられている。吹口の裏側に、兜の角本を差し込む穴が開けられている。この前立ては、兜からはずして、盃または水呑みとして使用することができるようになっている。(A図)

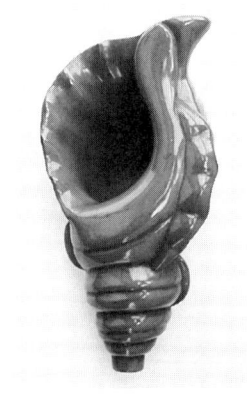

　山上八郎『日本甲冑の新研究』(下) は、1976頁以下で、兜の立物を「形状により」、一「鍬形・高角系統のもの」、二「合印」、三「家紋」および四「其の他種々の物象を象徴したもの」に分類し、さらに第四番の「物象を象徴したもの」をイ「信仰」、ロ「天文・地文」、ハ「動物」、ニ「植物」、ホ「器財」、ヘ「文様」、ト「文字」およびチ「雑」に分けて、それぞれについて実例をあげて説明している。

A図　根来塗りで仕上げた木彫「法螺貝」の前立

　同書は、2026頁以下で、「器財」を10種類をあげ、2番目の「武具」について、「武具を象ったものには軍配と法螺貝とがあるが、共にかなりの数のあるものである」と説明している。しかし、法螺貝の前立ての数は少ない。

　法螺貝の前立てには、木型に和紙を張り懸けて本体を作り表面に金箔を置いた、優れた工芸作品もある。(B図) この前立ての高さは、約20cmで、丸く膨らませた形に特色がある。内側には、黒漆が塗られている。

　法螺貝は、山伏の持ち物であるとともに、戦陣で合図用具としても使われた。したがって、北斎の漫画のなかには、具足をつけた武者が法螺貝を吹いて合図をする姿を描いた作品がある。(C図) この絵は、『北斎絵事典』(動植物編)(東京美術、1998)の153頁に魚介類の絵の一つとして掲げられてい

B図　絵の張子で本体を作り金箔を置いた法螺貝の前立て

C図　北斎が描いた法螺貝を吹く鎧武者

　法螺貝は戦陣での合図用具であったから、小林祐献編画『武器二百図』には、「貝」（かい）と「喇叭」（とろんぺっと）とを並べた読み札と絵札が含められている。（D図）参考までに、大きい法螺貝と日本陸軍で使われた喇叭の写真を掲げておく。（E図）

　小学館発行『日本大百科全書』（1988）の「ホラガイ」の項目には、つぎのように書かれている：

　「〔法螺貝〕trampet Shell／㊦Charonia tritonis　軟体動物門腹足綱フジツボガイ科の巻き貝。大形種で、紀伊半島以南の熱帯太平洋からインド洋にかけて分布し、サンゴ礁の潮間帯下にすむ。殻高は40センチを超え、殻径も19センチに達し、日本では巻き貝中の最大種である。殻は厚く堅く重く、螺層は十階以上あり、上方の螺層はやや細いが、体層はとくに大きく丸く膨らむ。螺層上には低くて丸みのある太い螺助があり、その上には褐色、紅色、白色などの半月形の班紋が交互に現われて、ヤマドリの羽状の文様を表す。ところどころに縦張助がある。殻口は広く、外唇は丸く湾曲して縁はすこし反り返っている。外唇線に沿って黒と白のひだ状の畝が並んでいる。軸唇は黒褐色で、この上に多数の白いひだが並び、しわ状。殻口の内部は橙紅色である。蓋は革質で楕円形。核は中

34　戦陣の合図用具「法螺貝」を模した前立て　131

央より下方に偏っている。軟体部は、ややくすんだ紅色班が網目状に組み合って配置している。触角には黒色帯がある。

ホラ貝はヒトデ類を好み、毒棘をもつオニヒトデも食べる。ホラ貝の肉は地方によっては食用にされるばかりでなく、殻は大きく、器や工芸用、観賞用などに利用されるため、多く採取される。わが国の戦国時代の陣具や、現在山伏が用いる法螺は、本種の殻の殻頭を切り取り吹き口をつけたものである。このような吹奏用としての用途は、熱帯太平洋でも広くみられ、島嶼の原住民の間で合図の道具や楽器として利用されてきた。……（奥谷喬司）」

この解説を読むと、専門用語を使って法螺貝の前立ての形状の特色を説明することがどんなにむつかしいかがよく分かる。

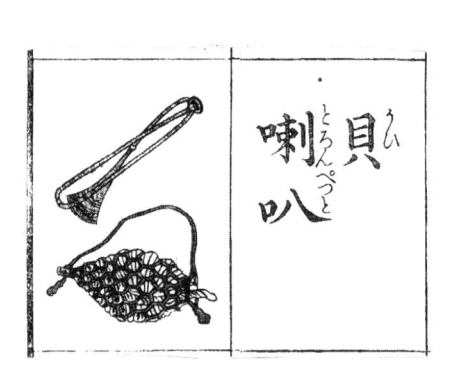

D図　『武器二百図』にでている「貝」と「喇叭」の読み札（右）と絵札（左）

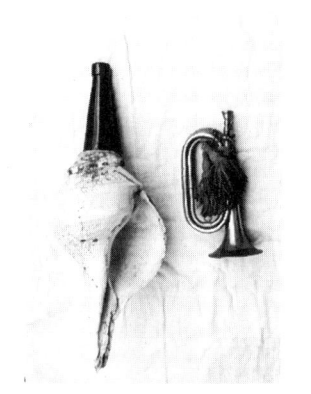

E図　大きい法螺貝と日本陸軍で使われた喇叭

35 工具「釘抜き」（くぎぬき）の形を模した前立て

　いわゆる「釘抜紋」は、正方形の角の一つを上にした単純なデザインの紋章である。これは、「万力」といわれる工具の座金だけを図案化した紋である。この「釘抜座紋」の前立物は、数多く使われた。しかし、工具の釘抜きそのものをデザインにした前立ては珍しい。ここでは、どこかの藩で合印として作られた異なる仕様の釘抜前立てを2例紹介する。

　第1例は、高さ36cm、両上端の間隔28cmの大型の釘抜き前立てである。（A図）総革製で、表裏両面に赤漆を塗っている。両腕を交叉させたところを鉄鋲で止めて、その裏側に鉄の鈎をつけて兜の祓立に差し込むようになっている。下端の釘を挟む部分の両端の間隔は、13.5cmである。

　第2の例は、表裏両面に金箔を置いた木製の釘抜き前立てである。高さ25cm、上端の間隔19cmで、先端の釘を抜く挟みの間隔は6cmである。両腕を合わせたところに溝が開けられていて、兜の角本を差し込むようになっている。両腕の交叉させた部分は、鉄の工具釘抜きのように作られている。革や金属板でこのように表現することは、むつかしい。

　このような釘抜きの前立てのおもしろさは、単純な工具をバランスよく、前立てに適するように図案化した点にあると思う。両前立てを比較すると、仕様やデザインの違いがよくわかる。革製のほうが少し古いように思われる。

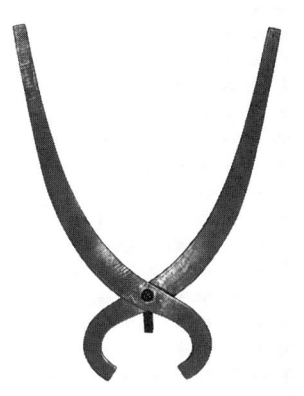

A図　赤漆塗り革製の釘抜きの前立て

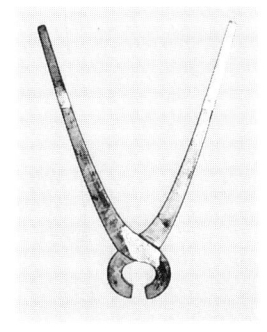

B図　黒漆塗りの下地に金箔を置いた木製の釘抜き前立て

36 木軸の「毛筆」(もうひつ)の形を模した前立て

　これは、当世具足の兜の眉庇についた祓立台に差し込む鉄鈎をつけた、木製の軸の毛筆を表わした前立てである。(A図) 木の角棒を毛筆の形に削り、軸の部分に黒褐色の漆を塗り、頭には黒漆を塗って銀箔を置き、さらに穂先に黒漆をかけて毛筆の頭に墨をつけた状態を表現している。長さは、22.5cmである。筆先の太い部分の直径は、2.8cmである。

　完全な形で保存されているため、貴重な資料である。丹羽基二『家紋大図鑑』525頁には、筆の家紋として、単純な線で描いた竹軸の筆1本または数本よりなる紋章が3例掲げられているにすぎない。したがって、この前立ては、使用者の家紋にもとづくものではないと思われる。

　『広辞苑』には、「筆［ふで］」について、「(フミテ(文手)の転)①墨・絵具・漆などを含ませ、文字または絵をかく用具。竹管または木製の軸の先に狸・兎・鹿などの毛を穂にしてはめたもの。毛筆(もうひつ)」と説明されている。この前立ては、木製の軸の毛筆を表現している。

　筆軸の仕様について、野間清六・谷信一編『日本美術事典』(東京堂出版、1969)には、「筆」の項目のなかで、「管すなわち軸は竹を普通とするが、文房具を愛する中国では金銀象牙瑇瑁(たいまい)の如きもの用い、これに彫刻を施して飾った。日本へは恐らく紙と共に(推古18年)輸入されたものであろう。」と書かれている。

A図　木軸の毛筆を立てたデザインの前立て

37 銅板に鍍金をした「矢」(や) 紋と「矢羽」(やばね) 紋の前立て

『歴史と旅』1998年4月号の特集「家紋と苗字で家系探索」のなかの、日本家系図学会編「日本の代表家紋と使用家系」(62〜119頁)では、「葵」紋から「輪違い」紋まで、48種類の家紋が五十音順に解説されている。

そのなかの「矢紋」の項目では、「紋形」について、つぎのように説明されている:

「(1) 矢羽(やはね)紋は並んだ形で、一本、二本、三本などあり、交叉したものや車形も多い。車形は矢車というが、五本から八本までである。
(2) 次に矢筈紋は、並び、違い、さらにこれも車形がある。矢筈は弓につがえる弦にはさむ部分だが、多くは簡略化されてM字形になった。」

一本の矢のもっとも装飾性のある部分は、三本の線を平行に横に引いた羽である。このような、鷹の羽を模した矢羽だけの紋の数は非常に多い。

ここで取り上げる前立て2例の第1は、矢尻をつけ矢を三本交叉させた「矢尻付き三本違い矢」紋の前立てである。(A図) 銅板を切り抜いて作り、表だけに薄く鍍金をしている。縦横9.9cm×12cmである。紋章の本に掲げられている「矢尻付き三本違い矢」紋の図と比べると、矢の棒を短かく羽の長さの半分とし、矢尻を大きくして、前立てとしてのデザインの効果をたかめている。

質素な仕立てであるため、ある藩で中級武士の集団が合

A図 銅板を切り抜き渡金をした「矢尻付き三本違い矢」紋の前立て

B図　銅板を切り抜き渡金をした「並び矢」紋の前立て

印として使った前立てだと思う。

　第2の例は、少し厚い銅板を切り抜いて作り鍍金をした、二本の矢羽をまったく並行に縦に並べた「並び矢」紋の前立てである。（B図）矢の棒の上端に、矢筈が切りこまれている。縦横9.5×7.9cmである。矢羽と二本並べると接触する部分がとがった矢羽を上端だけなので、矢羽の下端に足をつけてつなげて、鍬形などの大きい前立ての中央に差し込んでピンで止めて固定するようになっている。これは、表裏両面に鍍金された高級な前立てである。

　家紋の図鑑にでている「矢尻付き三本違い矢」紋と「並び矢」紋の図を見ると、どちらの家紋も金属板を切り抜いて作るに適していないことがわかる。（C図）

　丹羽基二『家紋大図鑑』の「弓矢」の項目では、604頁で、「弓紋・弓矢紋」について、「弓紋は弦（つる）を張った張弓紋、弓に矢を添えた弓矢紋があるが、張弓には一挺と二挺がある。『寛政重修諸家譜』に平岩氏とあるが、一つは物部氏流の平岩氏、他は弓削（ゆげ）氏流の平岩氏で、ともに張弓を用いている。蜷川氏が用いているのは、弓削氏の裔だからである」と説明されている。

　「矢紋」については、「矢の全形をかたどった紋だが、違い、たばね、並びなどの形があり、矢尻（鏃（やじり））のもとに球形の付属品がついていて、音の出る鏑矢紋もある。なお、矢の幹の部分を矢柄（篦・矢幹）といって、まれに矢柄紋という呼び方もあるが、これは一種の矢紋である」と述べられている。さらに、「矢ばね紋」については、「とくに羽の部分だけを紋にしたもの。これも並び、違い、重ね、車などあり、先の割れたもの（先割り矢ばね）や片ばね（片矢ばね、割り矢ばね）などさまざまの変形もある」と書かれている。

　なお、一枚の矢羽を具足の脛当の蝶番のデザインとして用いた例があるの

C図　家紋図鑑にでている「矢尻付き三本違い矢」紋（左）と「並び矢」紋（右）

E図　矢羽デザインの鉄脛当の蝶番

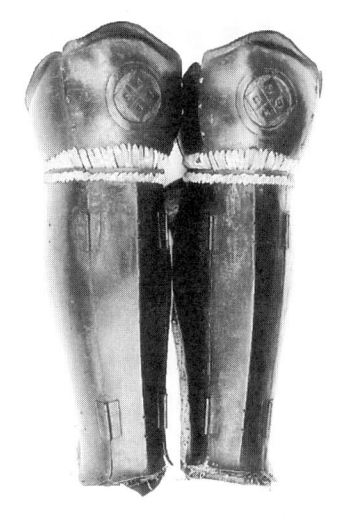

D図　矢羽の蝶番をつけた脛当

で、ついでに紹介しておく。左右の脛当の三枚の鉄板をつなげるために、それぞれ、矢羽の蝶番を4個つけている（D図）。この蝶番のデザインは、矢ばねの家紋からきていると思う（E図）。

38 「雁金」(かりがね) 紋と「結び雁金」(むすびかりがね) 紋の前立て

　丹羽基二『家紋大図鑑』は、「雁 (かり)」の項目で、203頁から209頁にかけて、57種類の雁紋の図を掲げている。

　これらの家紋のなかでもっとも基本的なデザインの紋章は、一羽の飛ぶ雁を図案化した「雁金」紋と、両翼を曲げて交錯させた「結び雁金」紋である。(A図)

A図　家紋図鑑にでている「雁金」紋(左)と「結び雁金」紋(右)

　これら二つの紋章は、複雑な図案の他の雁金紋と違って、また他の多くの家紋と比べて形が単純であり、かつ識別力をもっているから大量に作って、お貸し具足を付けた兵士の集団が合印として兜につけるのに適している。

　ここに示すのは、このような合印の前立て物2例である。

　第1例は、薄い銅板を切り抜き、表に渡金をした「雁金」紋の前立てである。(B図) 目、嘴および首と両翼との境には、細い2本の筋が入れられている。表にふくらみをもたせるため、裏面には槌で叩いて打ち出したあとがある。この前立ての大きさは、縦横10.4×16.4cmである。

B図　銅板を切り抜き鍍金をした「雁金」紋の合印前立て

第2の例は、和紙を貼り合わせて作り、表裏に金箔を置いた「結び雁金」紋の前立てである。(C図) 大きさは縦横14.3×24.6cmである。

　材料の和紙を切って、左翼の上に右翼を重ねている。表面をざらざらの地にし、その上に金箔が置かれている。表の周辺は丸味をもたせているので、紋章をレリーフした感じになっている。

C図　和紙を貼り合わせ金箔を置いた「結び雁金」紋の合印前立て

　この種の雁紋の名称のゆらいについて疑問が生じたので、『広辞苑』を見ると、「かりがね［雁が音・雁金］」の項目について、「①ガンの鳴き声。転じて、ガンのこと。万六「──の来継ぐこの頃」②紋所の名。空を飛ぶガンにかたどる。真田氏の結び雁金や二つ雁金など。③清元の一。河竹黙阿弥作詞。鳥衛（しまちどり）月白浪」の中に用いた曲」という説明がでている。

　その下に、「二つ雁金」と「結び雁金」の紋章がイラストレーションとして掲げられている。

D図　北斎が描いた翔ぶ雁の図

38　「雁金」紋と「結び雁金」紋の前立て　139

『北斎漫画』（岩崎美術社、1986）一巻に収録されている『北斎漫画』四編（文化13年）には、翔ぶ雁のスケッチがでている。(D図) 雁金の紋章になると、雁の頭が鳩か雀の頭のように図案化されているのがおもしろい。

　ウエバー『KOJI-HOTEN　古事寶典』(1923)は、"Karigane"の項目において、「"oie sauvage"のこと。この表現は、"sukashi bori"（透し彫り）と呼ばれるジャンルの日本刀の鉄鐔の飾りのモチーフとして用いられている」と説明し、イラストレーションとして、七羽の結び雁金を透し、縁に金で唐草模様を象嵌した鉄鐔の写真を掲げている。(E図)

　そのキャプションの末尾に"(Co.)"と表示されているのは、パリのポール・コルパン氏（Mr. Paul Corbin）のコレクションを意味する。

　紋章の「結び雁金」を、翔んでいる雁の姿に近づけて表現したデザインが見どころである。

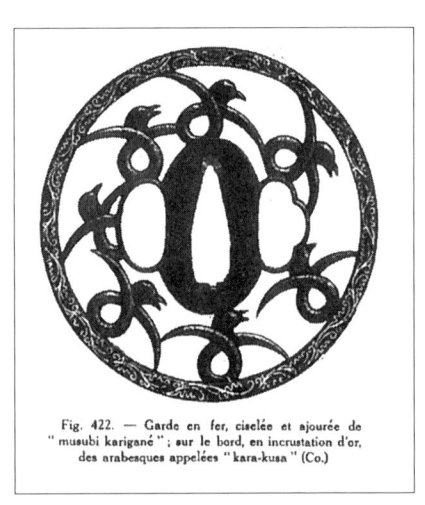

Fig. 422. — Garde en fer, ciselée et ajourée de " musubi karigané " ; sur le bord, en incrustation d'or, des arabesques appelées " kara-kusa " (Co.)

E図　ウエバー『KOJI-HOTEN　古事寶典』にでている「結び雁金」図案を透かした鍔

39 金属板で作った「分銅」(ふんどう)紋の前立て

『武家重寶記』に掲げられている64種の立物のなかに、「分銅」の前立ての略図がでている。(A図)

『広辞苑』の「ふんどう[分銅]」の項目には、「①棹秤(さおばかり)や天秤で物の目方をはかるとき標準とするおもり。鉄・真鍮などを円柱状・角柱状に作ったもの。法馬(ほうま)。②秤の分銅の形に鋳造した金銀。貯えて非常の際に貨幣にしたもの。③紋所の名。秤の分銅にかたどったもの」と説明されている。つづいて「——ざ[分銅座]」については、「江戸幕府が、分銅を統一する目的でその製作・頒布・検定に当たらせた座。彫金家後藤家の世襲。1665年(寛文5)創設、1876年(明治9)廃止」と書かれている。この項目では、正円の左右両側に小さい円形の穴をあけた分銅紋の図が掲げられている。

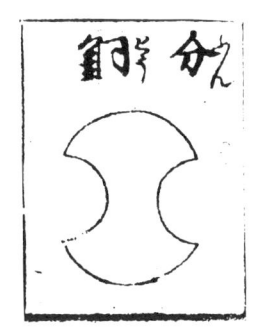

A図 『武家重寶記』にでている「分銅」前立ての図

分銅紋に使われているのは、天秤の分銅デザインである。『広辞苑』では「てんびん[天秤]」の語が、「①中央を支点とする梃を用いて質量を測定する器械。両端に皿をつるし、一方に測ろうとする物を、他方に分銅をのせて、水平にし、質量を知る」と説明されている。

田原久編『民具』(日本の美術58)(至文堂、1971)には、110図として江戸時代に商家で使われた天秤の写真が掲げられている。これは、文部省史料館所蔵の資料で、「精確な計測ができるものでゼニバカリとして金銀の量目を計るのに用いた。台幅78cm、奥行27.5cm、

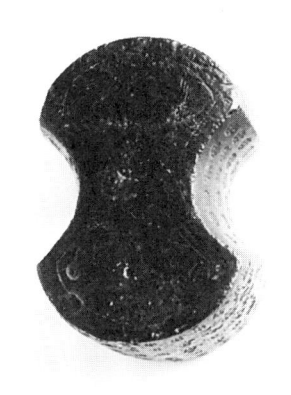

B図 天秤の分銅

糸輪に細分銅　　　　　　　分銅

C図　家紋図鑑にでている分銅紋2種

総高80.5cm」と表示されている。この厚い檜板で作った引出しのついた台の両脇に立てた2本の棒の上にはめこんだ横木の中央から、真鍮製の秤が下げられている。秤の皿の一方に計量する金や銀を乗せ、もう一つの皿に、大から小まである多数の、それぞれ目方が表示されている青銅製の分銅のなかから選んだ一つの分銅を乗せて計るのである。

　ここに掲げるのは、大きいほうの分銅の写真である（B図）。紋章に使われたのは、この種の分銅のデザインである（C図）。

　分銅の紋章は、兜の前立てにも使われた。紹介する二つの分銅紋の前立ては、いずれも真鍮板で作られている。

　第1の例は、もっとも基本的な形の分銅紋前立てで、縦横10×7.6cmである（C図）。第2の例は、直径7.2cmの正円の板の両側に、直径2.5cmの円を抜いた前立てである（E図）。

D図　真鍮板を切り抜いて作った「分銅」紋の前立て

E図　径7.2cmの真鍮円板を切り抜いた「分銅」紋の前立て

40 銅板に鍍銀をした二枚葉つき「桃」（もも）の実の前立て

『武家重寶記』には、二枚の葉をつけた桃の前立ての図がでている（A図）。

これにほぼマッチするのが、ここに紹介する桃の前立てである。

この前立ての祓立に差し込む足の下端から桃の実の先端までの高さが12.5cm、左右の葉の先端から計った横幅は22.5cm、枝の下端から桃の実の先端までは9cmで、桃の実の横断面の直径は6.2cmである（B図）。

全体が銅でできていて、その全面が鍍銀されている。桃の実は、中空で、上下半球を合わせて熔接したものである。

造型の前立ての多くは、木、革または紙でできている。このように、金属製の立体的な前立ては珍しい。材料が銅であるため、桃の実や葉が写実的に作られている。美術工芸品として、すぐれた前立てである。

しかし、近くで見てはじめてそのおもしろさがわかるのであって、遠くか

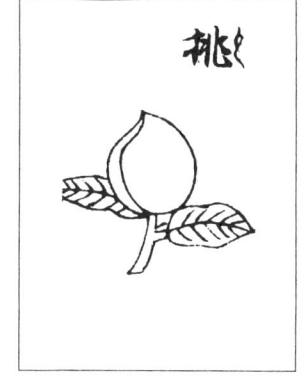

A図 『武家重寶記』にでている桃の前立て

B図 銅で作り鍍銀をし立体的に作った「桃」の前立て

ら見るとはっきりしない。ただ、全面が鍍銀されているので、兜につけると、銀色に光って目立ったのだと思う。

　いかなる目的で、桃のデザインを採用したのかはよく分からない。二枚の葉をつけた桃の家紋を、立体化したものとも思われる。魔よけの目的をもっていたと考えてよいのではないか。

　平凡社『世界大百科事典』の「モモ桃」の項目のなかの【象徴と民俗】の部［日本］の節では、古代日本の民族において桃の実がどのように扱われたかについて、つぎのように説明されている：

　「桃は奈良時代初頭に渡来したと考えられ、ケモモと称されていた。それまで〈モモ〉と呼ばれたのは楊桃（やまもも）であったが、のちには単に〈モモ〉といえば桃をさすようになった。しかし、桃が魔よけの力をもつとする中国の思想は、実際に桃が渡来する以前に日本に伝わっていたとされ、……桃が魔よけの力をもつのは、日本ではその形が女陰に似ているとか、桃は兆の字の如く多産の象徴であるとか、桃が逃（とう）や刀（とう）の語音に通じ魔を払う力があるからとかいわれる。（飯島吉晴）」と説明されている。

41 平板に「丸に上の字」紋を透かした前立て

「丸に上の字」紋は、戦国時代から武将の家紋として使われたから、当然この紋を表示した兜の前立ても作られた。(A図)この家紋を透した前立てを作るときに問題となるのは、丸のなかに「上」の字をどのようにしてくっつけるかである。

ここでは、革を切り抜いて作った前立てと、真鍮板で作った前立てとをそれぞれ1例ずつ取り上げる。

第1の例は、薄くて堅い革を切り抜き、黒漆を塗り、金箔を置いた輪の外周の直径23.3cm、輪の幅2.6cmの前立てである。(B図)輪のなかに高さ10cm、横14.5cmの「上」の文字をはめ込んでいる。

A図 「丸に上の字」紋

「上」の文字を輪にとりつけるため、輪の裏の上部中央から縦に細い銅の棒をつけ、下端の輪の部分に角本を差し込む溝をつけた小さい板が張りつけられている。文字の下の「一」の左右両端は、短かい銅の棒で輪とのあいだをつないでいる。

B図 革板を切り抜いて作った「丸に上十の字」紋の前立て

もう一つの例は、1枚の真鍮板を切り抜いて作った、外周の直径7.3cmの小型の前立てである。(C図)裏から槌でたたいて表をふくらませ、円の下端に兜の錣立に差し込む平らな板の棒をつけている。輪の上端からこの棒の下端までの長さは、12.2cmである。

雑誌『歴史と旅』1993年4月号の特集「家紋と苗字で家系探索」に掲載された、日本家系図学会編「日本の代表家紋と使用家系」では、「丸に上の字」紋について、89頁につぎのような解説がでている:

C図　真鍮板を切り抜いて作った「丸に上の字」紋の前立て

「上文字紋は村上氏の代表家紋で、村上の『上』を紋章化しただけである。しかし、村上氏が史上大いに発展したために、この紋は天下に広まった。のちこの紋は関東と関西とに分かれ、筆書体に多少の変化を加えて本・支や格式などを定めた。使用家は清和源氏頼清流の村上、室賀、雨宮、またはその同族ゆかりの家で用いる。たとえば高月、大塚、湯上、長塩などの諸氏で、瀬戸内の村上水軍はこの旗を翻して大いに活躍した。」

戦国武将の一人で北信濃を支配した村上義清(?〜1573；?〜天正1)は、「丸に上の字」を家紋とした。義清は、伊予の村上氏の流れをくむといわれている。

上に引用した説明のなかで指摘されているように、ここで取り上げた二つの前立てを見ると、「上」文字の表現に違いがあることがわかる。

『日本経済新聞』2003年5月7日付の「文化」欄に、「海の覇者村上水軍盛衰記」と題する論説が掲載された。副題に「能島村上家の三十六代当主、ルーツ求め資料研究」と書かれているように、著者は村上公一氏である。

この論説では、3年前に愛媛県宮窪町の能島村上水軍資料館を充実する目的で、山口県周防大島町(旧東和町)にある著者の実家へ愛媛県教育委員会の担当者が訪ね、蔵のなかから江戸期の文献『防長古器考』に記されている

甲冑や、小早川秀俊が1595年に能島村上水軍の頭領村上武吉の二男景親に宛てた「知行方目録」や、その他の資料が発見されたことが記されている。

さらに、資料の収集・調査が進められて、戦国時代の村上氏の活動があきらかにされることを期待する。

瀬戸内海の江田島にあった海軍兵学校の教育参考館には、海戦にかんする多くの資料が所蔵されていた。昭和9年に発行された『海軍兵学校教育参考館圖禄』(1934)の11頁には、村上水軍の資料のなかの「軍船旗」の写真がでている。この旗には、「丸に上の字」紋が大きく染め抜かれている。（D図）この旗には、つぎのような解説がつけられている：

> 「(6) 軍船旗　　村上保一郎氏寄贈
> 村上水軍ガ軍船ニ押シ立テタルモノニシテ能島村上ノ一後裔ナル山口県大島郡和田村村上保一郎氏の旧蔵ニカカル」

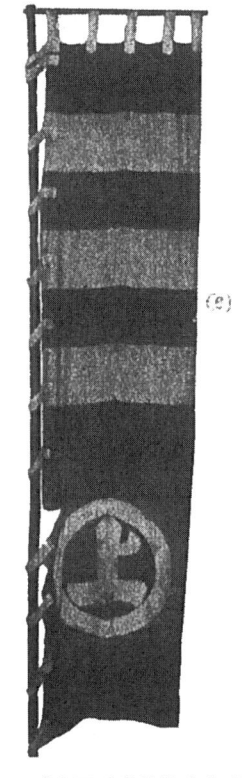

D図　『海軍兵学校教育参考館図禄』11頁にでている村上水軍の軍船旗

41　平板に「丸に上の字」紋を透かした前立て　147

42 加賀藩で広く用いられた「梅鉢」（うめばち）紋の前立て

　梅紋には「梅花」紋と「梅鉢」紋の2種類がある。両者の区別については、丹羽基二監修『家紋知れば知るほど』（実業之日本社、1998）の68頁にでている「梅紋は……大別して二つある。梅の花をデザインした梅花紋と、五つの丸を花弁のように並べ中心に小さな丸を一つおいた梅鉢紋である」という説明がわかりやすい。

　梅紋にも、数多くのヴァリエーションがある。その一つ一つに名前がついているのがおもしろい。各種の紋章をつうじて、個々の紋に名前をつけるのに一定のルールがあるようである。

　上記の書は、69頁から71頁にかけて梅花紋44例、梅鉢紋16例の図を掲げている。同書68頁には、梅紋が普及した経緯について、つぎのように述べられている：

　「梅紋は、天満宮の信仰と切っても切れないものである……学問の神様といわれ、こよなく梅を愛した菅原道眞・菅公は、藤原一門の策略で九州大宰府に流され、悲劇的な晩年を送った。この菅公を祀ったのが天満宮であり、天満宮の神紋が梅鉢紋である。菅原氏の子孫もこの梅紋を用い、天神さまを信仰する人々も同じく梅紋を用いた。こうして梅紋は広まった。徳川時代になると、前田、松平、小出、相良などの大名が梅紋を用い、幕臣では百数十家が用いている。

　梅花紋と梅鉢紋とでは、梅花紋のほうが古くからあった。江戸時代以降は梅鉢紋が多い。形もさまざまである。梅鉢紋は太鼓をたたくバチ（鉢）のようなものが中心から出ていることからついた名である。この鉢が特に長く花弁の間に出ているものを「剣梅鉢」という」。

　しかし、丹羽基二『家紋大図鑑』（秋田書店、1971）の104頁には、「梅紋は、このウメをアレンジしたものであるが、大別して梅の花を形象化した梅花紋と、梅鉢と称する丸形の花弁の梅鉢紋とある」と説明したのち、「梅鉢紋の名称については（一）太鼓のバチを芯にした（二）六曜星の変形（三）

梅鉢草を象ったとの三説ある。が、やはり事実は梅花の変形であろう」と、述べている。

　江戸時代の加賀藩の具足には、兜の鉢、まびさし、鍬形台などに、彫金で多くの枝に花をつけた梅の木の装飾をほどこしたものが多い。このことから、加賀藩で合印として使われた梅鉢紋は、梅の花を抽象的にデザインした紋章と考えられる。

　前立てに表示された紋章を識別するための参考に、図鑑にでている梅鉢紋を4種かかげておく。(A図)

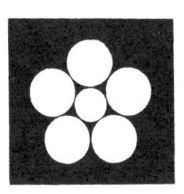

加賀梅鉢紋　　丸に梅鉢紋　　星梅鉢紋　　中輪に台梅鉢

A図　家紋図鑑にでてくる梅鉢紋4種

　ここで紹介する前立て8例のうち、第1例と第2例は、加賀梅鉢紋の前立てる。

　第1は、縦横5.2cm×5.4cmの銅板を打ち出し、両面に鍍金をした、小さいが高級の前立てである。(B図)裏面下端に大型の高角、鍬形または天衝の角本を差し込む管がついている。

　第2は、縦横8×8.3cmの銅板を打ち出し、裏面に一枚の銅板を錨止めし、両面に鍍金をしている。(C図)裏板には足をつけて、大きい前立ての管に差し込んでクサビで止めるようになっている。上下の高さは、10.3cmである。いずれも、大将の兜につけられた前立てである。

　石川県立博物館発行の特別展のカタログ『加賀藩の甲冑』(1996年)の25頁に写真がでている前田慶寧(よしやす)の具足(展示番号21)の兜には、高角に加賀梅鉢紋を組み合わせた前立てがついている。(D図)

　このカタログには、兜の吹返し、胴の胸板、杏葉、栴檀(せんだん)鳩尾の板などに鍍

42　加賀藩で広く用いられた「梅鉢」紋の前立て　149

金の加賀梅鉢紋の金具をつけた具足6領(展示番号15、18、21、22、23、24)の写真がでている。いずれも、加賀の大名一族の武将が持っていた具足である。

第3例は、革切り抜いて作り金箔を置いた縦横12.5×13.5cmの鹿角に直径5.9cmの銅板に鍍金をした「丸に梅鉢」紋の金具を2本の釘で鹿角の下端に取り付けた高級の前立てである。(E図)

第4例は、直径7.5cmの丸い板の黒漆塗の地に、金で「丸に梅鉢」紋を描いた小型の前立てである。(F図)

第5例は、大きく丸い銅板の周辺に五つの円板を、中央にこれよりも小さい円板をつけ、黒漆地に金箔を置いた、縦横7.7×8.2cmの「星梅鉢」紋の前立てである。(G図)

第六例は、直径3cmの薄い円板を5枚周辺に配置し、中心に直径1.3cmの小円板を中心に置いて、細く削った鯨のヒゲでつないだ、めずらしい構造の星梅鉢紋をあらわした前立てである。(H図)表裏全面に金箔が置かれている。紋章の本体は、縦横22×17cmである。兜の祓立てに差し込む棒の部分も、鯨のヒゲを削って作られている。

第七例は、直径9cmの黒漆塗りの円板の表に金で「中輪に台梅鉢」紋を描いた質素な合印の前立てである。(I図)

戦国時代末から江戸時代初期にかけて、当世具足の兜の吹返し家紋の透かしをいれるのが流行した。ここに紹介するのは、吹返しに「台梅鉢」紋を透かした変わり兜である。(J図)

最後にかかげるのは、本体を和紙を張り合わせて作り、黒漆を塗り、表だけに金箔を置いた梅鉢紋の前立てである。(K図)縦横9.5×18.5cmで、中央下端に角本を差し込む穴が開けられている。とくに珍しいのは、そのなかに竹をうすく削って作った舌が差し込まれていることである。これは、前立てを角本に固定するためのスプリングである。この前立ての梅花紋は、梅花の上の三花弁に両角を配し、中央に黒漆で剣を描いた構成である。裏面に、兜の鉢にあたって擦れた三本の傷がある。

B図　加賀梅鉢紋の前立て　C図　加賀梅鉢紋の前立て

D図　石川県立博物館発行の特別展カタログ『加賀藩の甲冑』(1996)の表紙

E図　丸に梅鉢紋金具をつけた鹿角前立て

F図　丸に梅鉢紋を描いた板の前立て

42　加賀藩で広く用いられた「梅鉢」紋の前立て　151

G図　銅板に黒漆を塗り金箔を置いた星梅鉢紋の前立

H図　円板を6枚組み合わせた「星梅鉢」の前立て

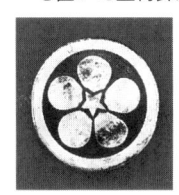

I図　黒漆塗の円板に金で「中輪に台梅鉢」紋を描いた合印の前立て

J図　吹返しに「台梅鉢」紋を透した江戸時代初期の兜

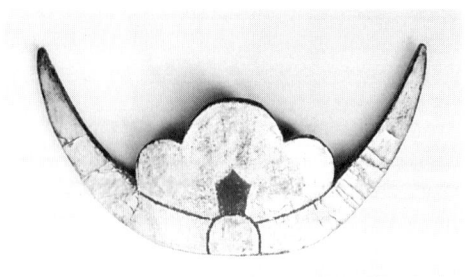

K図　本体を和紙で作った梅花紋の前立て

43 「平井筒」(ひらいづつ) 紋を表した合印の前立て

　丹羽基二『家紋大図鑑』(秋田書店、1971)の82頁にでている「井筒(いずつ)・井桁(いげた)」の項目の冒頭には、「井筒も井桁もともに井戸の地上に出たワクの部分をいう。むかしは、○形のワクを井筒といい、♯のワクを井桁といった。ところが、紋章ではあやまって○形を用いず♯形を井筒といい、※を井桁といってしまった。けれども相変わらず正しい意味で用いる人もあるので、ますます混乱した。ここでは慣例に従って♯は井筒、※は井桁として話をすすめる」と書かれている。

　この図鑑は、83頁から5頁にわたって、「井筒・井桁」紋を76種かかげている。そのなかで、「平井筒」という紋章は、合印として使うのにもっとも適している。(A図)

A図　平井筒紋

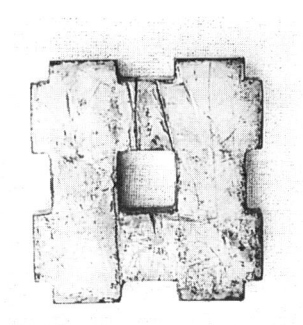

B図　四本の木を組み合わせて作った
　　　「井筒」紋の前立物

　最初に掲げるのは、その例である。(B図) 長さ6cm、断面は一辺9mmの正方形の木を四個組み合わせて作った、非常に小型の前立である。この井筒紋の前立ては、一辺6cmの正方形で、厚さは9mmである。全面に黒漆を塗り、金箔を置いている。中心部の正方形の下辺にあたる部分に、兜の角本を差し込む穴があけられている。その表面をみると、四個の木を組み合わせて作ったことが分かる。

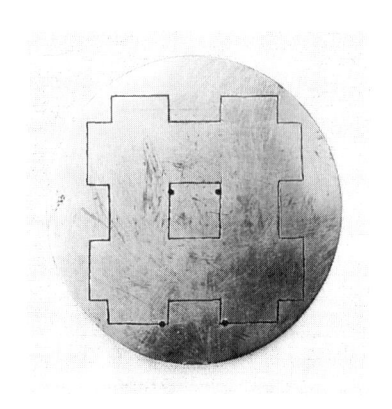

C図　中心部をふくらませ、表に「陰平井筒」紋を筋彫し渡金をした前立物

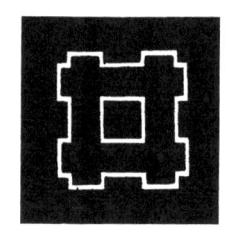

D図　陰平井筒紋

E図　「関ヶ原合戦図」の屏風に描かれた井伊直正の旗

　その仕様から、合印として使うため、多数作られたものの一つであると思われる。
　つぎに掲げるのは、中心部をふくらませた直径9.2cmの銅板の表に、井筒紋の輪郭を筋彫りして表裏全面に渡金をした高級な前立てである。(C図) 角本を差し込む管も、入念に作られている。管の折り曲げた足の部分を上下二か所鋲で止めて、表面をかしめている。
　紋章の参考書には、このように線で描いた紋に「陰平井筒」という名称がつけられている（D図）。
　関ヶ原合戦図の屏風に描かれている、井伊直政の使番が持っている大きい旗には、赤地に金で井筒紋が描かれている（E図）。別冊『歴史と旅』3号『日本の家紋』（秋田書店、1978) 129頁参照。
　このように枠を細くした紋は、「細平井筒」と呼ばれている。
　『広辞苑』は、「いずつ［井筒］」の語について、「①井戸の地上の部分を木・石・土管などで囲んだもの。本来は、円形だが、広く方形のものをもいう。井戸側。化粧側。……②井筒にかたどった紋所。平井筒・角立（かどたて）井筒・組井筒・重（かさね）井筒など種々ある」と、説明している。

44 「丸に蔦」（まるにつた）紋と蔓つき「三つ葉蔦」（みつばつた）の前立て

　『広辞苑』は、「つた［蔦］」について「①ブドウ科の多年生落葉の蔓植物。中国・日本に産する。茎は吸盤を有する巻きひげで他植物にからみつき、葉は掌状に三～五裂、または三小葉から成り、長柄。初夏、葉腋に淡黄緑色の小花を総状につけ、花後、黒色の液果を結ぶ。秋の紅葉が美しく、塀・壁などに這わせる。……②ツタの葉にかたどった文様や紋所。紋所には、蔦・鬼蔦・中陰蔦・結蔦など。」と説明し、植物のつたの図と「蔦」と「結蔦」の２種の紋章を掲げている。

　ウエバー『KOJI HOTEN 古事寶典』(1923) は、"Tsuta"の項目について、「ブドウの木またはキヅタの一種で、その葉は桐の葉によく似ている。日本の紋章や美術の描写では、蔦の葉は五つに分かれているのに対し、桐の葉は三つに分かれている。そして、蔦の葉には花がついていない。」と説明し、蔦の紋章４種（蔭蔦、中蔭鬼つた、中蔭つた、崩し蔦）の図（Fig.1017）と「蔦の細道」と呼ばれるモチーフの漆工芸作品（田村タカタダ作）の写真（Fig.1018）を掲げている。さらに、Pl. LXVI には、「蔦の細道」のデザインの長州透かし鉄鍔の写真がのせられている。（A図）

　戦国武将のなかで、蔦紋を使ったことでよく知られているのは、藤堂高虎（1556～1630；弘治２～寛永７）である。高虎が使った蔦紋は、「藤堂蔦」と呼ばれている。戦史群像シリーズ『図説・戦国武将』（学習研究社、2001）の100頁には、『寛政重修諸家譜』にでている高虎の蔦紋と丸に片喰紋とを掲げ、「高虎の使用した蔦紋は、一般の蔦よりも天地に平坦な形状をしているのが特徴である。おそらくは江

A図　ウエバー『KOJI HOTEN 古事寶典』のPl. LXVIにでている「葛の細道」デザインの長州鍔

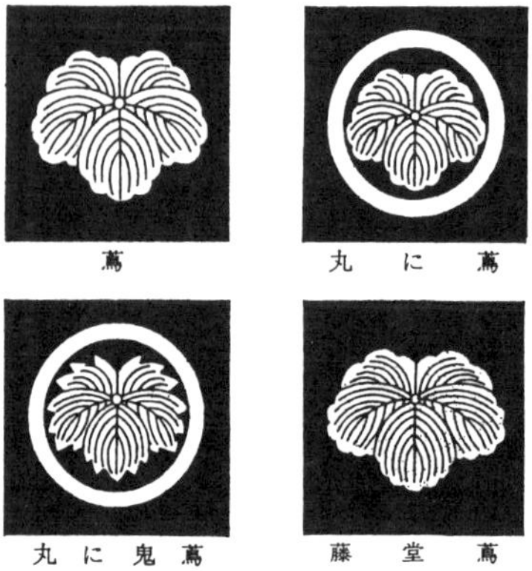

戸期に他の蔦紋使用家との差別化のために変更されたもので、高虎の時代は通常の蔦紋であったと思われる。」と説明されている。

丹羽基二『家紋大図鑑』には、「蔦」、「丸に蔦」、「丸に鬼蔦」など85種類の蔦紋のなかに、最初の「蔦」と酷似する「藤堂蔦」を掲げている。（B図）

前立てのデザインに蔦を用いるのは、通常、使用者個人の家紋を兜に表示するためである。しかし、什器や衣服に家紋を表示するのとことなり、兜の前立てに表示するばあいには、材料や製作方法について選択の範囲がひろい。

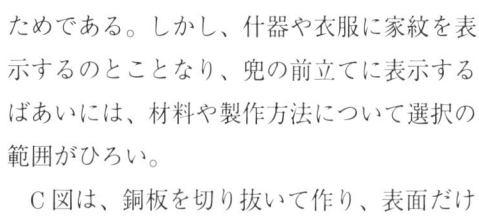

C図は、銅板を切り抜いて作り、表面だけに鍍金をした、直径11.5cmの「丸に蔦」の前立てである。蔦の葉とこれを囲む輪を1枚の銅版に透かすために、葉の左右の分枝にそれぞれ3箇所と中央下端とを輪の内側とつなげている。そのため、輪の幅を広くして全体のバランスをとっている。葉の中心に1個と、葉の下端と中心とのあいだにもう1個の小さい鋲の頭があるのは、兜の祓立てに差し込む鉤を前立ての裏に止めて固定したためである。

D図は、刀剣春秋の連載「戦場の武器と装具」第220回「熨斗をかたどった前立物四例」（2001年5月1日付け）で紹介した前立てである。薄い革で中央の利剣と左右各4本の熨斗を作り、これを直径4.4cmの革の円板2枚で挟んで固定した入念な構造である。革

B図　基本的な蔦紋3種と「藤堂蔦」紋

C図　銅板を切り抜き表に鍍金した「丸に蔦」紋の前立て

D図　革の円板の金箔地に黒漆で「丸に蔦」紋を描いた熨斗の前立て

の円板の表面には、金箔地で黒漆で「丸に蔦」紋が描かれている。葉の筋と輪と蔦の葉のあいだの空間が金であり、かつ黒い輪の廻りが細い金で縁取られているので、紋章が引き立てられている。黒地に金でこの家紋を描くよりも顕著に表示されている。

上記『家紋大図鑑』426頁には、江戸時代に蔦紋が広く使われたことについて、つぎのように述べられている：

> 「蔦紋は『見聞諸家紋』に、椎名、富田、高安の三氏があり、徳川時代は大名の藤堂、松平、六郷の三氏をはじめ、幕臣の百六十家に及んでいる。なかでも松平氏がこの紋を用いた理由は、徳川家をはばかって葵を蔦にかえたという。たとえば、松平大給氏はもとは「丸に三葉葵」であったが、家乗のとき主家に遠慮して一葉蔦に代えている。以上は家伝にあることばであるが、松平竹谷、松平形原、おなじく三木、宮石、滝脇の松平氏も同様に葵から蔦紋にかえている。」

同書は、つづいて、蔦紋のヴァリエーションについて、「蔦紋は葉にキザミのあるもの（鬼蔦）、蔓のあるもの（蔓蔦）、花形のもの（花蔦）などあり、葉の数では一葉から三葉まである。また、三つ盛り、尻合わせ、頭合わせのべつもある。」と説明している。

明治3年刊『官許列藩一覧』には、津藩知事藤堂高献（？）の家紋として「蔦」が、久居藩知事藤堂高邦の家紋として「丸に蔦」が掲げられている。（E図とF図）

江戸時代の大名は、常備品として家紋を染め抜いた麻布の陣幕を用意した。

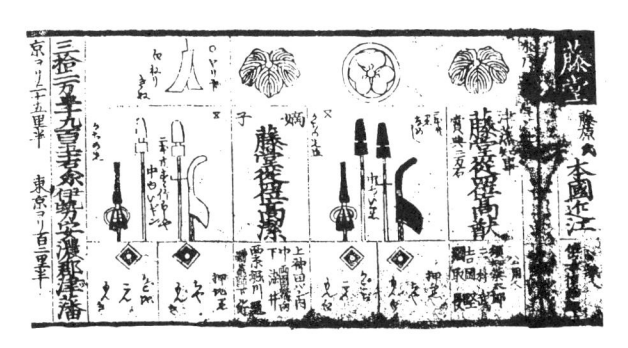

E図 『官許列藩一覧』にでている津藩藤堂家の家紋

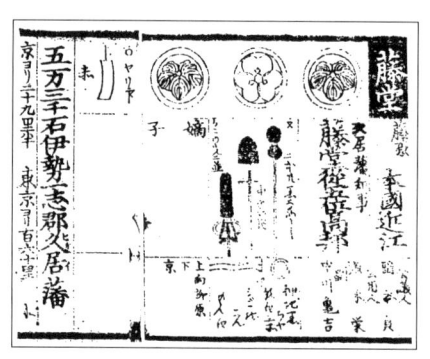

F図 『官許列藩一覧』にでている久居藩藤
　　 堂家の家紋

『広辞苑』は、「じんまく［陣幕］」の語について、「陣屋に張る幕。麻布などを用い、大きく定紋をいれる。」と説明している。陣幕は、野外で使う幅が広い幕であるから、風を抜く穴が所々にあけられている。G図は、「蔦」紋を大きく染め抜いた藤堂家の陣幕である。この陣幕は、全長173cm、幅38cmの白麻布を5枚横に縫い合わせて作られている。蔦紋の左下の裂けているところが風抜きの穴である。この風抜きは、上下の麻布を縫い合わせないだけである。数抜きの両端は、鹿革で止められている。この陣幕には蔦紋が5個、等間隔でステンシルを使って墨でプリントされている。

　蔦の家紋を表示した前立てが多いのに対して、蔦の葉や蔓を装飾的にデザインした前立てはめずらしい。H図は、大中小3枚の蔦の葉を下から上に縦に並べ、各葉の左または右の上端に巻いた蔓をつけた前立てである。大きい葉の下端から、小さい葉がついた蔓の上端までの高さは28cmである。下の大きい葉の横幅は、14.5cmである。この前立ては、木型に和紙を重ねて貼り付けてつくられている。それぞれの葉には細い筋をきちんと出し、膨らみをもたせている。そして、大中小の各葉に、バランスのとれた形の渦を巻いた蔓がつけられている。このような表現は、和紙を使ってのみ可能であった。表面には、黒褐色の漆を塗り金箔を置いている。裏面には、赤漆が塗られている。下の大きい葉の下端真中に、兜の角本を差し込む管が、和紙を重ねて作られている。

　この前立ての大中小3枚の蔦の葉は、正確に左右対称の紋章のデザインである。葛飾北斎が描いた鉢植えの紅葉した蔦のスケッチ（I図）と比べてみると、図案化した蔦の葉の前立てのおもしろさがよくわかる。この絵は、『北斎絵事典動植物編』（東京美術、1998）の236頁にでている。

G図　白地に黒で「葛」紋を染め抜いた陣幕

H図　蔓をつけた3枚の葛の葉をデザインした前立て

I図　北斎が描いた紅葉した葛

44　「丸に蔦」紋と蔓つき「三つ葉蔦」の前立て

45 相州小田原藩の合印「三鈷杵」（さんこしょ）に剣をつけた前立て

　相州小田原は、北条氏の支配下にあった16世紀末に明珍派の甲冑師が定住して、甲冑製造の中心地となった。小田原明珍派の甲冑師が製作した特色のある兜は、「小田原鉢」と呼ばれている。伊澤昭二『小田原の甲冑』（名著出版、1980）参照。

　豊臣秀吉が小田原を攻撃して、北条氏直の軍勢を破って後北条氏を滅亡させたのは、1590年（天正18年）である。関東一円を支配していた徳川家康は、大久保忠世を四万五千石の小田原藩主に封じた。忠世の没後藩主となった子忠隣は、1614年（慶長19年）に謀叛の嫌疑によって罷免された。そのあとの72年間小田原は天領とされたり、阿部氏や稲葉氏の統合に委ねられたりした。

　ついで1686年（貞享3年）、大久保家7代の忠胡は下総の佐倉から転任して、小田原藩主（十万三千石）となった。それから184年間、大久保家の当主が代々小田原藩を統治した。藩政が終ったのは、16代の忠良が七万五千石の藩籍を奉還して知事となった1869年（明治2年）である。

　大政奉還前の小田原藩の政治や軍制を研究する資料の一つに、小田原市立図書館所蔵の『大久保家秘記』と題する文書がある。そのはじめのほうに、「指物」として、大久保家の旗、「家中番指物」、「家中前立物」および「足軽指物」の略図が掲げられている。（A図）

　A図の中央（右ページの左端）にでている「家中前立物」の略図には、「剣ハ金　柄ハ黒朱模様アリ」という説明がついている。

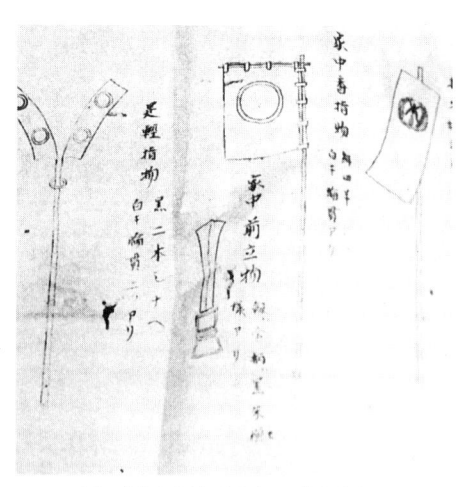

A図　『大久保家秘記』の「指物」の項

この前立ての実物を見ると、小田原藩で合印として使われた利剣の前立ての柄は、バジラ（跋折羅）すなわち密教の法具の一種である金剛杵の三鈷杵を単純に表現したデザインであることがわかる。

　ここに紹介するのは、木彫で三鈷杵の把（は）の部分を太鼓のように太く作り、その上に中央に幅が広くて短い鋒先（ほこさき）、その両側に小瓜をつけた鋒先を配した黒漆塗りの地の全面に金箔を置いた、小田原藩の前立てである。剣と半月は、薄い銅板で作って鍍金されている（B図）。縦16.5cm、横幅14.5cmである。剣の先の幅は5cm、半月の下端の高さは3.7cmである。

　この前立ての特色は、バジラ三鈷杵のデザインである。（C図）。三鈷杵の高さ4.8cm、太鼓の形をした把の高さ2.9cm、鋒先の高さ1.9cm、把の上下両端の幅は4.1cmである。把の下につく鋒先は省略されている。把は、八葉蓮弁を紐でくくったデザインである。三葉の蓮弁の両端に、半分にした蓮弁がついている。

　この前立ての裏を見ると、その構成がよくわかる（D図）。銅板の半月は、三鈷杵の裏に銅釘でとめられている。銅板の剣は、三鈷杵の裏の内側に刻まれたミゾに上から差し込まれてける。剣と半月の仕様を見ると、軽く非常に質素に作られていることがわかる。

　笹間良彦『図録日本の甲冑武具事典』（柏書房、

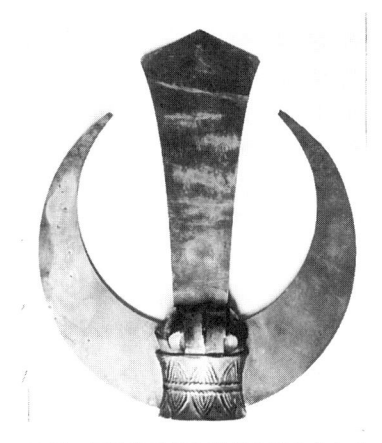

B図　三鈷杵に剣と半月を組み合わせた前立物

C図　木を彫刻した三鈷杵のデザイン

D図　三鈷杵と剣と半月を組み合わせた前立ての裏面

1987)の205頁には、伊予札の桶側胴の具足の一例として、「某家所蔵・伊予札桶側菱綴胴具足」の写真が掲げられている。この具足の小星兜には、木彫の三鈷杵に銅板の半月と剣を配した小田原藩合印の前立てが祓立につけられている。写真はカラーでないが把の蓮弁は朱塗り、これをくくつた紐は金、上下の地は黒塗りであることがわかる。

『日本の歴史』第5巻［関東地域］（山田書院、発行年不明）の5頁には、「諸藩の大名」というタイトルを左端に表示し、カラーで鍬形の前立ての上に、三鈷杵に半月と剣を配した前立てをつけた六十二間筋兜の具足の上部の写真が掲げられている。（E図）三鈷杵の蓮弁と紐は朱塗り、上下の地は黒塗りである。

E図　『日本の歴史』第5巻のタイトルページ

　この書籍の41頁以下にでている「諸藩の歴史と史話」のはじめに、小田原藩のことが書かれている。44頁には、『大久保家秘記』の「指物」の項の写真がでている。A図は、その一部分である。48頁にはタイトル・ページの具足全体の写真を、「小田原藩士竹内藤左衛門所用の甲冑」と表示して掲げている。これは、一見して高級武士の具足であることがわかる。

　その左には「小田原藩の常備具足」と表示して、桃形兜、半頬、樋側胴の具足の写真が掲げられている。

　その兜には、合印の三鈷杵の前立てがついている。木彫の三鈷杵の上部の鋒先が大きくできている。剣をつけないで、三鈷杵単独で合印の前立てとし

て使われたのではないかと思われる。その例として、絵葉書にでている三鈷杵単独の前立てをつけた具足の写真を掲げておく。(F図)

F図　絵葉書にでている三鈷杵の前立てをつけた具足の写真

　これらの具足は、小田原城天守閣に展示されている。同じ前立てをつけた具足がもう1領並べられている。
　小田原城天守閣では、2001年4月28日から5月27日まで小田原市と日本甲冑武具研究保存会の共催で、特別展「武士の装い－小田原鉢と日本甲冑の名品－」が開かれた。残念ながらこの特別展では、合印の前立てを見ることができなかった。

46 革で作り表に金箔を置いた「唐団扇」(とううちわ)紋の前立て

『武家重寶記』には、「唐団」という名称の前立ての略図が掲げられている。(A図)

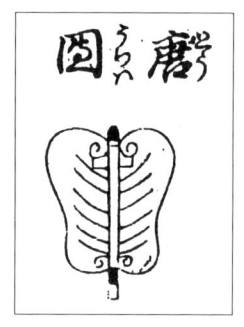

A図 『武家重寶記』に掲げられた「唐団扇」前立ての図

山上八郎『日本甲冑の新研究』(下)は、第3章「兜」、第2節「各説」、第6項「立物」(1963〜2121頁)で、立物を形状によって、1「鍬形・高角系統のもの」、2「合印」、3「家紋」、4「其の他種々の物象を象徴したもの」に分類し、さらに第4番目をイ「信仰」からチ「雑」までに分けて、古文献を引用し、実例をあげて解説している。ホ「器財」は、1「文具」から10「其の他の器財」までに分けられ、9「日用品」のなかで団扇があげられている。そして、2032頁で、「其の種類には羽団扇と唐団扇とがあり……」と説明している。

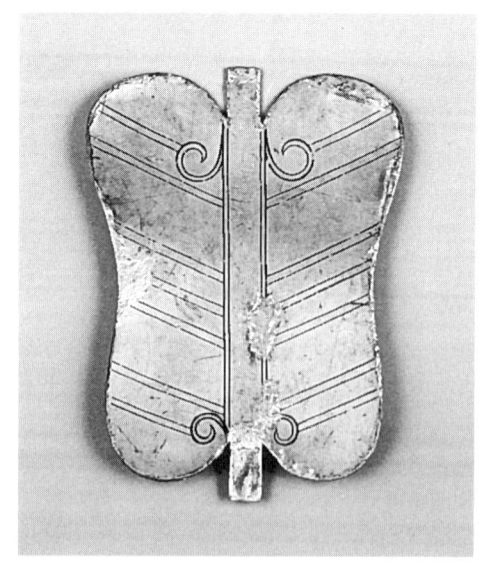

ここに掲げるのは、縦横15.7×11.6cmの、唐団扇(とううちわ)の前立てである。(B図)煉革製で、表面には、下塗りの上に金箔を置き、黒漆で模様の線が描かれている。裏面は黒漆塗りで、中央下端に角本に差し込む溝がつけられている。家紋を表わしたもので、具足を着けた複数の武士が、自分の所属を表示する合印として使ったものだと思われる。

B図 「唐団扇」紋の前立て

C図 「唐団扇」紋

本田総一郎監修『新集家紋大全』(梧桐書院、1993)の212頁には、「団扇・軍扇」の紋の例として、「唐団扇」紋と、そのヴァリエーションの紋が数種類掲載されている。(C図)

丹羽基二『家紋大図鑑』(秋田書店、1971)にも、99から103頁にかけて、数種類の唐団扇紋が掲げられている。同書の100頁の「団扇」の項目では、冒頭で、「団扇紋は団扇を紋章化したものであるが、ふつう(1)われわれが夏に涼をとるために使う竹製のほねに紙をはった、ややダエン形のもの、(2)天狗などが持っているビロウ（檳榔）の葉に似た羽毛製の羽団扇、(3)戦場で武将が采配用にする軍配団扇などがある。また、とくに女性のアクセサリーなどに用いる唐風の、飾りのついた美しい団扇を唐団扇という」と説明されている。しかし、例示された紋章の図を見ると、軍配団扇と唐団扇とは明確に区別できないことがわかる。

「団扇」の形容詞として「唐」の字がついているので、疑問に思って『広辞苑』を見たら、「から〔韓・唐〕」の項目のもとに、「②中国の古称。また中国から渡来の物事に添えていう語……。③転じて、ひろく外国の称。また、外国から渡来の物事に添えていう語……。」という説明がでていた。中国スタイルの団扇ということになる。

47 異なる仕様で各種「橘」(たちばな)紋を表した前立て

　平凡社『世界大百科事典』には、「タチバナ橘 Citrus tachibana Tanaka」の項目について、「ただ一つの日本原産とされるかんきつ類で、〈左近の桜〉に対する〈右近の橘〉として知られる。ヤマトタチバナともいう。文化勲章はこの花をかたどる……。橘は古代日本のかんきつ類の総称で、その名前は〈立ち花〉に由来するとも、橘と考えられる非時香実(ときじくのかのみ)をもたらした伝説で有名な田道間守(たじまもり)の名に由来するともいわれる。……(山田彬雄)」という説明がでている。
　「橘」の文字が氏として使われはじめたのは奈良時代である。室町時代に入ると、その図案が紋章として広く使われるようになる。
　丹羽基二『家紋大図鑑』(秋田書店、1971)は「橘」の項目のもとで、「くだって室町期には『見聞諸家紋』には薬師寺、小寺両氏の紋とあり、戦国期には『豊薩軍記』に九州の柴田氏が用いている。徳川時代には大名の井伊、久世、黒田、松平の諸氏と、幕臣の九十余家が用いている。いま、右の諸氏のほかに橘氏の流れをくむ者をあげると長谷川、紅林、山田、野尻、大平、牧、山中、岡本、福富、山脇、岩室、和田、中井、稲野、袖岡、山崎、土田、岩下、辻、長尾、米野、江坂、本山、浅井の諸氏がある」(388、390頁)と橘紋が多くの武家で使われたことを指摘したのち、「紋章の種類は六十余種。大別すると、実と葉からなるものと、実と花と葉からなるものとがある。前者は五葉で、実をつつんでいる。また、実の数は一個から五個まであり、丸や隅切角等で囲っている。ほか、特別の変形もかなり多い」(390頁)と説明している。
　兜に所属する集団の標識として使われた橘紋の前立てにも、いろいろな種類がある。
　ここに掲げる数例の前立ては、それぞれ材料、寸法、製作方法などの仕様が異なるため、大ざっぱに年代順に並べることは可能であるが、便宜的に紋章のデザインの単純なものから順に取り上げることにする。これらの前立て

に表示される橘紋は、6種類である。(A図) 紋章の呼称は、上記の参考書によった。

| 橘 | 石持ち地抜き橘 | 菊座橘 | 日蓮宗橘 | 三つ橘 |

A図　前立てに表示されている「橘」紋5種

第1の例は、薄い板を削って5枚の葉に実を配したもっとも基本的な「橘」紋を彫刻した、縦横8×8cmの小さい前立てである。(B図) 表裏全面に黒漆が薄く塗られ、表に金箔が置かれている。非常に質素な作りであって、集団の合印として使われた前立ての一つである。

第2の例は、厚めの真鍮板を切り抜いて作った縦横9.5×24.5cmの羽を広げた蝶の頭の上に真鍮板で作った縦横4.7×5.7cmの「橘」紋をつけた前立てである。(C図) 蝶の体は別の真鍮板を打ち出して作られている。橘紋の軸の下端を蝶の頭の下に入れて、裏で固定されている。(D図) この前立ての本体は、浮線蝶紋を崩したデザイン。それに、「橘」紋を組み合わせたのがこの前立てである。

B図　「橘」紋の前立て

C図　蝶に「橘」紋を組み合わせた真鍮板の前立て

D図　「橘」紋の軸を差し込んだ蝶の頭部

E図 「浮線蝶」に「桔梗」を組み合わせた家紋の例

参考までに、「浮線蝶に桔梗」紋を掲げておく。(E図)

第3例は、径4寸(12cm)の円板に黒漆を塗り、表には金箔の地に「石(こく)持ち地抜き橘」紋を黒く抜いた前立てである。(F図)円板の表は平らであるが、裏は中心から円周に向けて削って丸みをもたせている。

第4例は、径5寸(15cm)の円板の表裏両面に茶褐色の漆を塗って金箔を置き、平らな表に黒漆で「丸に菊座橘」紋を描いた前立てである。(G図)この前立ての裏側は、円板の緑だけを丸く削っている。

第5例は、一辺2寸5分(7.4cm)の正方形の薄い真鍮板を切り抜いて作った、井桁のなかに橘紋を配した、いわゆる「日蓮宗橘」紋の前立てである。(H図)

F図 「石持ち抜き橘」紋の前立て

G図 「菊座橘」紋の前立て

最後に掲げるのは、径2寸5分（7.5cm）の銅の円板に橘を三つ、頭を中心に向けて組み合わせた「三つ橘」を切り抜き鍍金をした前立てである。(I図)

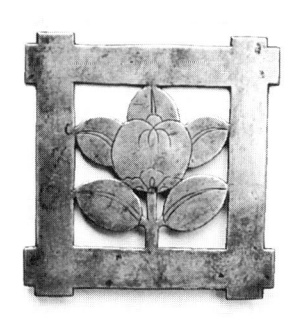

H図　「日連宗橘」紋の前立て

I図　「三つ橘」紋の前立て

　丹羽基二（監修）『家紋知れば知るほど』（実業之日本社、1998）の54頁には、「橘紋の多くは、一本五葉の立ち木で、中央に一つの実を置いている。しかし三つ橘から五つ橘まであり、配置によって『向こう橘』『違い橘』『花橘』『三つ盛り橘』『尻合せ橘』などと呼んでいる」という説明がでている。

　ここに紹介した橘紋の前立て6例は、5枚の葉をつけた木の中央に、大きい実を配した橘紋である。F図やG図の前立てのように、木の円板の表を平らに削って、金箔地に一本五葉の橘紋を黒漆で描いたデザインはすばらしい。

48 兜の鉢を覆う木彫「いたら貝」の前立て

『武家重寳記』に掲げられる多くの種類の前立てのなかには、「文蛤」(いたらかい)の図がでている。(A図)この図に示されるように、「いたら貝」の前立ては、兜の鉢全体を覆うように作られている。

紋章の書には「板屋貝」(いたやがい)の紋の説明がでており、また国語辞典には「いたやがい」の語の説明しかでていない。

確認のために旺文社の『古語辞典』(8版、1994)の「いたらがひ[伊多良貝]」の項目を見ると、「①いたやがい。ほたて貝に似た海産の二枚貝。『かやうに候ふ者は、海中に住む－の精にて候ふ』(謡・玉井)②紋所の名。①を図案化したもの」と説明されていた。

A図 『武家重寳記』にでている「文蛤」前立ての図

『広辞苑』には、「いたやがい[板屋貝]」の語について、「イタヤガイ科の二枚貝。扇を拡げた形で、左殻は紅褐色、放射肋が強く、板ぶき屋根を思わせるのでこの名がある。右殻はよくふくらみ、普通は白色、これを杓子に用いるので杓子貝ともいう。肉は食用とし、貝柱は乾物。北海道南部から九州に分布。花蛤。半辺蚶。古名、いたら貝」と説明されている。これを読むと、「いたら貝」は、「いたや貝」の古名であることがわかる。

ここで紹介するのは、縦26.5cm、横幅23cmのいたら貝の前立てである。(B図)真上から見ると縦長である。ななめ前から見ると、兜の鉢のカーブに合わせて、上にそっていることがわかる。一枚の板を彫刻して作り、全面に赤褐色の漆を塗ったあと、表に金泥を塗り、左右両縁と、下端のヒレの部分に黒ずんだ緑の色がつけられている。中央下端に、一本角本を差し込む穴があけられている。非常によい状態で保存されている。

笹間良彦著『日本の名兜』(中)(雄山閣、1972)には、「伊太羅貝形兜」

6例の写真がでている。そのうち5例は、鉢そのものをいたら貝風に加工した兜である。

　いたら貝前立ての例は、同書181頁の上段にでているだけである。そこでは、「伊太良貝形の兜ばかりではなく前立に用いた例もあり、松平直政所用の兜が有名である。①は松平左近康親所用の廻り鉢兜の前立に用いられている。……この前立は松平康親所用ではなく、後代につけたもので、康親が戦場で用いた前立は金の日の丸であったらしい。

B図　兜鉢の前面を覆うように作られた木彫「いたら貝」の前立て

二代目松平周防守康重は……これも伊太良貝の前立を用いているが、康重所用にならって、数代後に初代康親の兜にも伊太良貝の前立を作って取り付けたものと思われる。……この前立は幅一尺一寸五分（35糎）、高さ八寸九分（27糎）で錆地塗りである」と説明されている。

　同書の説明のはじめに言及する松平直政所用の兜は、山上八郎『日本甲冑の新研究』（下）2018頁に掲げられている「伝松平直政所用甲冑」の写真の兜のことだと思う。

　同書の2018頁にでているのは、動物を象った前立ての説明の終りの部分で、「最後に貝類を象ったものもあり、伊多羅貝・帆立貝・長辛螺（ニシ）等が是である。而して伊多羅貝（文蛤）の大前立は出雲国舊松江藩主松平伯爵家所蔵傳松平直政大坂冬の陣着用の甲冑に見る所が有名であるが、武蔵国川越藩主松井子爵家所蔵松井周防守康重所用紺絲威の甲冑にも見る所であり、又眞野家所蔵先祖眞野勘兵衛正世が大坂冬陣の時に、家康から拝領した頭形の兜にも、金の輪貫の合印と伊太羅貝の大前立とを用ひてゐるといふ」と述べられている。

48　兜の鉢を覆う木彫「いたら貝」の前立て　　171

49 異なる仕様の「木瓜」(もっこう) 紋の前立て

　戦国時代の武将の家紋のなかで、「織田木瓜」と呼ばれる織田信長（1534～82；天文3～天正10）の「五つ木瓜」は、もっともよく知られている。

　朝倉義景（1533～73；天文2～天正1）の家紋は「三つ盛木瓜」、滝川一益（1525～86；大永5～天正14）の家紋は「丸に竪木瓜」であった。

　また、キリシタン大名大村純忠（1533～87；天文2～天正15）は五つ木瓜のなかの唐花が剣唐花になっている瓜紋（大村瓜）を、その甥にあたる有馬晴信（1567～1612；永禄10～慶長17）は「五つ木瓜」の紋を用いた。

　これらの紋章は、歴史群像シリーズ特別編集『図説・戦国武将』（学研、2001）のなかで、武将の肖像画や具足の写真などとともに図示されている。

　　木瓜　　　大村瓜　　丸に木瓜　　糸輪に陰木瓜　　三つ割り木瓜

A図　前立て8例に使われている「木瓜」紋5種

　『広辞苑』は、「もっこう・モクカウ〔木瓜〕」の語について、「①〔植〕バイカアマチャの別称。紋所の名」と説明し、横長の「木瓜」と、それを縦にして丸で囲んだ「丸に木瓜」の図を掲げている。また、『広辞苑』の「うり〔瓜〕」の項目では、「①ウリ類、特にマクワウリの果実。また、ウリ科の蔓性一年草、キュウリ・シロウリ……ユウガオなどの総称……②紋所の名。瓜の実や花葉をかたどったもの」と説明されている。

　丹羽基二『家紋大図鑑』（秋田書店、1971）には、「苽（うり）」紋60例の図（113～115頁）と「木瓜（もっこう）・窠（か）・瓜（か）」紋57例の図（581～587頁）が掲げられている。「苽」紋の説明には、苽は苽の略であり、「元来、窠紋（木瓜）とは別だが、瓜が窠に通ずるので、同様に扱うこともある。113頁から115頁の図は実は窠紋である」（116頁）と書かれている。

さらに、同書の582頁には、「木瓜・窠・瓜」紋の説明のなかで、「木瓜は当て字で、もともとは窠(か)紋という。『窠』は地上につくられた鳥の巣で、樹上につくられた鳥の『巣』に対する。……日唐交通がひらけると、にわかに唐様（からよう）がはばをきかせはじめた。文物制度にも唐制が採り入れられ、調度品などもエキゾチックなものが広まった。窠紋も、それに不随してひろまったものの一つである。……平安時代になると、『年中行事』、『伴大納言』等の絵巻物にしきりに出てくる。窠紋はそのころはやりの模様になっていたのである。窠紋が模様から家紋に転用されるようになったのはこのころである」と書かれている。

　同書584頁の窠紋のデザインの特徴について書かれたつぎの説明（584頁）を読むと、各構成部分の名称がよく分かる：

「窠紋のカタチはふつう、外ワク、内ワク、中央部の三つにわける。外ワクは分厚い曲線の環形にもみえるし、花弁のようでもある。けれどもこれを『葉』と称している。現在は四葉が多く、窠紋の特徴はじつにこの四葉窠紋にあるが、数からいえば三葉から八葉までである。内ワクの環状はときにカットされるばあいもあるが、ふつうはそとワクの曲線にそって円弧の複線となり、単調化をやぶる。中央の唐化は他のいかなる模様をしてもおきかえることのできない安定感と、美感を花芯のような役目をはたす。花弁の数は外ワクと同じ数によってそのプロポーションを保っている。どこからみてもすばらしいパターンであり、みごとなデザインである。家紋の中央部はときに桐や、四つ目や蔦や、蝶などとかえられることもあり、ワクをくずして、ぎゃくに外むきのばあいもあるが、奇抜であっても窠紋の美しさは、破壊される。窠紋を他の紋と組みあわせても、やはり窠紋の美しさは減少する。家紋はやはり、四葉の横木瓜がもっとも美しく、もっとも正しいカタチである。」

　前立てのデザインとして使用したばあいには、五葉で唐花の周辺を透した木瓜紋がもっ

B図　薄い板を彫り金箔を置いた「木瓜」紋の前立て

49　異なる仕様の「木瓜」紋の前立て　173

とも魅力があると思う。B図は、縦横3寸（9.3cm）の薄い木板を彫刻し、金箔を置いた木瓜紋の前立てである。C図は、薄い銀板に木瓜紋を打ち出した、縦横4寸（13.2cm）の前立てである。銀板の縁がとられているのは、裏に真鍮の円板をあてるためである。織田信長の家紋は、このような五葉の木瓜であった。

D図は、五葉の木瓜紋を透した兜の吹返である。これは、六十二間小星兜鉢の赤漆塗切付小札の笠鞘の両側についている。

（E図）兜の小さい吹返しに家紋を透かすのは、戦国時代から江戸初期にかけて流行したファッションであった。江戸中期から幕末にかけては、家紋を彫金した紋金具が吹返しにつけられた。

F図は、縦横5寸5分（17.1cm）の銅板に五葉の木瓜紋を切り抜き、表面に鍍銀をした前立てである。中央部に唐花の弁のあいだに剣を配している唐剣花がついているから、大村純忠の家紋「大村瓜」である。

C図　銀板に「木瓜」紋を打出した前立て

D図　木瓜紋を透した兜の吹返

E図　吹返に木瓜紋を透かした六十二間小星兜

F図　銅板を透かし鍍銀をした「大村瓜」紋の前立て

G図　銅板を透かし鍍銀をした「三つ割り木瓜」紋の前立て

　唐花の花弁を細くして剣とのあいだを透している。兜鉢の角本を差し込む環をつけるため、中央下部の板をのばし、高さ17.1cmにしている。

　上記の紋章の参考書には、四葉の木瓜を三分して外ワクを中心に配した「三つ割り木瓜」の図がでている。G図は、銅板に五葉の木瓜を三分した「三つ割り木瓜」を透し、表面に鍍銀をした径4寸（13.1cm）の前立てである。五葉と唐花の弁を、丸く打ち出した入念な作品である。裏面下端に、兜の角本を差し込む環をつけた小板が取り付けられている。このような複雑な家紋を金属板に透かすのは、非常にむつかしい。

H図　真鍮板を打ち出した「丸に木瓜」紋の前立て

I図　黒漆塗に金で「丸に木瓜」を描いた前立て

49　異なる仕様の「木瓜」紋の前立て　175

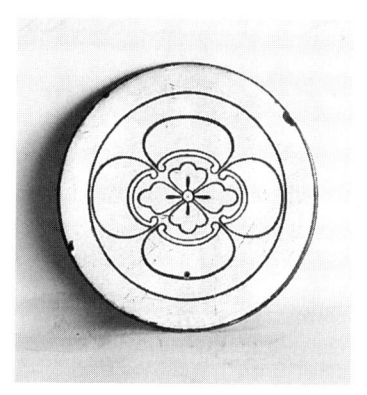

J図　金箔地に黒漆で「影木瓜」紋を線描きした前立て

K図　銅板に鍍銀をした「三つ並び丁子」に「木瓜」紋をつけた合印の前立て

　よく見かける「丸に木瓜」の紋は、四葉の横長である。H図は、真鍮板を打ち出して作った、径4寸（11.5cm）の「丸に木瓜」紋の前立てである。I図は、厚い黒漆塗の円板に「丸に木瓜」紋を金で描いた径2寸5分（8cm）の前立てである。

　J図は、径3寸（9cm）の薄い板の表裏に金箔を置き、表に黒漆で細く「糸輪に陰木瓜」紋を描いた前立てである。裏面を見ると、角本を差し込む溝の部分から周辺にかけて薄く削った入念な作品であることがよくわかる。

　最後にかかげるのは、ある藩の合印である三つ並び丁子の下端につけた木瓜紋である。（K図）縦横（14.7×20.5cm）の銅板を切り抜き、紋章を彫金し、鍍銀をした入念な作品である。所持者個人の紋章である下端の木瓜紋は、縦横5.4×6.3cmである。この前立ては、丁子紋の前立てを解説するさいにも取り上げる。

50 インドの古代武器「バジラ（跋折羅）」のデザインを用いた前立て

　はじめ外国で武器として考案され、それから宗教用具に転化し、密教法具として日本に伝わった「バジラ（跋折羅）」（梵語）は、武具の装飾デザインとして広く使われるようになった。

　世界の武器甲冑百科事典として著名なジョージ・キャメロン・ストーンの『武器甲冑グロサリ』には、「VAJRA, DORGE, TOKKO」の語について、つぎのような説明がでている：

　　「最初の名称はサンスクリット、2番目はチベット語、3番目は日本語。仏教における雷電（落雷）のシンボル。両端にとがった先が1本のもの、3本のもの、5本のものがある。日本語では、それぞれ独鈷、三鈷、五鈷という。1本の先がついている形式は、輪宝のスポークとなっている。バジラ（通常は3本の先がついているもの）は、宝剣（temple sword）の柄に使われている。また、しばしば、日本刀の刃に彫刻されている。」

　ストーン『武器甲冑グロサリ』には、この説明のイラストレーションとして、日本で仏具として使われた3種類のバジラの写真（左から五鈷、独鈷および三鈷）（A図）と、バジラの柄をつけた宝剣の写真（B図）が掲げられている。

　バジラは、古代インドの武器である。不動明王は、バジラを柄と

A図　ストーン『武器甲冑グロサリ』にでている3種類のバジラの写真（R.H.Ruckerコレクション）

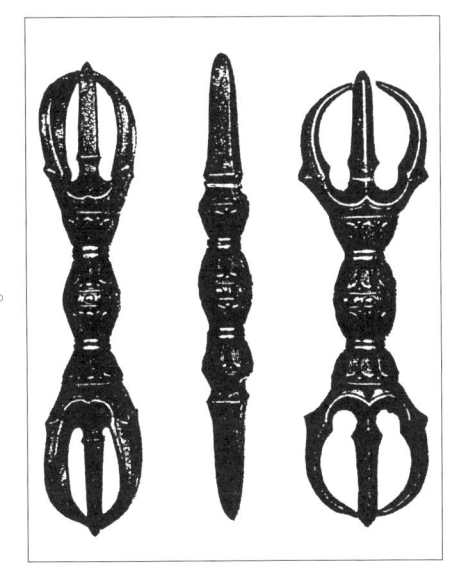

B図　バジラの柄をつけた日本の宝剣 {16世紀}（メトトポリタン美術権蔵）

する長剣を右手に持っている。バジラは、平安時代に最澄（766〜822；天平神護2〜弘仁13）や空海（774〜835；宝亀5〜承和2）によって導入された密教の法具の一種である。蔵田蔵編『仏具』（日本の美術16号）（至文堂、1967）には、58頁から59頁にかけて、この法具についてつぎのように説明されている：

> 「金剛杵は梵語で跋折羅という。杵の形をして、その両端に鋭い刃をつけるのが基本形式である。初期の金剛杵、ことに独鈷杵や三鈷杵の鋭いことは武器であったことを示すが、これが象徴的になり、精神的に煩悩をやぶり、本来の仏性の顕現に資せんとするための法具である。その両端の鋭い鋒の数によって、独鈷杵・三鈷杵・五鈷杵・九鈷杵とあり、特殊な形のものに宝珠杵・塔杵とある。」

『武家重寶記』には、「独鈷」の前立てと「三鈷」の前立ての略図がでている。（C図）

C図　『武家重寶記』にでている「独鈷」の前立て（左）と「三鈷」の前立て（右）の略図

しかし、このようにバジラが単独で前立てに使われた例はあまり見かけない。

日本で、バジラを兜の前立てに使うはじまりは、阿古陀形兜の鍬形前立てに

利剣をつけた、いわゆる三鍬形（みつくわがた）の採用にあると思われる。やがて、三鍬形から鍬形を取り除いて、三鈷杵を柄とする利剣が単独で前立てとして使われるようになった。その古い例は、大阪の金剛寺に保存されている古頭形兜につけられている、1枚の銅板を切り抜き、剣身の樋を透かし、バジラの柄の模様を彫って鍍金をした利剣の前立てである。この兜の写真は、宮崎隆旨編『戦国変り兜』（角川書店、1984）の116頁に掲げられている。この写真には、12「鉄錆地三枚張頭形兜　三鈷柄剣前立付大阪・金剛寺蔵」と表示されている。同書の巻末にでている「解説」69頁には、「前立高36.9」と表示し、「垂直に下ろした小型の眉庇下端から立てた前立は、一枚の金銅板に三鈷柄剣を表した簡易なものであるが、大型で、しかも他が錆地一色なので強い印象を与える」と説明されている。

　江戸時代になると、高級の具足の兜に三鈷杵の柄を付けた利剣の前立てがよく使われた。身分の高い武将のステイタス・シンボルとしてこのような前立てがつけられたのである。三鈷杵を鍬形から切り離して単独で前立てとするばあいには、大きさばかりでなく材料やデザインの選択範囲が広くなる。このような前立てを4例紹介しよう。はじめの2例は金属で作られ、あとの2例は木で作られている。

　第1の例は、全長34.3cmの利剣の前立てである。柄は、赤銅板を打ち出し、彫金した三鈷杵である。（D図）その柄に、銀板を削って作った長さ25.5cmの剣が差し込まれている。剣身の鎬に彫りこまれた樋には、赤漆が入れられている。三鈷杵の裏側には、幅の狭い管がつけられ、そのなかに鉄で作った鶴首がつけられている。これを兜の眉庇につけた祓立てに差せばよいのである。

　第2の例は、同じく赤銅板を打ち出し、彫金した三鈷杵の柄に、銅板を切り抜いて作り鍍金をした剣身を差し込んだ全長23cmの前立てである。（E図）剣先の幅は、8.5cmである。三鈷杵の下の鋒先は、省かれている。高さ7.2cmの三鈷杵の裏は、赤銅の板でふさぎ、その上に兜につけるたるとき鶴首の一端を差し込む管がつけられている。三鈷杵の下端の縁がまるくしてあるのは、鍬形台の上に乗せると三つ鍬形の利剣として使えるようにするためである。

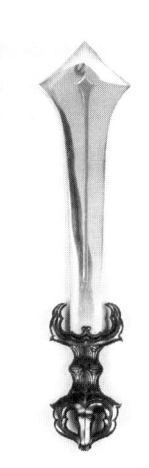

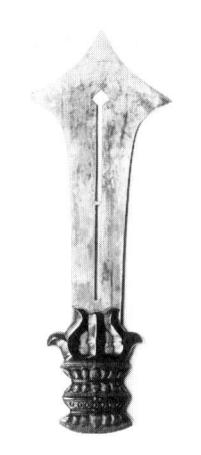

D図　赤銅板を打ち出して作った五鈷杵の
　　　柄をつけた利剣の前立て

E図　赤銅板を打ち出して作った三鈷杵の
　　　柄をつけた利剣の前立て

　第3の例は、高さ12cmの木彫で黒漆地に金箔を置いた三鈷杵に、銀箔を置いた剣身を差し込んだ全長42cmの前立てである。（F図）三鈷杵の下端の穴に紐をとおして兜につけるようになっている。

　第4の例は、1本の細長い木を削って彫刻した全長32.2cmの利剣の前立てである。（G図）三鈷杵の柄の長さは、9.3cmである。表裏全面に黒漆を

F図　木彫黒漆地に金箔を置いた三鈷杵の柄に
　　　銀箔置きの剣身をつけた利剣の前立て

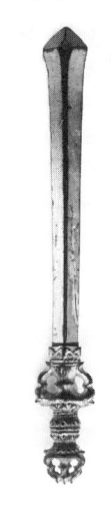

G図　木彫黒漆地に金箔を置いた三
　　　鈷杵柄の利剣前立て

塗り、金箔を置いている。剣身に彫られた細い樋には、銀箔が置かれている。三鈷杵の裏に角本を差し込む細い溝がつけられている。

　三鈷杵の利剣を前立てにした兜を着用した有名な武将は、榊原康政（1548〜1607；天文17〜慶長11）である。康政は、天正12年（1584）に小牧・長久手の合戦で豊臣秀吉軍を破って、井伊直政や本多忠勝らとともに、徳川家康四天王の1人に数えられるようになった。東京国立博物館には、62間の筋兜に利剣の前立てを付け、当世具足を着用した武装姿の榊原康政の肖像画とその具足の実物が保管されている。この肖像画は、宮島新一『武家の肖像』（日本の美術No.386）（至文堂、1998）92頁に掲げられている。（H図）また、歴史群像シリーズ特別編集『図説・戦国武将118』（学研、2001）の94頁には、榊原康政の利剣の前立てをつけた当世具足の写真が、具足姿の康正の肖像画とともに、カラーで載せられている。

H図　三鈷杵柄の利剣前立てをつけた榊原康政の肖像画

　三鈷杵の利剣のデザインは、ごくまれに、武器の装飾にも用いられた。その一例は、鉄扇の形をした手馴らし（てならし）という打物の小武器である。畳んだ扇子の形をしたこの鉄武器の表側には、三鈷杵の柄の利剣が彫られている。裏側には、縦に二本の樋が彫られている。（I図）

I図　三鈷杵柄の利剣を彫った扇子形の手馴らし

50　インドの古代武器「バジラ（跋折羅）」のデザインを用いた前立て

51 鉄板打出し「風神」(ふうじん)面と「雷神」(らいじん)面の前立て

「風神」と「雷神」とはどんなキャラクターであったかの問いにただちに答えてくれるのは、江戸前期の画家俵屋宗達(そうたつ)(生没年不詳)が描いた「風神雷神図屏風」である。この一双の二曲屏風の右には風神が、左には雷神がユーモラスな表情で描かれている。A図は、右の屏風の右パネル全面に大きく描かれた風神の図である。B図は、左の屏風の左パネルに描れた雷神である。

平凡社『世界大百科事典』には、「ふうじんらいじん 風神・雷神」の項目について、つぎのような説明がでている:

「人間が怖れを抱くほどの偉大な力をみせる天然現象のうち、最も身近に起こり最も代表的な強風と雷鳴とをそれぞれ神格化したもの。元来、別個に早くから尊崇され、中国では漢代の画像石に表される。日本でも級長津彦(しなつひこ)命と級長津比売(しなつひめ)命の男女の風神をまつる神社、霹靂(なるとき)神、鳴雷(なるいかずち)神、別雷(わけいかずち)神等、雷神をまつる神社が各地にみられるが、その像は造られなかった。一対の神々としては、仏教における千手観音の眷属

A図　俵屋宗達が描いた「風神」　　B図　俵屋宗達が描いた「雷神」

である二十八部衆の傍らに表現される場合が多く、この場合、風神は風袋を、雷神は数個の小太鼓をそれぞれ肩より上方、あるいは頭上にささげる裸の力士形に表される。妙法院の蓮華王院（三十三間堂）本堂にある鎌倉時代の木彫像（重要文化財）は彫刻の代表作で、建仁寺蔵の俵屋宗達筆《風神雷神図屏風》（国宝）ど、これと同じ構図の東京国立博物館蔵尾形光琳筆《風神雷神図屏風》（重要文化財）は、絵画の傑作である。(関口正之)」

　江戸時代末期には、当世具足や兜や胴その他の部品に、いろいろな偶像、文字、図案などを打ち出した鉄板を用いることが流行した。兜の前立てにも、まれに、鉄板に像を打ち出したものが作られた。

　C図は、薄い鉄板に風神の顔を打ち出した前立てである。額の上から根元が太く先が細くなった一本の角がでている。顔の両側に、動物の耳がついている。両眼と左右の下を向いた大きい牙には、赤漆が薄く塗られている。宗達が描いた風神の屏風絵（A図）を見ると、この前立ては風神の顔を打ち出したものと判断される。下顎の下端から角の先端までの高さは、20cmである。両耳の端から端までの横幅は、15cmである。眉間、両頬および顎には、小さい銀粒がちりばめられている。裏面に、兜の一本角本を差し込む鉄の管がつけられている。

　D図の鬼の面は、同じく薄い鉄板を打ち出して作られているが、前者

C図　薄い鉄板を打ち出して作った「風神」面の前立て

D図　薄い鉄板を打ち出して作った「雷神」面の前立て

とは、作風が異なる。下顎の下端から2本の角の先端までの高さは15.5cm、二本の角の外側の間隔は19.5cmである。裏の中央下端に、兜の一本角本を差し込む管がつけられている。C図の一本角の面を風神とすると、これは、雷神の顔といってよい。

　1923年に発行されたウエバー『KOJI-HOTEN　古事寶典』（2巻）は、"FUTEN"の項目の説明のなかで、"Fujin"に言及し、パリのギメ博物館所蔵の風神像（高さ11.5cm、木彫、着色）の写真を掲げている。また、"RAIDEN"の項目では、「雷の神で、ライジンとかカミナリサマと呼ばれる」として、ギメ博物館の雷電（雷神）の木彫像（115cm）の写真と、『北斎漫画』の雷電の略画を掲げている。また、この絵のしたに、雲と雷神を彫金した鉄鐔の写真をのせている。（E図）

Fig. 748. — Raï-den déchaînant un orage
au-dessus d'un vieux pin.
Garde en fer, incrustée de bronze jaune
et de cuivre (W.)

E図　ウエバー『KOJI-HOTEN 古事寶典』の「RAIDEN」の項目のイラストレーションとしてでている雷神を彫った鉄鐔

52 黒漆塗り円板に「繋ぎ四つ目」（つなぎよつめ）紋を表示した前立て

　厚さ数ミリの木板を直径数センチの円形に切って兜の前立てを作る場合には、円心から周辺に向けて削り、円周を均等に薄くするのが標準的仕様の一つであった。そうすると、表の平らな円盤に家紋を表示することができる。

　この前立ては、直径10.3cmの円板の表に黒漆を塗り、「繋ぎ四つ目」紋をレリーフし金箔を置いている。(A図) この前立ての裏面は、金の白檀塗りである。四つ目は、薄い革を切り抜いて作り、これを黒漆塗りの円形平板に貼り付けている。(B図)

A図　「繋ぎ四つ目」紋

B図　「繋ぎ四つ目」紋をレリーフした前立て

　靖国神社の遊就館にある日本甲冑コレクションには、乃木希典大将（1849〜1912）の遺品として収蔵される武具甲冑が数点ある。そのなかに、置手拭の兜をつけた立派な加賀具足がある。ここに掲げる写真は、1940年頃に発行された遊就館所蔵品の絵葉書の一枚に出ていた。(C図) この具足の兜には、「繋ぎ四つ目」紋の前立てがついている。

　靖国神社宝物遺品館では、昭和53年（1978）10月5日から11月13日まで、甲冑武具展が開かれた。そこでは、乃木将軍の遺品である加賀具足も展示されていた。そのカタログ『靖国神社遊就館所蔵甲冑武具展』（靖国神社社務所、1975）には、「79　桶側胴具

C図　乃木大将の遺品として遊就館に展示されている置手拭兜をつけた加賀具足

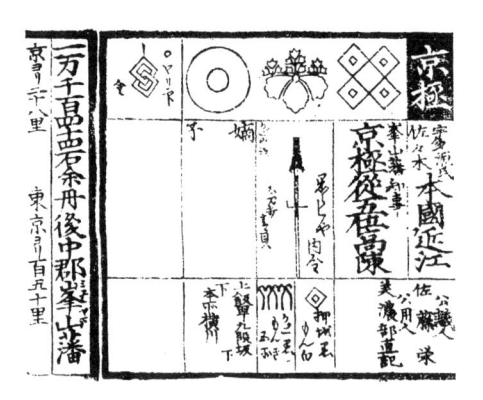

4図 「官許列藩一覧」にでている峯山藩主抽象の家紋

足」と表示してこの具足の写真が掲げられている。巻末には、この具足についてつぎのような説明がでている：

「兜は置手拭形で鞠は素懸威とし、前立は石畳式の四目結である。胴は山道頭桶側胴で七間五段下り素懸威である。袖は板物七段大袖である。面は烈勢頬に垂は三段板物、三本篠鎖繋ぎの篭手で脛当は五本篠、佩盾は筏金鎖繋ぎである。乃木家に伝来した名品である。」

家紋の分類では、「四つ目」は「目結」（めゆい）の一種である。丹羽基二『家紋大図鑑』578頁には、「目結紋は方形で、なかの穴も外わくに平行した方形である。一辺が水平におかれれば、平目結といい、四十五度の角度に立っているばあいは『隅立ち目結』という。目結紋はふつうその数によって、一つ目結、三つ目結等とよぶ。」と書かれている。

最後の武鑑である『官許列藩一覧』（明治3年）(1870) には、丹後中郡峯山藩知事 (11,114石余) 京極高陳の家紋として「繋ぎ四つ目」紋が掲げられている。この武鑑は、渡辺三男『日本の紋章』（毎日新聞社、1976) 254頁にでている。

53 「三つ割り唐花」（みつわりとうか）紋を描いた古式鍬形台の前立て

　これは、2枚の革を張り合わせ、数箇所を竹釘で止めて1枚の厚い革板にし、古式の鍬形台の形を模したデザインに切り抜き、周囲を縁取り、全体に黒漆を塗り、表裏全面に金箔を置いた縦横11.5×19cm の非常に高級の前立てである。（A図）金箔地の鍬形台の周りを黒漆塗りの細い線で縁取った見事な工芸作品である。

　その真ん中に、黒漆で「中輪に三つ割り唐花」紋を描いている。この家紋の直径は、4.4cm である。家紋の図鑑には、「細輪に三つ割り唐花」紋がでている。（B図）これを前立てに描かれた家紋とくらべると、同じ紋章でも、金革地の上に黒漆で細かく描くときには微妙な表現の違いがあることがわかる。

　この前立ての裏側下端につけた縦長の溝に鶴首の一端を差しこみ、他の端を兜の祓立に差し込んで取り付けるようになっている。

B図　「細輪に三つ割り唐花」紋

A図　古式鍬形台を模した練革製金箔置きの前立て

54 立体的に表現した木彫「海老」(かいらう)の前立て

『武家重寶記』巻之三には、「二・立物之図」の見だしで、数十種類の兜の立て物の略図が、それぞれ名称を付して掲げられている。ただし、雑然と立て物の図が並べられているだけで、系統的な分類はなされていない。そのなかに、「海老」の前立ての図が含まれている。(A図)そこに表示されている「海老」の文字には、「かいらう」とふり仮名が付されている。念のために、『新潮国語辞典現代語・古語』を見ると、「カイロウ(海老)」は「『えび』の別称」と書かれているので、なっとくした。

A図 『武家重寶記』にでている「海老」の前立ての図

海老の前立ての実物を見ることは、まれである。ここで紹介するのは、ハサミの先から尻尾の端まで33cmくらいある木製の海老の前立てである。(B図)全面に、赤褐色の漆が薄く塗られている。裏側の腹部下方に、兜の祓立に差し込む鉄鈎がつけられている。兜の祓立につけると、この海老が鉢の正面から上にはいあがるかっこうになる。『武家重寶記』に図示されている海老は、下向きである。

この前立ては、海老の大きい特色をとらえ、こまかいところを省略した、すぐれた工芸品である。18世紀後半に製作したものと思われる。

山上八郎『日本甲冑の新研究』(下) 2016頁には、動物をかたどった前立ての種類を論ずるなかで、「次に魚類を象ったものは、鯉・海老・鯰等を挙グベク、……」と書かれているにすぎない。宮崎隆旨編『戦国変わり兜』(角川書店、1898) の77頁には、愛媛県の東雲神社にある「伊勢海老形兜」の写真が出ている。この海老は、頭が下に、尻尾が上になっている。

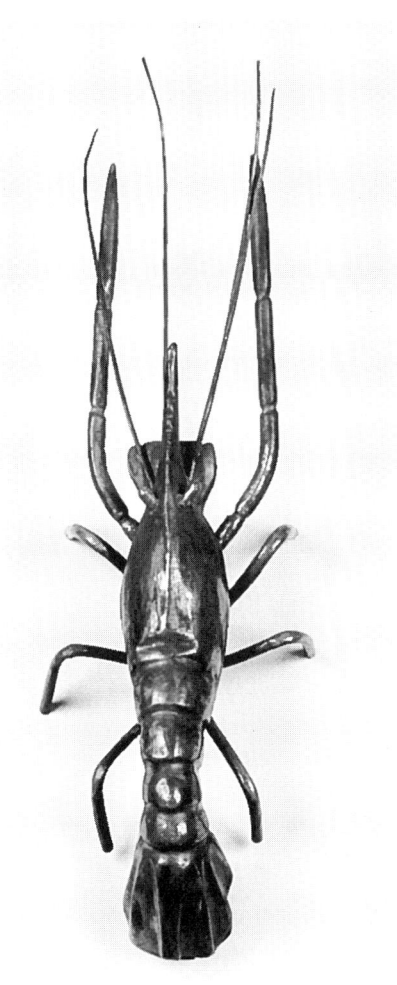

B図　木彫「海老の前立て」

55 異なる仕様で「鷹の羽」(たかのは)紋を表した前立て

日本では鳥の王と考えられた鷹（たか）は、武人の象徴とされ、その羽は家紋のデザインとして広く用いられた。鳥である鷹の全姿をデザインした紋章よりも、その羽を組み合わせた紋章のほうが圧倒的に数が多いのはおもしろい。なかでも、2枚の鷹の羽をX字形に組み合わせた「違い鷹の羽」紋の数が多いが、それにもいろいろなヴァリエーションがある。

丸に違い鷹の羽紋 　　　丸に右重ね違い鷹の羽紋 　　　中輪に並び鷹の羽紋

A図　前立て5例に使われた鷹の羽紋3種

鷹の羽の家紋は、当然兜の前立てにも使用された。とくに、同じ家紋を表示した、同じ仕様の前立てが複数見つかると、同じ集団の武士の兜に合印として使われたことがわかっておもしろい。しかし、江戸時代にどの藩で使われたのかがはっきりしないものが多い。

B図　「丸に違い鷹の羽」紋の合印前立て

C図　「丸に違い鷹の羽」紋の合印前立て

合印として使われた同じ仕様の鷹の羽紋の前立ての例として、真鍮の円板を切り抜いて作った「丸に違い鷹の羽」紋の前立てを２例を紹介しよう。
　第１は、直径8.3cmの真鍮円板に「丸に違い鷹の羽」を透かした前立てである。(Ｂ図)裏側に、兜の祓立に取り付けるための真鍮の鉤がつけられている。第２は、直径6.5cmの真鍮板にまったく同じ手法で「丸に違い鷹の羽」紋を透かした前立てである。(Ｃ図)ただ、この前立てには、外輪の上部に真鍮の釘頭がつけられている。これは、前立ての位置を確認するための手さぐりとしてつけられた釘の頭である。
　「丸に違い鷹の羽」でよく知られているのは、広島藩の浅野家や赤穂藩の浅野家である。広島城の天守閣に保管されている浅野家伝来の火事兜には、銅円板にこの家紋を彫り鍍金をした前立てがつけられている。『日本の歴史』九（山陽地域）（山田書院）のカラー「諸藩の人名」の３頁には、この火事兜の写真が出ている。
　つぎに掲げるのは、真鍮板を切り抜いて作った縦横15.7×31.1cmの鍬形の前立てである。(Ｄ図)その作り付けの鍬形台の真ん中に「丸に違い鷹の羽」紋を彫った直径2.5cmの銀板がつけられている。(Ｅ図)

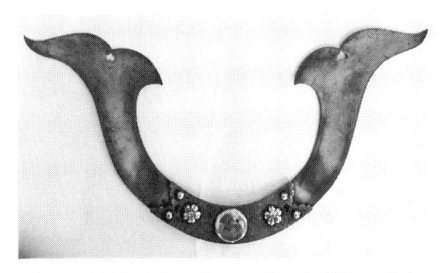

Ｄ図　真鍮板を切り抜いて作った鍬形の前立て

Ｅ図　鍬形前立ての台につけた「丸に違い鷹の羽」紋の銀板

F図　薄板に「丸に違い鷹の羽」紋
を透し金箔を置いた前立て

　そのつぎの例は、直径9cmの薄い檜（ひのき）の板に「丸に違い鷹の羽」紋を彫って透かし金箔を置いた前立てである。（F図）
　これまでに取り上げた前立ての家紋は、すべて2枚の鷹の羽の左を右の上に乗せた「左重ね」打ち違いである。右重ねの例として、長さ97cm、幅15.5cmの和紙を張り合わせて作り、薄く黒漆をかけた行列用の槍袋の家紋

H図　家紋をつけた紙製
の槍袋

G図　金泥で表示した右重
ね「違い鷹の羽」紋

を取り上げる。(G図) この槍袋の上部の細くなるところに、金泥で「丸に右重ね違い鷹の羽」紋が描かれている。(H図)

　この槍袋に描かれているように、違い鷹の羽紋には、右重ねのものもある。左重ねと右重ねと、使った武家が違うのかと思うと、そうでもないようである。

　先の浅野家の火事兜には、左右の吹返に、対照的に、銅板に彫金した「違い鷹の羽」紋がつけられている。向って左の吹返の家紋は左重ね、右の吹返の家紋は右重ねになっている。

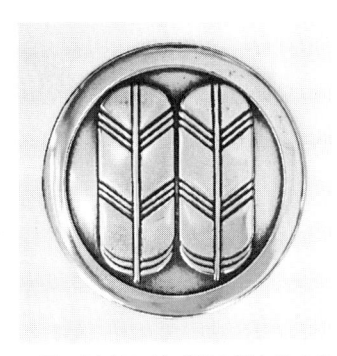

I図　「中輪に並び鷹の羽」紋の前立

　広島の浅野家では、左重ねも右重ねも使われていたことを裏付けるのは、調度に描かれた家紋である。右書の7頁には右重ねの「丸に違い鷹の羽」紋を金で描いた文筥の写真が、6頁には同じく右重ねの家紋を散りばめた藩主使用の道中手あぶりの写真がでている。

　鷹の羽を2枚を使った家紋のなかには、まれに、羽を縦に並べたものがある。つぎに示すのは、直径7.7cmの真鍮の円板に「中輪に並び鷹の羽」紋を打ち出した前立てである。(I図)

　ここに紹介したように、鷹の羽の紋章の前立ては数多く残されている。鷹の羽は、高級武将のステイタス・シンボルとして兜の後立てのデザインとしても使われた。

55　異なる仕様で「鷹の羽」紋を表した前立て　193

56 祭祀に使う「把熨斗」（たばねのし）を象った前立て

　山上八郎『日本甲冑の新研究』（下）の2030頁には、「日用品を象った立物は至って多い」として、扇・団扇・香櫛・熨斗・把熨斗（たばねのし）・祓紙・短冊・屏風および印籠を掲げている。

　『武家重寶記』巻の三の「立物の事」に出ている64種の立物の図のなかには、「把熨斗」が含められている。（A図）

A図　『武家重寶記』にでている「把熨斗」の前立ての図

　ウエバー『KOJI-HOTEN』の"Noshi"の項目では、「ノシ」3例と「ノシ紋」4例の図を掲げて、日本の社会における熨斗を使う慣習について解説している。（B図）（C図）

　ここ紹介する熨斗の前立て4例は、いずれも「ノシ紋」の4番目「違いのし」の紋章にゆらいするデザインだと思われる。

　第1の例は、中央の利剣と左右各4本の熨斗を薄い革で作り、表裏全面に金箔を置いた、縦横26×26.5cmの前立てである。（D図）利剣と熨斗が交又するところに、「丸に葛」紋を金地に黒漆で描いた直径4.4cmの円板がつけられている。軽くて、兜の鉢をよく見えるようにした、すぐれたデザインの前立てである。

　第2の例は、厚い1枚の銅板を切り抜いて作り、表に渡金をし、中央に宝珠の銀板を鋲止め

Fig. 682. — "Noshi".
B図

Fig. 683. — Combinaisons héraldiques avec le "noshi".
C図

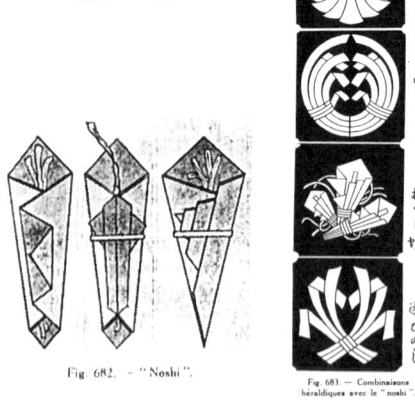

『KOJI-HOTEN　古事寶典』に掲げられた「熨斗」3例と「熨斗紋」4例

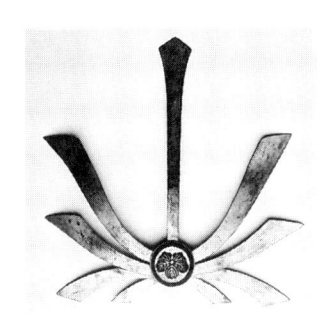

D図　「丸に鷹」紋と利剣をつけた革製の熨斗の前立て

E図　銅板を切り抜いて渡金をし銀の宝珠をつけた熨斗の前立て

した熨斗の前立てである。(E図)全体が縦横19×20cmで、宝珠は縦横6.3cmである。非常に重いが、作風から加賀製と思われる。

　つぎに取り上げる2例は、同じ藩で合印として使われた前立てである。ほかにも、同形式の熨斗の前立てを見たことがある。その一つは、縦横21.5×28.5cmで、薄い板の表面を彫刻して熨斗の図案をレリーフし、茶褐色の漆を塗った裏面中央下端に銅板に渡金をした兜に取り付ける金具が釘付けされている。(F図) 2番目は、縦横35.5×35cmで、茶褐色の漆を塗り、表側に金箔を置いた前立てである。(G図)中央下の結び目のところに小さい紋章の前立てを差し込むための溝が開けられている。裏面には、兜に取り付けるための銅板に渡金をした金具が釘付けされている。縦長のように見えるが、

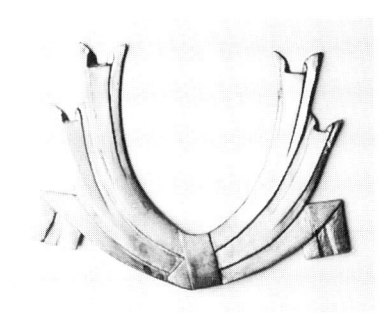

F図　板に彫刻をして作り茶褐色の地塗りに金箔を置いた熨斗の前立て

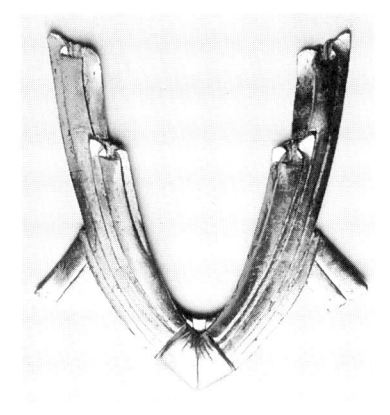

G図　板に彫刻をして作り茶褐色の地塗りに金箔を置いた熨斗の前立て

一辺35cmの正方形の枠のなかにおさまる。

渡辺三男『日本の紋章』(毎日新聞社、1976)の83頁には、「熨斗」の語について、「鮑の肉を薄くはぎとり、長く引き伸ばして乾燥し、保存に耐えるようにしたもので、熨斗鮑の略称。熨斗の文字は、本来・布地を火熱で伸す器具〈ひのし〉のことであるが、鮑の肉を伸ばしたものであるところから、この文字を仮借したものである」と説明している。さらに、これを紋章のデザインとして使うようになった沿革については、つぎのように書かれている：

「鮑は、古代は重要な食物で、祭祀にも用いられた。いまもその古俗を伝えて、天皇即位の年の大嘗会や伊勢神宮の神嘗祭の神饌にも用いられる。そのような伝統から、慶事の際の肴に用い、祝儀の贈物に添えた。色紙を折って包んだものが折り熨斗、束ねたものが、束ね熨斗。のちにはしだいに装飾化し、いまは紙に印刷されたものもある。

戦国時代、金印の束ね熨斗を馬標にした武将もあった。馬標や紋章になったのは、右のような慶祝の意に加えて、〈のし〉の語音に縁起をかつぎ、家運、武運の伸張を祈ったものである。その図案も、三十数種におよんでいる。」

この説明の最後の部分を読むと、熨斗のデザインの前立てが兜に付けられた理由がわかる。平凡社『世界大百科辞典』(1988)の「のし　熨斗」の項目には、『日本山海名産図会』にでている「長鮑作りの図」が掲げられている。

57 人頭を象徴する「大耳」(おおみみ)を両側につけた兜鉢

　兜の脇立てのなかで、兎の耳を象ったものはよく見かけるが、人間の耳を模した脇立ては非常に珍しい。あとで例示するように、耳は人間の頭を象った兜鉢に固定されるのが通常だからである。

　人間の耳は、兎の耳と違って、頭の両側にぴったりくっついているから、脇立てにして、鉢の両側の角本に差し込むように作る必要がないからであろう。

　しかし、例外はある。ここに紹介する脇立てがそうである。これは、練革で作り、表には金箔を置き、裏は黒漆塗りで、上端から下端までが15cm、もっとも広い部分の幅が7.5cmの、大耳の脇立てである。(A図)これは、やわらかい牛皮を木型に押しつけて固めた練革製のすぐれた工芸品である。甲冑の参考書を見ると、兜の鉢の両側につけた人間の耳を「大耳」と呼んでいることがわかる。ここでも、動物の耳と区別するため、人間の耳にこの名称を使うことにする。

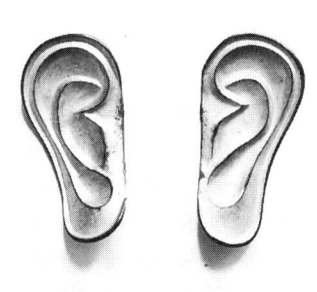

A図　練革で作った大耳の脇立て

山上八郎『日本甲冑の新研究』(下)の第3章「兜」、第2節「各説」、第1項「鉢」で、著者は、兜の鉢の「種類」を甲「物質により」、乙「構造により」、丙「表面の様式により」および丁「形状により」分類し、さらに丁の「形状」を1「球形のもの」(イ～ト)と2「象形異式のもの」とに分け、後者についてイ「天文・地文」からチ「幾何学的形體」までの8種類をあげて説明する。そのなかのト「人物並に人體」の項目(1759～60頁)では、つぎのように述べている：

「人物を象った鉢としては、外法頭(ゲハウトウ)。福禄寿(フクロクジュ)。釋迦頭(シャカガシラ)。等を数へることが出来るが、何れも少い。又人體の一部を鉢に象ったものも至って少い。握拳と大耳とが即ち是である。握拳(ニギリコブシ)は一に握出(ニギリダシ)ともいう。頭の高い鉢を用いて、その頂上に握拳を現はしたもので、張懸鉢に限って見る所。但し拳の中に握られてゐる物品は一様でない。……尚大耳(オホミミ)は単に左右両側に耳の形を取附けてゐるのに過ぎず、實物も往々見る所である。」

兜の鉢の形式の一つとして古くから「頭形(ずなり)」の語が使われているので、人間の男の頭を模した形の兜を総称して「人頭形」と呼ぶことにする。

実例を見ると、大耳をつけた兜はほとんど例外なく人頭を模しているので、上記の分類の説明のなかで、「大耳は単に左右両側に耳の形を取りつけてゐるのに過ぎず」と述べられているのは正確でないと思われる。

大耳をつけた兜を数例見ると、鉢が人頭を模しているから、そのことを誇張するために大耳がつけられたことがわかる。大耳は、人体の一部として、単独ではなく、頭を模すためにつけたと考えるほうが適切だと思う。この立場から、大耳をつけた人頭形の兜鉢の例を見ることにする。

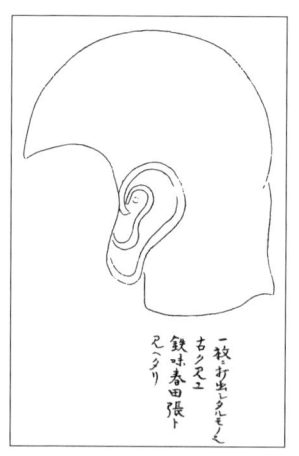

B図　『名甲図鑑』にでている大耳をつけた春田系甲冑師作の兜鉢の略図

まず、江戸時代末期に出された『名甲圖鑑』にでている大耳付の兜鉢の略図を紹介しよう。(B図) これは写本であるために、略図はあまり正解ではない。その下に、「一枚ニ打出シタルモノ之古ク見ユ　鉄味春田張卜見ヘタリ」という説明が書かれている。

おもしろいことに、この略図に描かれた兜鉢の実物が保存されている。これは、鉄板を打ち出して作った布袋頭形兜である。(C図) この兜鉢は、通常の頭形鉢よりももっと人間の頭に似せて作られている。まず、後頭のウナジが打ち出されている。そして、額の太い眉の打出しもユニークである。額板の内側に「春田□□」という銘が刻まれている。この兜には、下腹を大きく打ち出した布袋胴がついている。

C図　春田派甲冑師が製作した布袋頭形の兜鉢

『広辞苑』の「ほてい [布袋]」の項目には、「後梁の禅僧。明州奉化の人。名は契此（かいし）、号は長汀子。四明山に住み、容貌は福々しく、体軀は肥大で腹を露出し、常に袋を担って喜捨を求めて歩いた。世人は弥勒の化身と尊び、その円満の相は好画材として多く描かれ、日本では七福神の一つとする」という説明がでている。

大耳をつけた人頭形の兜のその他の例は、略図で示すことにする。まず、外国の博物館に所蔵されている日本甲冑の兜から取り上げる。

まず挙げられるのは、ヴェネチアの運河に面したペサーロ宮内の東洋博物館（Museo Orientale）

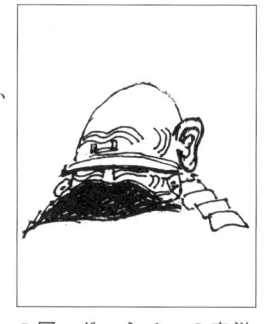

D図　ヴェネチアの東洋博物館にある仁王胴具足の兜

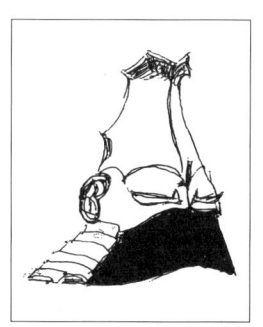

E図　ヴェネチアの東洋博物館にある「日蓮上人の頭巾」の兜

57　人頭を象徴する「大耳」を両側につけた兜鉢　199

にあるおびただしい数の日本甲冑コレクションのなかにある仁王胴具足についている兜である。(D図) これは、春田系甲冑師作風の兜鉢であるが、全体の仕立ては加賀風である。兜には、五枚板の仁王胴とともに、肌色の漆が塗られて、人間の頭を模していることがよくわかる。鞆や草摺には、彦根具足風に赤漆が塗られている。前立てには、彦根の大きい天衝がつけられている。つぎの書には、この具足のカラー写真がでている。—Albrecht Beidatsch, Waffen des Orient（Schuter Verlags, Munchen, 1966)、plate 37.

ヴェネチアの東洋博物館の日本武具コレクションには、もう一つ大耳をつけた兜がある。同博物館のコレクションを主としたイタリアにある日本の武具甲冑の写真を掲げたつぎの書に、この具足の写真がでている。(E図) —Japanese Arms and Armour（Crown Publishers, Inc., New York, 1969）。この写真の説明には、「日蓮上人の頭巾」(Nichiren monk's cap) と書かれている。桶側胴や袖とともに、全体に黒漆が塗られている。兜の鉢の頭巾の部分は、張懸である。D図の兜とともに、非常によい保存状態である。

宮崎隆旨編『戦国変り兜』（角川書店、1984）には、大耳をつけた人頭形兜数点の写真がでている。そこにでている順番に取り上げる。

第1は、14「銀箔押寿老頭形兜（張懸）」である。(F図) これは、七福神のなかの「福禄寿」の長頭を模した兜である。耳と眉をつけないと、格好がつかない。

第2は、15「輪刻変塗寿頭形兜（鉄張）」である。(G図) この兜には、耳

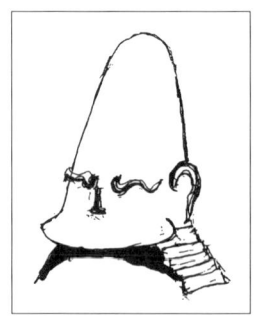

F図　銀箔押寿老頭形兜

G図　輪国変塗寿頭形兜
　　　（鉄張）

H図　肉色塗入道頭形兜
　　　（鉄打出）繋頬当付

をつけなければ、福禄寿の頭を模したことがわからない。

　第3は、16.2「肉色塗入道頭形兜（鉄打出）繋頬当付」である。（H図）眉には毛が植えられている。この兜には、片肌脱の二枚胴がついている。完全にそろった見事な具足である。

　第4は、64「白総髪形兜」である。（I図）この兜にも、額のデザインとバランスをとるため、耳が必要である。

　第5は、右書の単色図版3「総髪形兜」である。（J図）「伝真柄十郎所用青木家伝来東京・瑞聖寺蔵」という説明がついている。

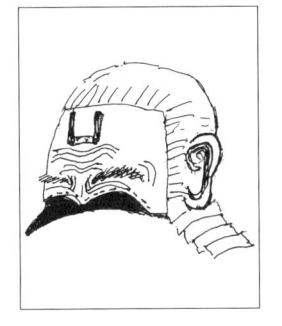

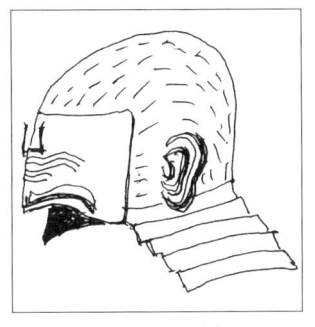

I図　白総髪形兜

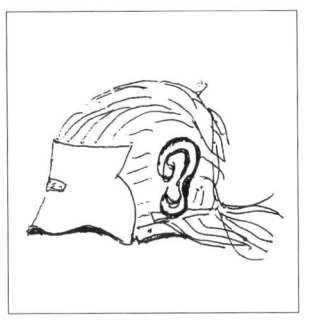

J図　総髪形兜

K図　老頭形兜

　さらに取り上げなければならないのは、笹間良彦『日本の名兜』（中）（雄山閣、1972）の237頁に写真がでている「老頭形兜」である。（K図）

　このような例を見ると、最初に紹介した大耳の脇立ては、頭形鉢に毛を植えた総髪形兜につけたものであることがわかる。

　大耳のついた人頭形の兜が製作されるようになったのは、長篠の戦い（1575）に始まり関が原の戦い（1600）で終わる安土桃山時代であると考えられる。豊臣秀吉（1536～98；天文5～慶長3）が2度目に日本にきたインド副王の使節巡察師アレシャンドゥロ・ヴァリニャーノ（Alexandro Valignano）に渡した2領の具足の1領は、大耳つき頭形兜をそなえた仁王胴具足であった。インド副王は、1554年（文禄3）2月18日、エスコリアル宮殿でイスパニア国王フェリーペ2世（Felipe Ⅱ）（1527～98；在位1556～98）にこれを献上した。この具足は、現在、マドリードのスペイン王宮武器庫（Real Armeria）に保管されている。（L図）王室武器庫の収蔵品の一部は、

L図　スペイン王宮武器庫にある仁王胴具足

M図　豊臣秀吉がスペイン国王に贈った仁王胴具足（1884年の火災で焼けるまえの写真）

1884年に火災のため損傷した。さいわいに、松田毅一『南蛮史料の発見―よみがえる信長の時代』（中公新書、1964）19頁には、1884年の火災にあうまえの仁王胴具足の写真が掲げられている。（M図）これらの資料については、土井『武器甲冑紀行』(1)（同信社、2000）の4章「豊臣秀吉がインド副王に贈った甲冑」18～24頁にくわしく説明されている。

58 異なる仕様で「源氏車」(げんじくるま) 紋を表した前立て

　丹羽基二『家紋大図鑑』(秋田書店、1981) の273頁と275頁には、「車」紋が24種類掲げられている。そのなかに「源氏車」紋がある。(A図)「源氏車」紋には、車輪を支えるスポーク (輻や) が8本ある。そのヴァリエーションとして、スポーク7本のものを「七本源氏車」、6本のものを「六本源氏車」と呼んでいる。

　『広辞苑』の「げんじ [源氏]」の項目を見ると、「──ぐるま [源氏車]」について、「㊀公家乗用の牛車 (ぎっしゃ) の俗称。御所車 (ごしょぐるま)。㊁牛車の車輪にかたどった紋所や模様の称。輻やの数により、六本骨・八本骨・十二本骨などという。十二本骨は榊原 (さかきばら) 氏の家紋として榊原紋ともいう」と、説明されている。

A図 「源氏車」紋

　ここに紹介するのは、スポークが8本ある「源氏車」紋の前立て2例である。

　第1の例は、直径8.6cmの銅の円板に源氏車紋を線彫りし、鍍金をした前立てである。(B図) その裏には、兜の角本を差し込む平らな管がつけられている。

　第2の例は、直径14.2cmの厚い木の円板に源氏車紋を彫刻し、全面に銀箔を置いた前立てである。(C図) その裏面には、兜の二本角本を差し込むように溝がつけられている。

B図 銅販に鍍金をした「源氏車」紋の前立て

　「源氏車」は、すぐれたデザインの標識であるから、待グッズに使うと引き立つ。D図は、源氏車紋を彫った錫製の馬上杯である。

　上記『家紋大図鑑』の272頁には、「車」の項目のもとで、「車の語は、く

るくるまわる輪から出たという。大むかしからあったらしいが、文献としては、『日本書記』の履仲天皇紀にクラモチノキミ（車持の公）、クラモチベ（車持部）がはじめてである。これは、天皇の車をつくる部族とその長を意味する。……平安時代はもっぱら牛にひかせた貴族の自家用車、すなわち牛車がはばをきかした。これは一名、御所車、または源氏車（げんじぐるま）ともいった。車紋は、この源氏車を形象化したものである。そのほかに、車紋には水車紋、風車紋もある」という説明がでている。

さらに、同書は、272頁から274頁にかけて、「源氏紋」の使用について、つぎのように解説する：

「車の模様は『年中行事』、『吉備大臣入唐絵巻』などに多く描かれていて、当時貴族の愛用していたことがわかるが、これは模様としてであって、家紋として定着したのは鎌倉期のはじめである。『太平記』では「小笠原孫六が、まわりを見まわすと車輪の旗が一本築地のうえから見えた」とあるが、この車輪の旗は、紋として用いたものである。『羽継原合戦記』には、伊勢外宮の神宮榊原氏とある。下って、徳川時代は大名の榊原氏、生駒氏ほか三十余家が用いている。」

このように、江戸時代には、多くの大名が源氏車を家紋として用いたので、スポークの本数を変えたり、デザインを変更したり、他の紋章と組み合わせたりして、識別できるようにした。

今回ここに紹介したのは、もっとも基本的な源氏車紋を描いた資料である。

C図　木の円板に彫った「源氏車」紋の前立て

D図　源氏車紋を彫った錫製の馬上杯

59 異なる仕様で「鶴の丸」(つるのまる) 紋を表した前立て

　『広辞苑』の「つるのまる [鶴丸]」の項目には、「紋所の名。鶴紋の一つ。翼を拡げた鶴を円形に描いたもの」と説明されている。(A図)

　かつて、日本航空が白地に赤で描き、白色でJALのロゴをつけてサービス・マークとしてテイル翼に表示したのは、鶴の丸の標章である。紋章として広く使われた鶴の丸を、どうして日本航空が顕著性が要求されるサービス・マークとして採用したのか疑問に思ったことがある。

A図　「鶴の丸」紋

　丹羽基二『家紋大図鑑』(秋田書店、1971) は、「鶴」の項目の末尾に、「なお、『いちよう鶴』は歌舞伎役者片岡我童氏の紋であり、『鶴丸』は『日本航空』の社章でもある。日本航空では社章をきめるのに、有名なフランスのデザイナーに頼んだ。かれは、日本の紋章をパラパラとめくり『オクニニ、コンナスバラシイ、ぱたあんガアルノニ、ナゼ、ワタクシニタノムノデスカ』社長は『はっ』として、のぞくと、たくさんの鶴丸がほほえんでいた。世界に羽ばたく日航の社章はこうして生まれたのである」というおもしろい話しを掲げている。

　紋章のカタログにでている「鶴の丸」と比べると、これをもとにして日本航空の商標のように洗練された形に表現するには、専門のデザイナーの手を必要とすると思われる。(B図)

　「鶴の丸」紋にはいろいろなヴァリエーションがあるが、スタンダードな形式のほうが前立てのデザインとして適していると考える。ここでは、ことなる仕様の「鶴の丸」紋前立てを3例紹介しよう。

　第1例は、銅板を切り抜き、こまかい羽根の線を彫金し、表裏両面に渡銀をした、直径10.5cmの円形の「鶴の丸」前立てである。(C図) 裏を見ると、表から鏨で細い線を刻んだあとがよくわかる。

B図　日本航空の商標

59　異なる仕様で「鶴の丸」紋を表した前立て　205

C図　銅板を切り抜き、両面に鍍銀をした「鶴の丸」紋の前立て

D図　丹頂の鶴を彫刻した「鶴の丸」前立て

E図　黒漆塗りの円板に金蒔絵した「鶴の丸」の前立て

　第2の例は、立体的に表現した木彫の「鶴の丸」の前立てである。(D図)縦横13.7×13cm、板を切り抜いて作った平面の両翼のつけ根のところに細長い首を延ばした鶴の体がつけられている。長い嘴のついた頭は、両翼に対して直角に、正面を向いている。全面に黒漆を塗り、嘴をのぞいて、銀箔を置いている。頭の上に突起があって、そこに赤漆が塗られている。(E図)丹頂の鶴であることがわかる。

　第3例は、直径7cmの黒漆塗りの円板の表のふくらんだ面に鶴の丸紋を金で蒔絵した小型の前立てである。(E図)

　丹羽基二『家紋大図鑑』(秋田書店、1971)は、「鶴」の項目で、438頁に、鶴紋の沿革についてつぎのように説明している：

　「鶴紋のはじめははっきりしないが、模様から転じたことはあきらかである。『蒙古襲来絵詞』にある島津久隆の旗には十文字紋の上に鶴丸がある。十文字は島津氏の家紋であるが、鶴丸は家紋として用いていない。……『羽維原合戦記』によれば、高井左衛門が『松に鶴』、南部氏が

E図　丹頂の鶴を彫刻した「鶴の丸」前立ての側面

F図　「鶴の丸」紋の軍配を持った森長可の肖像画

『菱鶴』、葛山氏が『庵内に舞鶴』、櫛置、後藤の二氏は『舞い違い鶴』を用いている。……カタチは飛んでいるものを『舞い鶴』、また舞い上がっているものを『昇り鶴』、舞い下がっているものを『降り鶴』、地上に立っているものを『立ち鶴』という。数によって一羽より三羽まであり、二羽対い合っているものを『対い鶴』という。……鶴丸も一羽から三羽まである。……」

「鶴の丸」紋でよく知られているのは、織田信長の家臣森可成（1522〜70）の家紋である。可成寺には、その子長可（1558〜84）の甲冑姿の肖像画がある。その右手には、黒地に銀で描いた大きく「鶴の丸」紋を描いた軍配を持っている。（F図）この肖像画は、歴史群像シリーズ『図説・戦国武将』（学習研究社、2001）の82頁に掲げられている。

60 下総国古河藩の合印赤漆塗り「天衝」(てんつき)の前立て

　天衝の立物のなかでは、彦根薄井伊家の赤備具足の兜に合印としてつけた金色の天衝前立てや、脇立てがもっとも有名である。

　彦根藩の天衝のような大型の天衝立て物には、金箔置のほかに、銀箔置、黒漆塗、赤漆塗などがある。大型の天衝立物には板や革で作ったものが多いが、なかには紙を貼り合わせて本体を作り、角本を差し込む溝をつけた部分を板にしたものもある。小型の天衝の前立ては、数が多い。真鍮板、銅板に鍍金、革、板などいろいろな材料で作られている。

　ここに紹介するのは、下総葛飾郡古河藩土井家の合印として使われた赤漆塗の天衝の前立てである。(A図) 縦横31×30cmで、ほぼ辺1尺正方形の枠のなかにはいる。薄い板でできていて、下端の左右両板を合わせる部分は、竹の細長い棒を差し込んで固定させるようになっている。これを、兜の二本角本につけるのである。

　この前立てには、古河藩土井家の旗指物を図示した文書がついている。

A図　下総国古河藩土井家の合印・天衝の前立て

（B図）旗に表示された家紋は、「六つ水車」である。朱の天衝の前立ての図には、「御家中一統合印」と書かれている。

　山上八郎『日本甲冑の新研究』（下）は、1986頁から87頁にかけて、天衝の前立てについて説明している。その名称については、「天衝は一に天突・天月・天付等の文字をも用ひてゐるが、是は高角の変化したもので、名義は上方に高く突立っている状を形容して、天を衝くと称へたのに外あるまい。……その大きいのは是を大天衝といい、通常練革か鯨などで作り、是を金・銀若しくは朱塗としたものである」と述べている。

　また同書は、1988頁から90頁にかけて、合印について「前立に諸侯の合印を用いたのは、戦国時代以降であるが、是が流行を見たのは、江戸時代になってから」と説明し、「諸侯の合印中有名なもの」を13例あげている。そのなかで、「井伊家・近江彦根」、「土井家・下総古河」および「松井家・武州川越」の天衝の合印を掲げている。

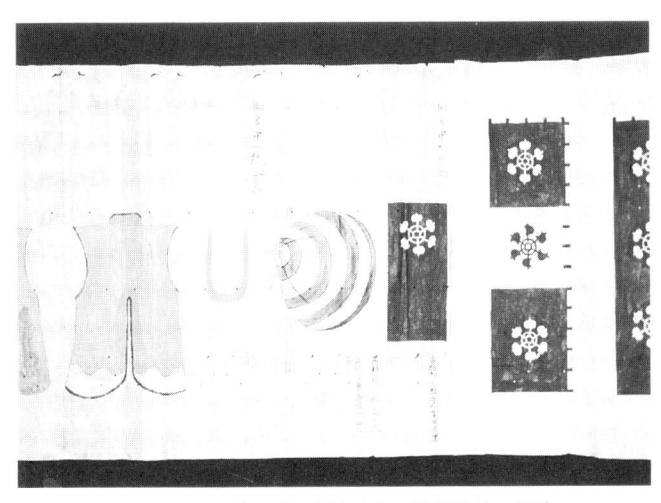

Ｂ図　下総国古河藩で制定された旗指物等の標識

61 異なる仕様で「桔梗」(ききょう)紋を表した前立て

『広辞苑』には、「ききょう[桔梗]」の語について、「(1) キキョウ科の多年草。茎は約1メートル。夏秋の頃、茎の先端に五裂の青紫色または白色の鐘形花を開く。果実は朔果〈さくか〉、山地・草原に自生し、秋の七草の一。根は牛蒡(ごぼう)状で太く、乾かしたものを桔梗根とよび、去痰・鎮咳薬とする。古名、おかととき。をちこう。……(2) 紋所の名。キキョウの花にかたどったもの。桔梗・細桔梗・桔梗崩し・八重桔梗・晴明桔梗など。……」と説明されている。

桔梗紋にも、基本形のものに加えて、数多くのヴァリエーションがある。丹羽基二『家紋大図鑑』(秋田書店、1971)には、213頁から219頁にかけて、126種類の桔梗紋が掲げられている。これらの紋章のなかで武具に表示するのにもっとも適しているのは、「桔梗」、「土岐桔梗」および「丸に桔梗」のような単純なデザインの紋であろう。(A図)

桔梗　　土岐桔梗　　丸に桔梗

A図　単純なデザインの「桔梗」紋3種

明治29年(1896)4月に出版された芝居版画「明智光俊誉乗切」(あけちみつとしほまれののっきり)に描かれた明智左馬之助(尾上菊五郎)は、土岐桔梗紋の前立てをつけている。(B図) この3枚続きの版画に出ているもう1人の人物は、「和歌徳雨乞小町」(わかのとくあまごいこまち)の小野の小町(中村福助)である。落款「香朝楼筆」(3歌川国貞)、上演明治29年4月明治座。この版画は、『国立劇場所蔵芝居版画等図録』IV (国立劇場、2000)118頁にでている。

この版画に描かれている明智左馬之助の兜につけられているような土岐桔

梗紋の前立ての例は、5枚の桔梗の花弁をやや立体的な椀形に表現した、縦横13.5cmの前立てである。(C図)まず木型を用意し、その上に和紙を重ねて貼って固まるのを待ち、型からはずして、縁をきれいに整えたあと、黒漆を塗り、金箔を置いた非常に手の込んだ作品である。裏には、椀や木盃の底のように、円形の台をつけ、下2枚の花弁の合わせ目に角本を差し込む溝を彫った小さい板がつけられている。

　土岐桔梗紋前立てのもう一つの例は、縦横16×27cmの、三本骨の開き扇を左右に配し、要（かなめ）の部分を重ねた図案の真鍮板に直径

B図　芝居版画「明智光秀誉乗切」(1896年)に描かれている「土岐桔梗」紋の前立て

（表）　　　　　　　　　　　　　　　（裏）

C図　和紙を木型に貼りつけて椀状に作った「土岐桔梗」紋の前立て

3cmの土岐桔梗紋を透かし彫りした前立てである。(D図)裏面の要の部分に兜の二本角本を差し込む管がつけられている。この開き扇を左右に配したデザインは、ある藩で合印として使われた。同じデザインの前立ては、(社)日本甲冑武具研究保存会『甲冑武具重要文化資料図録』第三篇（刀剣春秋新聞社、1998）の191頁に写真がでている「黒漆塗本小札萌黄白段威胴丸具足」の兜につけられている。この前立ての中央には小さい扇の前立てが

61　異なる仕様で「桔梗」紋を表した前立て　211

つけられている。

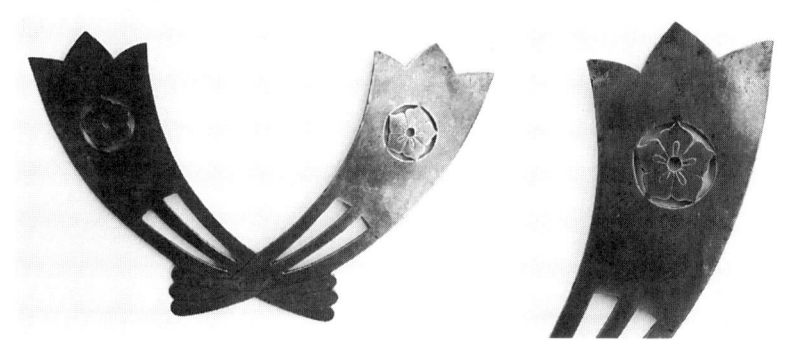

D図　左右に配した三本骨の開き扇の上部に透された「土岐桔梗」紋

つぎに紹介するのは、直径6.5cmの、少し厚めの銅板に渡金をした「日輪」の前立てである。(E図) その裏を見ると、「丸に桔梗」の家紋が彫られているのがわかる。下の二つの花弁の下端に、それぞれ角本を差し込む管がつけられている。表をやや膨らませた、ていねいな作りである。

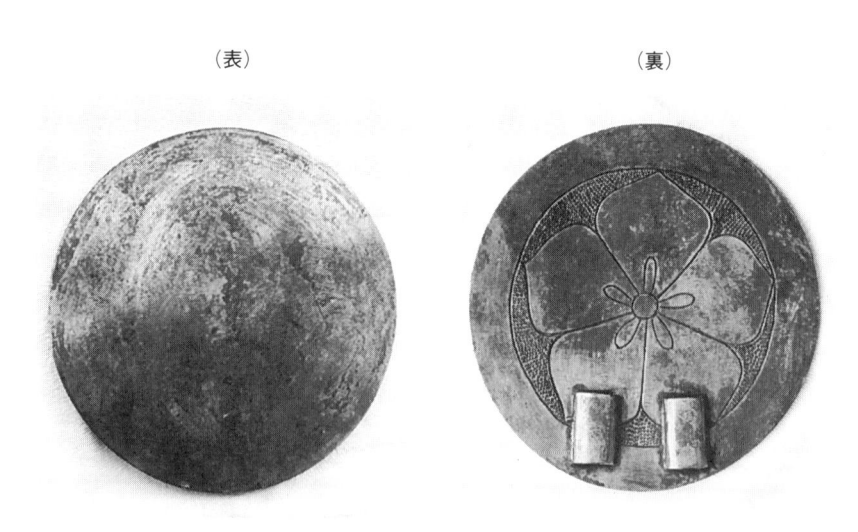

（表）　　　　　　　　　　　（裏）

E図　裏に「丸に桔梗」紋を彫った日輪の前立て

212

F図　北斎が描いた桔梗の花

G図　北斎が描いた桔梗花の図案

　葛飾北斎（1760～1849）のスケッチは、紋章のもとになった桔梗の花の特色をうまく描いている。F図は、咲いている桔梗の花、G図は文様にした桔梗の花である。ともに、『北斎絵事典－動植物編』（東京美術、1998）の221頁にでている。

　桔梗紋を表示した武具は、数多い。H図は、コヨリを編んで作り、黒漆を塗った槍印である。両面に、金で「丸に桔梗」紋を表示している。この槍印は、水呑みとして使うことができる。I図は、桔梗の花を透かした轡である。見事なデザインである。

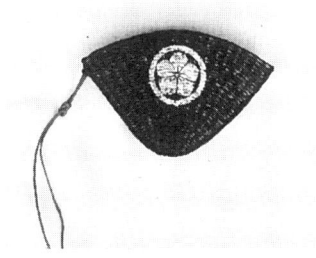

H図　コヨリを編んで作った水呑み兼用の槍印に金で描かれた「丸に桔梗」紋

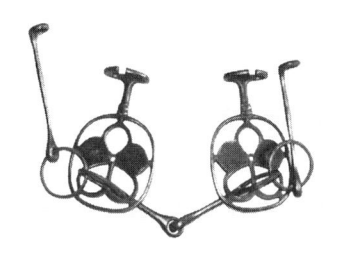

I図　桔梗花を透かした轡

J図　菊と桔梗を図案に使った
　　　長丸形赤銅七子地鋤出彫金色絵鍔（桃
　　　山江戸初期）

　咲いている桔梗の花は、刀の鍔のデザインにも用いられている。J図は、『愛刀』2004年7月第338号の37頁に出ている古金工作「長丸形赤銅七子地鋤出彫金色絵」と表示されている鍔である。

62 異なる仕様で各種「茗荷」(みょうが) 紋を表した前立て

『広辞苑』には、「みょうが [茗荷]」について、「(メカ (芽香) の転という) ①ショウガ科の宿根草。高さ50~80センチ。林下に自生し、庭などに栽培。葉は広披針形でショウガに似る。夏に根元から広楕円形の花穂を出す。芳香を有し、若い花穂をみょうがたけ・みょうがの子などといい、薬味・漬物として食用とする......」と説明されている。

丹羽基二『家紋大図鑑』(秋田書店、1971) の566頁には、「茗荷は蘘荷 (みょうが) とも書き、山野竹林等の湿地に自生するが、多くは人家に栽培もする。その形は生薑 (しょうが) に似ているが、初夏地より短い花茎をぬくと、大小六、七片の苞 (ほう) をつけた、タケノコ形の小さいものがみられる。いわゆる茗荷竹、または茗荷の子といわれるもので香味があって珍重される。紋章に用いられるものは、この茗荷竹で、そのカタチは杏葉 (きょうよう) にひじょうによく似ている。杏葉から着想されてできた紋ではないかとおもわれる」という説明がでている。

この書には、つづく5頁に、68種類の茗荷紋を掲げている。これらの茗荷紋には、それぞれ名前がついているから、茗荷紋の前立てを見たとき、どのように呼べばよいかを判断する助けになる。はじめに、ここで紹介する前立てに表されている茗荷紋をあげておく。(A図)

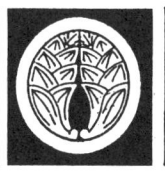

一の関茗荷　　常磐茗荷　　抱き茗荷に丸に隅立て四つ目　　丸に抱き茗荷　　田村茗荷

A図　前立てや旗指物に表示された茗荷紋5種

紹介する茗荷紋の前立て3例の第1は、隅切り角の黒漆塗の地に金で「一の関茗荷」の紋を描いた前立てである。(B図) 2枚の革を張り合わせて作

B図　隅切り角の黒地に金で「一の関茗荷」紋を描いた前立て

C図　真鍮板を切り抜いた「常磐茗荷」紋の前立て

った、縦横各10cm、厚さ0.4cm、一本角本を差し込むようにした前立てである。その裏面には、赤漆が塗られている。

　これは雑草の「車前草（おおばこ）」紋の前立てだという見解もあるので、上記の参考書を見ると、571頁にでている「一の関茗荷」紋の図とまったく同じ図が、137頁に「一の関車前草」紋として掲げられていることがわかった。なお、同書の134頁には、「車前草は、このオオバコの形象化であるが、そのカタチが茗荷紋に似てるのと、竜胆（りんどう）紋に似ているのとがある。ミョウガ紋に似るものは、征夷大将軍坂上田村麻呂から出る田村氏が用いているので、田村ミョウガ紋ともいう。しかし、事実はオオバコ紋である。ほか、おなじく坂上氏から出た丹波氏も用いている。この二家はともに後世医家として知られる。なお車前の語は漢名をそのまま輸入したもの」、という説明がでている。このように、紋章の呼称は確定していない。

　第2例は、一辺18.5cmの正方形の真鍮板を切り抜いて透し、裏から軽く打ち出して表面に丸味をもたせた大型の前立てである。（C図）裏面をみると、たたいて打ち出したあとがわかる。中央下端に、一本角本を差し込む管がついている。紋章の参考書を見ると、この紋章は、「常盤茗荷」紋と呼ぶことがわかる。

　第3例は、縦横17.5×16.5cmの、薄い鉄板を切り抜いて作った「抱き茗荷に丸に隅立て四つ目」紋の前立てである。（D図）上記の紋章の参考書には、「抱き茗荷に橘」の紋の図がでている。

D図　薄い鉄板を切り抜いた「抱茗荷に丸に隅立四つ目」紋の前立て

E図　径6寸の円板の表に「丸に抱き茗荷」紋を彫った前立て

　第4例は、径6寸（18.2cm）の木目を横にとった厚めの円板に「丸に抱き茗荷」紋を彫って黒漆を塗り、金箔を置いた前立てである。（E図）裏側の下部に幅広の二本角本を差し込む溝をつけた補強板が当てられている。

　茗荷紋研究の参考とするため、「田村茗荷」紋を麻布に染め抜いた旗指物を紹介しておく。（F図）この旗は、縦横85×63.5cmで、家紋は白い布地に藍で染めている。白地の布の上と下には、墨染めの麻布が縫い合わされて一枚の旗になっている。この旗指物を使った藩では、兜の前立てにも「田村茗荷」紋を表示したと思われる。

　上記『家紋大図鑑』の244頁には、杏葉紋の茗荷紋との違いについて、「杏葉紋は、もともと1個であったが、のち2個以上の組み合わせも出来、それぞれ対（むか）い、抜き、三つ盛（も）り、車などもある。杏葉紋は、茗荷紋とあやまりやすいが、……しかし、杏葉紋をよくみると、茗荷と違う点は、㈠花糸状の模様がある㈡葉脈がないか、またはあっても平行㈢花は上部尖端にはない、などである」と述べられている。

F図　麻布に藍で「田村茗荷」紋を染め抜いた旗指物

62　異なる仕様で各種「茗荷」紋を表した前立て　217

ここに紹介した茗荷紋の前立てのように、茗荷竹を左右対照に向い合わせたデザインは、もともと宗教的意味ももっていたらしい。別冊『歴史と旅』第3号「日本の家紋」（秋田書店、1978）に収録されている「家紋図鑑」（解説丹羽基二）の169頁には、「茗荷」について、つぎのような説明がでている：

　「茗荷は、その香気がなんともいえぬさわやかな感じで、食膳に一種の気品を添える。また、この語を冥加に掛け、神仏の加護の意をもたせた。それ故、神社でもこの紋を用いるところがある。……
　茗荷紋はこの神仏の加護をこうむるという点から来ている。形は、ふつう抱き茗荷といって二個が互に抱き合っている。……紋章に用いられているのは生長した植物の全形ではなくて、食膳に供される茗荷竹のことである。
　茗荷信仰をもたらしたのは遣唐使に随従した留学僧の最澄（伝教大師）や円仁（慈覚大師）だという。比叡山延暦寺やその末寺などで、秘神として祭られている摩多羅（まだら）神がこれである。摩多羅神の実体は、いまのところ不詳だが、インドから中国に入って日本に来る間に、相当変貌してしまったらしい。この神が茗荷をもっている。一種のエクスタシー（恍惚境）に信者を誘導する力をあらわすものか。そういえば、抱き茗荷の形も一種のエクスタシー（歓喜）をあらわしている。仏弟子のシュリハントクが茗荷をたべてものを忘れ、死ぬとその墓に茗荷が生えた、などという諸話もある……。」

茗荷竹を紋章のデザインとして使用する慣行の背景には、このような、信仰にゆらいするが、確証のないおもしろい話しがある。しかし、ここに紹介した前立てにかんするかぎり、たんなる自分の所属を表示する家紋の使用にとどまるといってよい。

63 異なる仕様で「五三桐」（ごさんのきり）紋を表した前立て

　丹羽基二『家紋大図鑑』（秋田書店、1971）には、「桐」の項目（246～259頁）で、158種の桐紋の図を掲げている。これらの桐紋のなかで、兜の前立てに合印として使われている紋章の数は少ない。
　厳島神社にある毛利輝元（1553～1625；天文22～寛永2）が着用したという赤糸威丸胴具足の椎実形兜についているのは、円い銅板に五七桐を透して鍍金をした前立てである。この兜の小さい吹返には、鍍金をした五七桐の紋金具がついている。参考として、上記『家紋大図鑑』にでている五三桐紋と五七桐紋とを掲げておく。（A図）

A図　「五三桐」紋と「五七桐」紋

　ここに紹介するのは、五三桐の吹返金具と前立て2例である。『広辞苑』の「ごさん［五三］」の項目には、「①五と三。②（江戸時代、寛文のころまで京都島原で、揚代が五十三文であったからという）遊女の第一位、太夫の異称。五三の君。……」という説明のあと、「－・の・きり［五三の桐］」について、「紋所の名。三枚の桐の葉の上に桐花を中央に五つ、左右におのおの三つずつつけたもの」と述べられている。
　16世紀から19世紀、すなわち桃山時代から江戸時代末まで広く使われた五三桐紋の古い形は、写真の阿古陀形兜の吹返につけられている金具である。（B図）この兜の鞍は、古い鉢を改造したときつけられたものである。吹返しの紋金具を見ると、仕立てなおしは、16世紀末に行われたものと思われる。

B図　兜の吹返しにつけた「五三桐」紋の金具

　紹介する五三桐の前立ての第1は、1枚の薄い革を切り抜き、黒漆を塗り、金箔を置いた、縦横19×6.5cmの格調高い仕様の前立てである。(C図) 表には、葉の筋が細く描かれている。鶴首、または一本角本によって兜に取り付けるようになっている。非常によい状態で保存されている。

C図　薄い革を切り抜いて作り金箔を置いた
　　　「五三桐」紋の前立て

220

第2の例は、18世紀末から19世紀にかけて真鍮製の前立てが流行した時代に、真鍮板で作られた、縦横8.3×10.6cmの五三桐紋の前立てである。(D図) 完全に平らに仕上げられていない真鍮板の表に花や葉の筋を彫った、少し雑な仕上げの前立てである。裏面の中央に、角本を差し込む箱型にまげた真鍮板が錨止めされている。

D図　真鍮板に毛彫りした「五三桐」紋の前立て

　平凡社『世界大百科事典』の「キリ　桐　paulownia」の項目では、「模様および紋章」について、つぎのような解説が掲げられている：

「桐は中国で鳳凰の住む木としてたっとばれてきた。日本でもこの思想から天皇の袍の模様に桐竹鳳凰をつけ、その他の調度や器物の模様にもこの模様が用いられた。紋章としての桐紋はこうした模様が固定したものと思われ、皇室では菊花とならんで桐も紋章として用いられていた。足利氏、豊臣氏の桐の紋も皇室から与えられたといわれ、これがさらにその一族または家臣の間にひろがったので、武家のあいだにこの紋を用いる家は多い。紋の種類は三つ葉に五七または五三の花をつけた大内桐、嵯峨桐、鬼桐などのほか、これを円形に扱った割桐や桐車、桐丸の類から、桐菱（きりびし）、桐蝶（きりちょう）、蝙蝠（こうもり）桐のような変わったものまで、130－140種におよんでいる。(山辺知行)」

　この説明を読むと、桐紋の沿革がよくわかる。2001年6月29日から3日間開かれた「平和島骨董まつり」のポスターには、紺地に鳳凰と桐花葉を染め抜いた布地の模様が使われた。(E図)

　任天堂の花札には、鳳凰に桐花葉を配した図の札と、五三桐の図の札とがある。(F図)

E図　「平和島骨董まつり」（2001年6月29日〜7月1日）のポスターに使用された鳳凰と桐の模様

F図　任天堂製の花札に描かれた「鳳凰と桐花」と「桐花」

桐紋の使用がファッションとなったのは16世紀末である。その原因は、豊臣秀吉（1536〜98）にあるらしい。はじめに言及した『家紋大図鑑』の252頁には、「桐紋を、ことに普及させたのは秀吉である。秀吉は、その豪快な性格から、万事にわたってハデをこのみ、桐紋なども、景気よく部下に与えた。また、おのれの権力を誇示するために、やたらに工芸美術品に応用させた。これがために、桐紋は大いに流行り、服装、調度品はもとより、建築彫刻に至るまで、据えられていった。いわゆる太閤桐がそれである。……」と書かれている。

各種の侍グッズのなかで「五三桐」紋のデザインをもっとも効果的にあらわした例は、この紋を透かした轡であろう。（G図）

G図　「五三桐」紋を透かした江戸時代の轡

64 厚板に六弁の「鉄線」（てっせん）紋を彫った前立て

　日本の紋章には、花のデザインを用いたものが多い。紋章に使われる花の種類は限定されているが、一つの種類の花の図案には数多くのヴァリエーションがある。したがって、兜の前立てに表示される花の紋章も多様であって、紋章の参考書に該当するものがでていないばあいもある。

　ここで紹介する鉄線（てっせん）の花の前立ては、その一例である。

　この前立ては、厚さ12mmの板を六弁の鉄線の花の形に切り抜いて作られている。（A図）全体に黒漆を塗り、表面に金箔を置いている。表には、花弁や芯の部分が浅く彫刻されている。まったく平らな裏面には、花弁や芯の輪郭を示す溝が彫られていて、中央下部に兜の一本角本を差し込む溝をつけた板がはりつけられている。この前立ての直径は、12cmである。

A図　「鉄線」紋を彫刻した前立て

　現在庭に植えられている鉄線の花を見ると、この前立ての紋章は、鉄線の花の特徴をうまく図案化していることが分かる。(B図)

　丹羽基二監修『家紋知れば知るほど』（実業の日本社、1998）の100頁には、「鉄線紋」の項目のもとで、植物の鉄線（てっせん）について、つぎのように説明されている：

　　「キンポウゲ科の落葉蔓性草。中国の原産で、一名を菊唐草（きくからくさ）、唐草という。鉄線という字を見ると、何か固い感じがするが、花はぴんとはりつめた気品があって、美しい。桔梗（ききょう）の花弁を広げて大咲

B図　庭に生えている鉄線の花

64　厚板に六弁の「鉄線」紋を彫った前立て　223

きにしたような感じがする。茎が針金のように細く、強い。蔓でほかのものにしっかり巻きつく。花の美しさからは考えられないねばり強さである。鉄線の名はここからきたのだろう。最近はクレマチスのほうがとおりがよいようだが、クレマチスは西洋種が混入して、本来の鉄線とは少し違う。」

『広辞苑』は、「てっせん〔鉄線〕」の語について、「①鉄のはりがね。②キンポウゲ科の落葉蔓草。中国の原産。……鉄線花。クレマチス。……③テッセンの花にかたどった紋章。」と説明し、花をつけた「てっせん」の略図を掲げている。

上記の書の「鉄線紋」の項目では、「鉄線の家紋は、花を象ったものだが、花弁の数が五つから八つまであり（鉄線の実物には五弁の花はない）、花の形もさまざまで、同一の花とは思えないほどである。大ざっぱにあげてみると、次のようなものがある」と述べ、「㈠リアルな花形で、八弁が細く分離しているもの。㈡六弁が分離せず、筒を上から見たような形のもの。㈢六弁が分離して、丸形になっているもの。㈣三弁から八弁が変形して、一方に傾いているもの（これは奇妙な形で、パイプ形に放射された独特な図案である）」の4種類を掲げている。しかし、同書の101頁にでている20例の鉄線紋の図を見ると、どうして鉄線なのかわからないものが多い。そのなかから、六弁の鉄線花を図案化した家紋を3例あげておく。（C図）これら3例の紋には、それぞれ名称がついているのがおもしろい。

鉄線　　　　光琳鉄線　　　　花鉄線

C図　六弁の鉄線花を図案化した家紋3種

平凡社『世界大百科事典』の「クレマチス virgin's-bowerl Clematis」の項目には、冒頭に、「キンポウゲ科センニンソウ属　Clematis のつる性多年草。この属は世界の温帯地方で200種以上あり、なかでも園芸的にクレマチスと

総称されるものは中国産のテッセン C.florida Thunb.、ラヌギノーサ C. lanuginosa Lindl.や日本産カザグルマ C.patens Morr. et Decne.、およびこれらの種が関係した交配種であることが多い（西部由太郎）」という説明が掲げられている。

さらに、この解説は、「200品種以上もある観賞用のクレマチス類は数種の野生種と、それらの交配から育成された園芸植物であり、交配の親になった野生種を基にして、園芸上は通常次の群にわけられる」として、「①ラヌギノーサ（Lanuginosa）群、②カザグルマ（パテンス Patens）群、③テッセン（フロリダ Florida）群、④ジャックマニー（Jackmani）群、⑤テキセンシス（Tkxensis）群」の5群を掲げている。

『北斎漫画』の草木のスケッチのなかにテッセンを描いたものはないか探してみたら、初篇（文化11年（1814年）発行）のなかに、それと思われるものが見つかった。図案化した前立てと比較する参考として、掲げておく。（D図）

D図　『北斎漫画』初編にでている鉄線の花の略図

65 加賀藩の合印「猪の目」(いのめ)紋を表した前立て

『武家重寳記』巻の三の「立物の事」には、「猪の目」(ゐのめ)の前立ての略図がでている。(A図)この図の上部先端はつながらないで、切れている。猪の目といわれている兜の立物は、通常、逆ハート形の上部がつながっている。

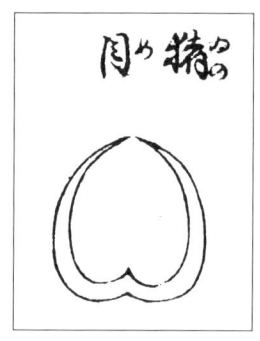

A図 『武家重寳記』にでている「猪の目」前立ての図

『広辞苑』の「いのめ［猪の目］」の項目には、「(その形が猪(いのしし)の目に似るから)刳形(くりかた)の一。器物の形として彫るハート形に似た形。灯籠の煙出しの透しや額縁・飾り金具などに用いる。井の目。義経記二『－彫りたる鉞(まさかり)』」という説明がでている。兜の前立てのなかでは、鍬形の両先端に猪の目の透しがはいっている例がもっとも多い。

加賀藩では、猪の目を透した金属板の前立てが合印として使われた。石川県歴史博物館は、1996年4月20日から5月26日まで、春季特別展『加賀藩の甲冑』を開催した。

この展覧会の図録を見ると、展示された当世具足37領のうち11領の兜に猪の目の前立てがついていることがわかる。また、展示された兜にも、この前立てをつけたものが2頭あった。

展示番号33の「萌葱糸威六枚胴具足」(石川県立歴史博物館蔵)の解説には、江戸時代として兜や胴の寸法を表示したのち、「村田家伝来。兜は鉄六枚を矧合せた桃形兜。前立に高角と銀猪の目が付く。加賀藩で金猪の目は直臣、銀猪の目は陪臣の合印となっている。……村田家（百石）は加賀藩老臣奥村家（一万七千石）の家臣」と書かれている。

この図録の展示品解説には「加賀藩の合印猪の目紋」という表現が使われているが、手元にある数冊の家紋の本には猪の目紋がでていない。

ここに掲げるBからLまでの猪の目前立て11例を、右の解説にしたがっ

て金と銀とに分けると、金8個に対し銀は3個である。材料や作り方も一様でない。共通するのは、裏面の角本を差し込む管の金具が非常に入念にできていることである。

　最初に掲げる3例は、銅板の両面に鍍銀をした、陪臣が用いた前立てである。(B、C、D図)はじめの2例は、薄い銅板の周辺の縁をたたいて折り曲げて作られている。縦横の寸法は、それぞれ10×11.1cmと9.4×10cmである。薄い銅板を使っているので、多少ひずみがでているところに魅力がある。縦横の寸法は、10.5×12.5cmで、平らな銅板に鍍銀されている。

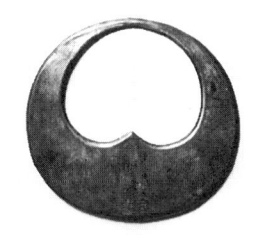

B図　銀「猪の目」の前立て　C図　銀「猪の目」の前立て　D図　銀「猪の目」の前立て

　E図は、7.7×9cmの小型の金猪の目の前立てである。薄い銅板で作られていて、外周辺の縁だけを外側に曲げている。F図は、まっ平な銅板を切り抜いて作った、10.3×12.2cmの、比較的大型の前立てである。

　G図は、少し厚めの銅板を切り抜き、内外の周辺の縁を表からまるく削り、全面に鍍金をした、11×12.6cmの、このなかではもっとも大きい前立てである。兜の二本角本を差し込むようになっている。

　H図は、8.3×10.1cmの、真鍮板で作った前立てである。裏側の角本に差

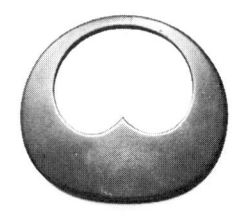

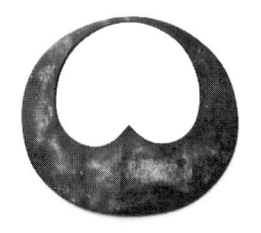

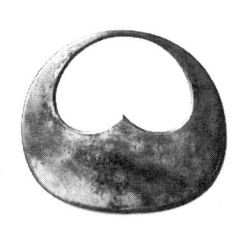

E図　金「猪の目」の前立て　F図　金「猪の目」の前立て　G図　金「猪の目」の前立て

し込む管に、「は」の字が刻まれている。これは、お貸具足の兜の前立てとして使われたものと思われる。周辺の縁は、表からまるく削られている。

I図は、8.2×9.4cmの小型の金猪の目の前立てである。周辺の縁は、表からまるく削られている。J図は、I図よりも少し小さい、7.8×9.2cmの銅板に鍍金をした前立てである。周辺を表からまるく削り、まん中を少しふくらませた、小さいができのよい前立てである。

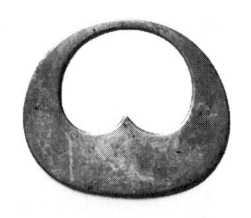

H図　金（真鍮）「猪の目」の前立て 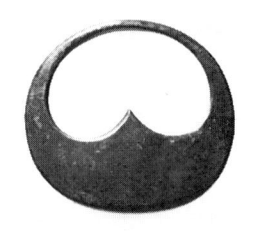　　I図　金「猪の目」の前立て 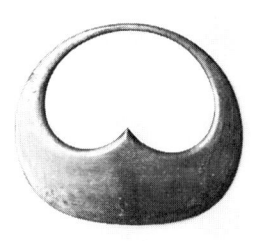　　J図　金「猪の目」の前立て

K図は、8.2×9cmの、銅板に厚い鍍金をした、上部が尖った猪の目の前立である。裏の管を見ると、天衝か鍬形のような前立ての中央に差し込んだのではないかと思われる。

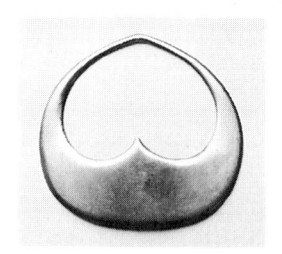

K図　金猪の目の前立て

最後のL図は、11.5×15.7cmの高角の中央、赤銅の台に取り付けた断面が四角の棒に差し込むようにした、7.5×8.2cmの小型の金猪の目の前立てである。高角の台の裏には、間隔の広い二本角本を差し込む管が2個つけられている。この前立は、K図の前立てと同様に、鍍金がさん然と輝いている。

これらの猪の目の前立てを比較すると、製作年代も同じでないことがわかっておもしろい。

L図　金「猪の目」をつけた高角の前立て

66 異なる仕様で「袋」(ふくろ)紋を表した前立て

　家紋のなかには、「袋」をデザインしたものがある。「袋」の家紋を兜の前立てにしたのが、ここに示す3例である。

　A図は、真鍮板で作った、縦横6.7×7.6cmの小型の前立てである。真鍮板の厚さは、1mmである。紐の結び目を前にだし、紐の両端の房を袋にくっつけて垂らしているところに特徴がある。一見したところ単純であるが、入念に仕上げられている。裏面には、兜の角本を差し込む管がつけられている。

A図　真鍮板で作った「袋」紋の前立て

B図　木彫小型の「袋」紋の前立て

　B図は、板を立体的に彫刻して茶褐色の漆を塗り、その上に表裏全面に金箔が置かれている。縦横6.4×6.6cmで、やや横長に見える。袋の口には紐が二重にかけられているが、結び目がない。裏も表と同様に彫刻がしてあるが、表よりはやや平である。袋の底に1本角本に差し込む穴が開けられている。袋の中央の厚さは、1.7cmである。前立ての上部の袋の口も、ていねいに彫刻されている。

　C図は、厚板を彫り、黒漆地に金箔を置いた「袋」の前立てである。縦横10.5×9.5cmで、裏面は平らである。

　家紋の参考書には、「袋・砂金袋」(ふくろ・さきんぶくろ) の見出しで、袋の紋章について説明されている。

　本田総一郎監修『新集家紋大全』(梧桐書院、1993)の351頁には、「袋には、砂金袋のほか匂袋 (においぶくろ)・お

守りや銭・印形（いんけい）などを入れる袋などがあり、革や錦などでつくった。このような袋が家紋に採用されたのは、福や宝を入れるという縁起からである。聖天宮（しょうてんぐう）や大鳥神社の神紋でもある」という説明につづいて、袋の紋章8例の図が掲げられている。

丹羽基二著『家紋大図鑑』（秋田書店、1971）は、511頁と513頁に袋の家紋12例の図を掲げている。

C図　厚板を彫って作った「袋」の前立て

ここで紹介した真鍮の前立てのデザインは、両書に「袋」と表示された紋に近似し、板に彫刻をした前立て2例のデザインは両書に「金袋」と表示された紋に似ている。

『家紋大図鑑』の512頁には、「フクロとは、お守りや銭（ぜに）、印形（いんぎょう）等たいせつなものを入れる袋のこと、腰につるす巾着なども同じ。縁起紋として、聖天さまや大鳥神社で用いている。また、砂金袋だけは丹波氏族の施薬院氏（せやくいん）が使用している」と書かれている。

この書は、さらに砂金袋についてつぎのように説明する：

「砂金袋とは、文字通り砂金を入れる袋であるが、ふつう砂金を紙につつみ、香合せのような箱に入れてから袋に入れる。一つつみは十両はあったといわれる。カタチは、『丸にふくろ』、『丸に二つふくろ』、『三つ寄せふくろ』の三種がある。みな砂金を入れるにふさわしい錦のふくろなどを模したという。何故、施薬院氏が砂金袋をえらんだかといえば、

（一）幕府の医官である施薬院は、医薬品を入れる袋で職業をシンボライズしたとの説、（二）施薬院はシヤクインともよび、つまってシャクインから砂金に転化して、家紋としたとの二説ある。現在砂金氏もあっ

D図 「袋」紋（左）と「金袋」紋（右）

て陸前国柴田郡砂金村が発祥の地。」

　両書にでている「丸に二つ袋」の図を見ると、たんに「袋」と表示されている家紋は砂金袋のように思われる。

　はじめに紹介した真鍮の前立てのデザインも、砂金袋といってよいかもしれない。

67 「龍の丸」(りゅうのまる) 紋と「入れ違い雨龍」(あまりょう) 紋の前立て

　丹羽基二『家紋大図鑑』(秋田書店、1971年) は、610頁の「竜」の項目において、「竜紋は大別して二つになる。『竜』と『雨竜』である。いずれも丸形で、ともに『巻き竜』といっている。まれに四角いカタチもあるが、これは『角雨竜』という。竜の爪が球を握っている特殊な紋であるが、これを『握珠 (あくしゅ)』という」と説明している。

　この書の611頁には、「竜の丸」紋4種類 (竜の丸、天竜の丸、日蓮宗竜の丸、竜剣の丸) と、「雨竜」紋6種類 (雨竜の丸、雨竜菱、角雨竜、隅立て雨龍、入れ違い雨竜、松皮雨竜) の図が掲げられている。

　ここで取り上げる前立て2例に表されているのは、「龍の丸」紋と「入れ違い雨龍」紋である。(A図)

A図　「龍の丸」紋 (左) と「入れ違い雨龍」紋 (右)

　前向きの竜の全身、または前半身を立体的に彫刻した前立てはよく見かけるが、「龍の丸」の前立てを見ることはまれである。当世具足の胴には、黒漆塗の前板の正面に金蒔絵で「竜の丸」を描いたものをときどき見かける。また、鉄錆地の前板に「龍の丸」を打ち出したものもある。B図の南蛮胴は、

その例である。

　A図に示す紋章の「龍の丸」は、竜の頭が左を向いているのに対し、この南蛮胴の竜は、右を向いている。胴の前板の右下には、「春田……」、「象嵌後藤……」と銘がはっきり刻まれているが、くずされた書体なので、判読がむつかしい。

　「龍の丸」の前立ては、縦横14cmの正方形の桧の板に彫刻され、全身に金箔が置かれている。（C図）上下顎の先端と剣を握った尾の末端の部分が欠けている。この竜の頭も右向きである。

B図　「竜の丸」を彫金した南蛮胴

　入れ違い雨竜の前立ては、縦横それぞれ10.5cmの、銅板を切り抜いて上下に2頭の雨竜を配置し、表裏全面に鍍銀をした入念な作品である。（D図）上の雨竜は左に向き、下の雨竜は左上から中央下に体を置き、頭を上に向けている。紋章の本では、このように2頭の雨竜を配した紋章を「入れ違

C図　龍の丸を板に彫刻した前立て

D図　銅板を透して渡銀をした「入れ違い雨龍」の前立て

い雨竜」と呼んでいる。

「竜」の文字をどのように発音すればよいのか疑問に思ったので、『広辞苑』の「りゆう［竜］」の項目を見ると、つぎのような多岐にわたるおもしろい説明がでていた：

> 「(慣用音。漢音はリョウ）①想像上の動物。たつ。㋐〔仏〕（梵語 nāga）インド神話で、蛇を神格化した人面蛇身の半神。大海や地底に住し、雲雨を自在に支配する力を持つとされる。仏教では古くから仏伝に表われ、また仏法守護の天竜八部衆の一とされた。「竜神・竜宮」㋑中国で、神霊視される鱗虫の長。鳳（ほう）・麟（りん）・亀（き）とともに四端の一。よく雲を起し雨を呼ぶという。竹取「はやても－の吹かする也」。「竜虎・画竜（がりよう）点晴」㋒ドラゴンのこと。②化石時代の、大形の爬虫類を表わす語。「恐竜・首長竜」③すぐれた人物のたとえ。「臥竜（がりよう）・独眼竜」④天子に関する物事に冠する語。「竜顔・竜駕」⑤将棋で、飛車の成ったもの。「「竜王」……」

おなじく、『広辞苑』の「あまりよう［雨竜・螭竜］」の項目では、「想像上の動物。竜の一種。トカゲに似て大きく、角なく尾は細く、青黄色をなすといわれる」と説明されている。

68 異なる仕様で「卍」(まんじ)紋 (スバスティカ) を表した前立て

『広辞苑』の「まんじ [卍・卐]」の項目には、「(万字の意) ①(梵語 Svastika ヴィシュヌなどの胸部にある旋毛)功徳(くどく)円満の意。仏像の胸に描き、吉祥万徳の相とするもの。右旋・左旋の両種があり、わが国の仏教では主に左旋を用い、寺院の記号などにも用いる。②卍のような形。③紋所の名。卍にかたどったもの。左まんじ・右まんじ・角立まんじ・丸まんじなど」という説明がでている。

日本に伝わってきた卍字が家紋として使われるようになると、いろいろ異なるデザインのものが考案された。家紋を合印とした前立てにも、ヴァリエーションがある。ここに例示する卍紋の前立てに表された紋章の名称は、丹羽基二『家紋大図鑑』(秋田書店、1971)によった。(A図)

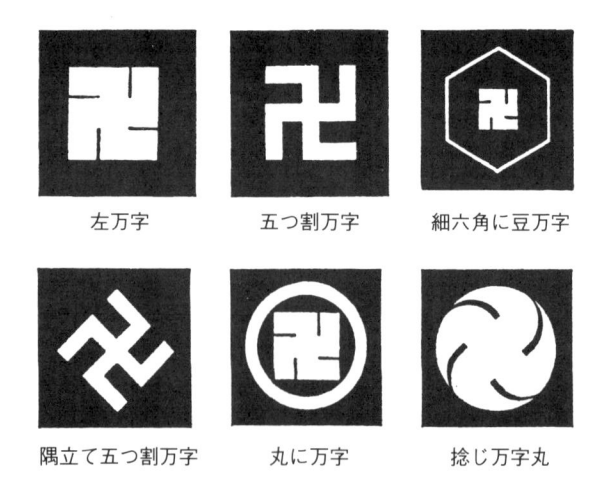

左万字　　五つ割万字　　細六角に豆万字

隅立て五つ割万字　　丸に万字　　捻じ万字丸

A図　前立てに表示されている6種の万字紋

B図は、真鍮板で作った一辺8cmの「左万字」紋の前立てである。中心部を打ち出して、ふくらませている。

C図は、前者よりも厚い真鍮板で作った「五つ割万字」紋の前立てである。一辺8.8cmである。

D図は、厚さ0.7cm、一辺6cmの板の地を彫り込んで万字をレリーフした「隈立て五つ割万字」紋の前立てである。高さは8.5cmで、下端に角本を差し込むミゾが開けられている。文字の表面と、台板の側面に金箔が置かれている。

B図　「左万字」紋の前立て 　　C図　「五つ割万字」紋の前立て

　E図は、D図の前立てとまったく同じ仕様の「隈立て五つ割右万字」紋の前立てである。ただ、表面と側面の金箔が擦れてほとんどとれている。黒い漆が薄くなった部分を見ると、材料の板の木目がよくわかる。これら二つの小さい前立ては、同じ集団の合印として使われたものと思われる。

D図　「隈立て五つ割左万字」紋の前立て 　　E図　「隈立て五つ割り右万字」紋の前立て

　F図は、厚さ2.2cmの板で縦10.5cmの亀甲の台を作り、その亀甲の枠のなかに一辺4.5cmの左万字をレリーフした非常に入念に作った前立てである。裏の下端にミゾを彫り、そのなかに真鍮のツル首の一端を差し込んで、

（表）　　　　　　　　　（裏）

F図　「亀甲に左万字」紋の前立て

68　異なる仕様で「卍」紋（スバスティカ）を表した前立て　237

兜の祓立に差し込むようになっている。ツル首の端が前立てのミゾに差し込んだとき抜けないように、しっかりできている。全体に茶褐色の漆が塗られている。

G図「丸に万字」紋の前立て

H図「捻じ万字丸」紋の前立て

　G図は、直径22.2cmの「丸に万字」紋の前立てである。丸のなかに配した万字は、一辺12cmである。和紙を張り合わせて作り、黒漆をかけ、表面に金箔を置いた、このなかではもっとも古い前立てである。

　H図は、直径12.8cmの木の円板に黒漆を塗り、「捻じ万字丸」と呼ぶ変形万字を金箔で描いた前立てである。表の円の縁は、やや丸く削られている。

　上記の『家紋大図鑑』の330と331頁には、「卍紋」の項目のもとで、そのゆらいや意義について、つぎのような説明が掲げられている：

「卍はマンジとよみ、万字をあてる。はじめは仏教関係の記号に用いたものが、のち文字化したもの。それゆえ、印度から仏教渡来とともにわがくにに入ったもので、梵語では、Svastika（寒縛悉底迦（スバスティカ））という。仏陀の胸、手足、頭髪に現われ吉祥のシルシをあらわしたもの。さらに、仏心のシルシとしても用い、日本ではひろく仏教、寺院の記号、標識になり、紋章としても利用された。

しかし、この万字については、洋の東西をとわず、古くからある。たとえば、バビロニア、アッシリアにおいても神聖な記号として存在し、ギリシア、ローマにおいても王族の墳墓や古代遺物などにみられる。当時万字は、十字と同じく世界各国に用いられた古代の記号で、原始人の発想が文化の交流なしに偶然に同一記号を発明したものとおもう。

それならば、万字ははじめなにを意味しているのであろうか。一般行な

われている説は、「太陽」である。これを古代インドについてみるに、仏教の発生以前のバラモン教では、太陽神ビシヌの胸の旋毛と解しているが、やはり太陽を表象したものであろう。卍のかたちは、太陽の光線とみてよい。中国でも唐の則天武后は新文字を作り卍を日の字にあて、神聖視した。さらに、戦前ナチスドイツが卍をハーケンクロイツ（鉤（かぎ）十字）と呼んで党章にしたが、やはり、四方に輝くドイツ国粋社会党の光を世界に宣布せんとしたとある。」

　右の引用文の最後に書かれているように、ナチス・ドイツは、スバスティカをシンボルとして使った。この紋章を日本ではマンジと呼び、ドイツではサンスクリットのスバスティカと呼んだのはおもしろい。バランタイン図解第二次世界大戦ブックス別巻1『ナチ独逸ミリタリー・ルック』（サンケイ新聞社出版局、1972）（Ballantine's Illustvated History of World War Ⅱ, Nazi regalia, Ballantine's Books, Inc., 1971）（I図）には、スバスティカを表示したナチス・ドイツの軍旗、勲章、軍装などの写真や絵が掲げられている（J図）。

I図　『ナチ独逸ミリタリー・ルック』の表紙
J図　スバスティカを表示したナチスの軍旗

　ジョン・トーランド『アドルフ・ヒトラー』(1976) は、第4章「党の誕生 (1919〜1922)」のなかで、1920年独力でドイツ国家社会民主主義労働党 (Nationalsozialistische Deutsche Arbeiterpartei, NSDAP) の政治力を強大にしたアドルフ・ヒトラーは、ソ連共産党の赤旗に対抗しうる迫力のある党旗を考えていたところ、シタムベルクの歯科医師が自分が所属する支部の創立

68　異なる仕様で「卍」紋（スバスティカ）を表した前立て　239

総会で使われた黒白赤の地のスバスティカの旗を提示したので、これが採用されたと書いている。John Toland, Adolf Hitler（Doubleday & Co., N.Y.1976）, p. 105.

ナチス・ドイツ軍の鋼鉄ヘルメットの研究書『Ludwig Baer』（Translated by K. Daniel Dahl, The History of the Germaan Steel Helmet 1916–1945（R. James Bender Publishing, CA 1985）には、スバスティカを含む、ヘルメットにつけるマークの仕様が書かれている。(K図)

K図　ドイツ軍鋼鉄ヘルメットの研究書

歴史群像シリーズ特別編集『図説・戦国武将118』（学習研究社、2001）には、津軽為信の左万字の家紋と、蜂須賀正勝の丸に万字の家紋がそれぞれ8頁と156頁にでている。

ナチス・ドイツのスバスティカの旗や記章が世界の人々に強い印象を与えたのは、赤地のなかに白地の円を入れ、そのなかに黒でスバスティカを描いた迫力のあるデザインであったからだと思う。

なお、ウエバー『KOJI HOTEN　古事寶典』には、"Svastika"の項目で、日本と中国の工芸家は、美術作品の装飾のためにいろいろなデザインの幾何学的な文字を使ったと説明し、スバスティカの紋章4例を掲げている。(L図)

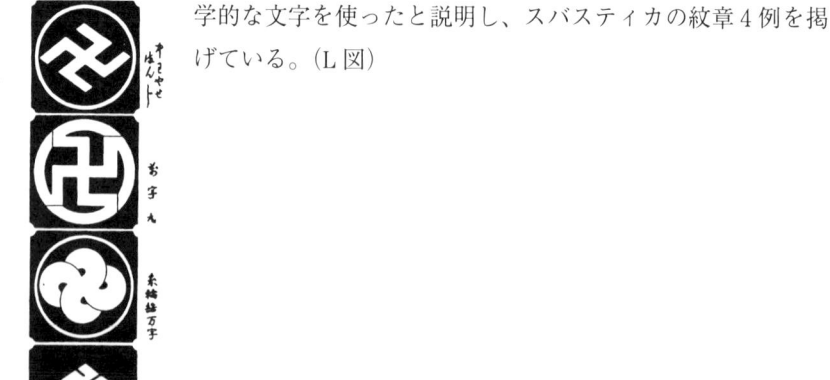

L図　ウエバー「KOJI HOTEN 古事寶典」に掲げられた日本の万字紋の紋章4例

69 和紙を貼り合わせ黒漆地に金箔を置いた「蕪」(かぶ)の前立て

　『歴史読本』1984年11月号のシリーズ「武具発掘の旅」に、栃木県塩谷郡喜連川町高塩家所蔵の「六十四間小星兜」(藤本正行解説)の写真が出ている。

　この兜には、銅板を切り抜いて作り渡金をした、高さと横幅ともに30cmもあると思われる、大きい二股大根の戦国時代の前立てがついている。大根の葉には、筋が刻まれている。大胆なデザインの、迫力ある前立てである。

　ここに紹介するのは、和紙を貼り合わせて切り抜き、黒漆をかけて金箔を置いた「蕪」の前立てである。(A図)蕪の根の下端から葉の先端までの高さが19.4cm、左右の葉の先端の距離が47cmで、蕪の本体の上端から根の先端までは13.6cmである。大きい2枚の翼状の葉の筋には、銅線をとおして補強されている。裏面にも金箔が置かれている。裏面の中央、蕪の葉のつけ根にあたるところに、和紙を厚く貼り合わせて作った管がつけられている。この管の位置と大きさとから判断すると、この管のなかに四角い断面の木の棒を差し込んで固定し、この棒の下端を兜の祓立に差し込むようにしたものと思われる。

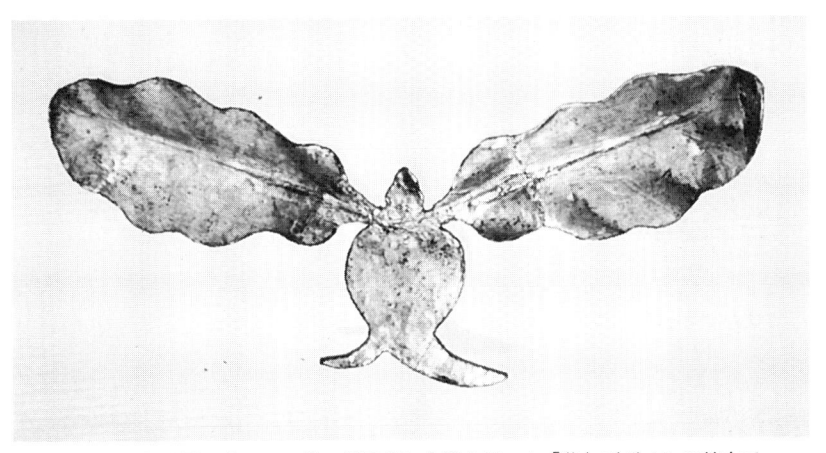

A図　和紙を貼り合わせて作り黒漆地に金箔を置いた「蕪」デザインの前立て

『北斎漫画』三編（文化12年、1815）に出ている大根と蕪の略画を見ると、画家が観察した葉や根の特徴がよくわかる。（B図）前立ては、これを誇張して図案化したものである。

B図　『北斎漫画』三編にでている大根と蕪の略図

本田総一郎監修『新集家紋大全』（梧桐書院、1993）の56頁には、「蕪」について、「野菜として広く栽培されているアブラナ科の一年草。カブ・カブラナとも呼ぶ。この蕪紋を用いたのは、春の七草の一つとして、厄除けの意味からだろう。七草がゆを食すると万病が治り、諸悪退散するとの意味がある」と、説明されている。蕪を紋章にしたもっとも基本的なかたちは、「一つ蕪」紋である。（C図）

一つ蕪
C図　蕪の家紋

また、同書の89頁には、「大根」について、「ダイコンはアブラナ科の一年生または越年生草で、別名スズシロといい春の七草の一つ。大聖歓喜天（だいしょうかんぎてん）の供物はダイコンだが、この聖天信仰から大根紋を用いた家が多い。将軍綱吉の生母桂昌院（けいしょういん）の実兄本庄氏もこの紋を用いた」という説明がでている。

このような、戦国時代の雰囲気を伝える蕪の葉と根を大胆にデザインした前立てを見ることはまれである。この大きくて軽い「蕪」デザインの前立ては、聖天信仰や、悪魔除けのような宗教的な祈りをこめて兜につけたものと思う。

平凡社『世界大百科事典』には、「しょうてん聖天」の項目について、つ

242

ぎのような説明がでている：

「サンスクリット名のナンディケシバラ Nandikeśvara の漢訳名を大聖歓喜天といい、その略称、歓喜天、天尊などともいう。仏教では、聖天を（しようでん）と読む。大自在天（シバ神）と烏摩妃の子の俄那鉢底（大将の意）のことで、大自在天の軍勢の大将であった。……もとは人々の事業を妨害する魔王であり、インド神話におけるガネーシャ神に相当する……（関口正之）」

そして、小項目「聖天信仰」については、「日本では、聖天は夫婦和合をもたらす性神の面が強く表出している。双身の歓喜天像は、……この像から夫婦和合をはじめ、子授けの霊験を説かれている。聖天に立願する者は、秘かに聖天供を実修する。これは密教の秘伝の一つで、本尊に、酒、大根、歓喜団……を供える。とくに大根を用いるのは、性器を表現するものと思われる……（宮田登）」と、解説されている。

69 和紙を貼り合わせ黒漆地に金箔を置いた「蕪」の前立て

70 二つ花房の「藤丸」(ふじのまる) 紋を表した前立て

『武家重寶記』の「立物の事」の部には、「藤丸(ふじのまる)」の前立ての略図がでている。(A図) これは、家紋をのものを前立てのデザインにしたものである。

A図 『武家重寶記』にでている「藤丸」の前立ての図

丹羽基二『家紋大図鑑』(秋田書店、1971)の「藤」の項目では、「藤紋のパターンは、藤の花と葉からできている。ふつう花葉が丸くデザインされているので、「藤丸」という。けれども花だけの紋もあり、リアルな形もある。前者は花藤紋といい、後者は枝藤紋といっている。菱形や胡蝶形、桐形や杏葉(ぎょうよう)形まで加えると藤紋の数は六十以上にもおよび、みごとなバリエーションを展開している」と説明したあと、これらを花房の数によって一つ花房から八つ花房までに分けている(517〜518頁)。そして、「花ぶさが垂れ下がっているものを下がり藤丸、上がっていれば上がり藤丸、略して下がり藤、上がり藤。葉柄がつるのようにからんでいるのを「つる藤」、花がつけねからはなれているのを「バラ藤」という。とくに輪のなかに他紋を入れて合成紋をつくることもある」と述べている。(B図)

下(さが)り藤　　丸に下り藤　　上(あが)り藤

B図　前立てに用いられている藤紋3種

前立てのデザインとしては、このように下に葉をつけ、花房を左右対照に上に向けて配置するほうが安定する。しかし、実物の藤の花房は、上から下

に垂れ下がっている。

第1例は、銅板を切り抜いて花や葉の輪郭を彫金し鍍金をした直径9.6cmの「下り藤」紋の前立てである。(なかを切り抜くため、三枚の葉を大きくし、その下端を中心まで下げている。(C図)

第2例は、直径8.5cmの真鍮の円板に彫金をした「下り藤」紋の前立てである。(D図)

C図 銅板に鍍金をした「下り藤」紋の前立て

D図 真鍮板を彫った「下り藤」紋前立て

丸のなかに「下り藤」を入れると、「丸に下り藤」紋となる。第3例は、直径6.5cmの薄い銅板に、「丸に下り藤」紋を彫金して渡金をした小型の合印前立てである。(E図)

第4例は、一枚の赤銅板を打ち立して作った「上がり藤」の前立てである。(F図) 縦横16.5×16cmの大型である。

このように実物を比べてみると、三枚の葉の先を上に向けたのが上がり藤、下に向けたのが下がり藤であることがわかる。しかし、「上がり藤」を下に向けて「下がり藤」にした例がある。

それは、縦横14×26.2cmの銅板を切り抜いて鍍銀をした鍬形の前立てである。(G図) 中央の台は厚い銀板で作り、表面に唐草模様が彫られている。その中央に固定してつけられているのは、直径7.5cmの銅の円板に渡銀をした藤紋の立て物である。「下り藤」紋のよう

E図 銅板に「丸に下り藤」紋を彫り鍍金をした前立て

に見えるが、三枚の葉のつけ根が最上端になっているから、「上り藤」紋である。

　高級な注文仕立品であるから、まちがって上下を逆にしてつけたとは思われない。銅板を透かして作った家紋の立て物であるから、注文者が無関心であったとは考えられない。

F図　赤銅板を打ち出して作った「上り藤」紋の前立て

G図　「上り藤」紋を逆さにつけた鍬形前立て

246

71 頭や甲羅に金箔を置いた木彫「蓑亀」(みのがめ) の前立て

「蓑亀」という名称について、『広辞苑』には、「石亀の甲に緑藻の着生したもの」と説明されている。また、平凡社『世界大百科事典』の「イシガメ 石亀」の項目には、「ヌマガメ科イシガメ属Mauremysに属するもっともカメらしい淡水性カメ類の総称。ニホンイシガメなど4種が含まれている。……背中に緑藻類が密生したものをミノガメ (蓑亀) と呼び、古くから吉兆として珍重される。……」という説明がでている。

吉兆のシンボルである「蓑亀」は、図案化し家紋として使われた。まず、家紋の図鑑にでている「真向き亀」紋と「一つ蓑亀」紋を掲げておこう。(A図)

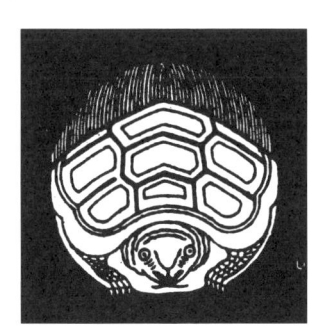

A図 「亀」の家紋2種:「真向き亀」紋 (左) と「一つ蓑亀」紋 (右)

葛飾北斎 (1760~1849;宝暦10~嘉永2) が描いた「蓑亀」の略画を見ると、その姿態がよくわかる。(B図) この図は、『北斎絵事典』(動植物編)(東京美術、1998) の181頁に出ている。この図をもとにして、立体的に彫刻された蓑亀の前立てを見ると、手法や表現に微妙な違いがあることがわかる。

山田書院発行の『日本の歴史』第2巻 (東北地域) の巻頭カラー・ページ「諸藩の大名」には、冒頭に、「黒羽藩」の資料数点 (大雄寺蔵) の写眞を掲げている。そのなかに、「大関家八代黒羽藩主増栄の鎧 (部分)」として藩

B図　北斎が描いた「蓑亀」の図

主の紋金具をつけた鉄錆胴の背板の写真（6頁）と、「増栄使用の兜」として、錆地62間総覆輪桧垣付き、当世具足の眉庇をつけた兜の写真（7頁）がでている。この兜には、木彫「蓑亀」の前立てがつけられている。この亀は、頭を下にし、ヤクの毛を植えた甲の後ろが上になるようにつけられている。亀の両側に台からはずした鍬形が置かれているが、これは前立ての蓑亀とは別の物であろう。同書90頁にでている「下野国黒羽藩」の藩史によると、この具足の所持者とされる増栄は「寛文二年（1662年）襲封」したと書かれている。その石高については、「寛文四年（1664年）本高一万八千石となる」と記されている。大関増栄が黒羽藩主となったのは、その兜につけられている蓑亀の前立てよりも時代が遡るとおもわれる。

　はじめに紹介するのは、頭をあげて口を開いて吠える表情の「蓑亀」前立てである。（C図）甲羅は、縦横9×8cmで、鼻先から蓑の先端まで16.7cmである。亀の体は

C図　蓑を含め全身木彫で甲羅を巻絵した「蓑亀」前立て

248

もちろん、蓑まですべて木彫である。裏は削りこんで、首の付け根にあたるところに角本を差し込む溝が開けられている。裏面には、足の裏も含めて、黒漆がかけられている。甲羅は、装飾的な形に作られ、亀甲は、金箔地に赤褐色の漆で細く描かれている。鼻の先から前足の下端までの高さは、7.5cmである。蓑は線を彫って表現し、表に銀箔を置いているから、黒ずんで見える。この前立ての亀は、龍、麒麟、鳳凰などと同様に、神聖化された、伝説上の動物である。この前立ては、製作されてからの年数にかかわらず、非常に良い状態で保存されている。

　つぎに取り上げる「蓑亀」前立ては、蓑にヤクの毛を使っているほかは、木彫である。甲羅の形を見ると、石亀であ

D図　木彫で表裏両面に金箔を置き、蓑にヤクの毛を植えた「蓑亀」の前立て

ることがわかる。亀甲の筋は、彫られている。裏を見ると、短い尻尾を曲げて甲羅の間につけているのがわかる。表も裏側も全面に薄く漆をかけて金箔を置いている。甲羅は、縦横11×8.5cmである。鼻の先から、甲羅の端までは、12cmである。頭の上端から足の下端までの高さは、6cmである。ヤクの毛を植えた蓑は、甲羅の端から18cmくらいある。甲羅の裏側には、首の付け根に近いところに、兜の祓立てに差し込む銅の鈎金具がつけられている。

72 三鈷杵を十字に交叉させた密教の法具「羯磨」（かつま）の前立て

　密教の法具のなかのいくつかは、兜の前立てのデザインとして用いられている。これらの前立てのなかには、まれに、2個のバジラ三鈷杵を十字に交叉させた「羯磨」を転用したものがある。

　『広辞苑』には、「かつま［羯磨］」の語について、「［仏］（梵語 karman）①作業。苦楽の報いを受ける身・口・意の行為をなすこと。きゃらま。磨。②受戒・懺悔の作法。こんま。」という説明がでている。つづいて、同辞典には、「—・こんごう：ガウ［羯磨金剛］」について、密教で用いる法具の一。二本の三鈷杵を十字形に組み合わせたもの。多くは金銅製。羯磨・羯磨杵・十字金剛ともいう。」と書かれている。

　このような手に持つように作った複雑な形の立体的な法具を兜の前立てに用いるには、平面のデザインに転換するのがよい。ここに示す例は、縦横11cm×11cmの銅板に密教法具である「羯磨」を彫り、鍍金をした前立てである。（A図）

A図　銅板に法具「羯磨」を彫り鍍金をした前立て

裏面の下端に、兜の角本を差し込む管がつけられている。家紋の図鑑にでている「金剛羯磨」紋や「違い羯磨」紋とくらべると、前立てにした羯磨のデザインのおもしろさがわかる。（B図）

B図　「金剛羯磨」紋（左）と「違い羯磨」紋（右）

　法具「羯磨」については、蔵田蔵編『仏具』（日本の美術 No.16）（至文堂、1967）の65頁に、つぎのような説明がでている：

> 「羯磨金剛のこと。二本の三鈷杵を十字に組んだ形をし、計十二鈷に十二因縁を象徴する。
>
> 陀羅尼集経四に『二跋折羅を安交し、十字形の如くする』とある。交叉した中央は半球形にして鬼目を表わすのは古様で、那智山出土（平安時代）の作がある。鎌倉時代になると蓮華形になる。
>
> 羯磨台・輪台と同様に八葉蓮華につくる。尊永寺に康暦三年（1381）墨書銘羯磨台がある。」

　兜の前立てのデザインとしては、ここに掲げたの例のように、まず縦に三鈷杵を毛彫りし、横に交叉した三鈷杵は先の三鈷の部分だけを左右に出したほうがおもしろい。この羯磨の前立ての中心に彫られた小さい丸は、「鬼目」という球状の突起が退化したものと思われる。上記の書『仏具』の59頁には、「独鈷杵」について、「金剛杵の基本形態をなすもので、武器としての原形に最も似ている。把の中央に鬼目という球状の突起が普通四個あり、その両端に八葉蓮弁をかざるが、蓮弁の中央にくびれがあって、くくり紐を回し、そのさきに節をもった鋒をつくるが、多くは断面を四角、まれに六角にする。」と述べられている。

73 仙台藩制定の「師之卦」の軍旗と「師卦」(しけ) を表した前立て

　兜の前立てのなかには、ごくまれに、中国から伝来した古代の占いの書である『易』の「八卦」を2個組み合わせた図案を表したものがある。

　ここで取り上げるのは、縦横8.8×6.9cm、奥行き1.2cmの木の厚板で作った「師卦」の前立てである。(A図)

　本体の前面と両側面に、等間隔で5本の溝を彫ったあと、全面に金箔を置き、さらにこれらの溝に赤漆で線を引いて、積み重ねた6個のブロックを表している。そして、下から二番目のブロックを除く5個のブロックの表面中央に黒漆で縦に線を引いて「陰」であることを表し、線を引かないブロックは「陽」であることを表している。引かれた線の漆はほとんど剥げ落ちているが、痕跡が残っているので、判別することができる。上の三つのブロック［上卦］は「坤」(地)を表し、下の三つのブロック［下卦］は「坎」(水)を表すことになる。そして、上卦と下卦とを重ねると「地水師」卦となる。

A図　「師卦」の前立て　　　　　B図　「師卦」の前立ての裏面に書かれた文字

　この前立ての裏面には、横線を引かない平らな面に金箔が置かれている。(B図) その面に、右から赤黒い漆で漢字が4行縦書きされている。1行目には、「師出以律否(?)」の6文字が書かれている。2行目には、「凶」の1字が書かれている。3行目には、「大君(?)命開国」の6字が書かれて

いる。4行目には、「(?)(?)小人勿用」の6字が書かれている。判読がむつかしい文字には、「?」マークをつけた。

「師卦」を表すこの前立ての左上には、直径2cmの金色の玉が短い針金によって取り付けられている。これは、旗竿の上につける印を意味する。そうすると、この前立ては、「師卦」の軍旗を象徴することになる。

江戸時代に「師之卦」の旗を制定したのは、仙台藩の伊達家である。仙台市博物館には、藩主伊達家に伝わった江戸時代の軍制を知る資料が、同家から寄贈され、保管されている。これらの資料は、仙台市博物館収蔵資料図録⑥『武器・武具』(同博物館、1995)にその写真や図版を掲げて、解説されている。そのなかに、135「当家軍器図巻」2巻（幅33.6cm）や、138「安政四年御野行列」1巻（幅22.4cm）がある。

上記の図録62頁には、「当家軍器図巻」の一部の写真が上下2段にかかげられている。上段の写真には、右から「当家代々勝色旗」、「日の丸大龍」、「師之卦小龍」、「隊旗五本　神号白文字（亀岡八幡太祇）」および「隊旗五本　神号白文字（一宮塩釜大明神）」の図がでている。「日之丸大龍」のつぎに掲げられている「師之卦小龍」は、旗布の白地全面に、墨で「師之卦」が描かれている。（C図）

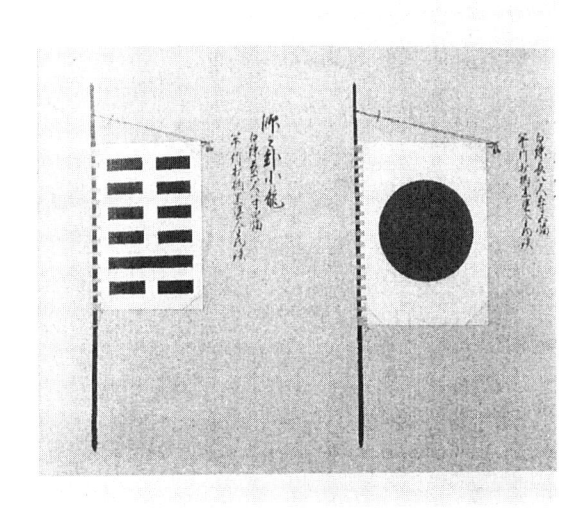

C図　「当家軍器図巻」に描かれた伊達家制定の「日の丸大龍」(右)と「師之卦小龍」(左)

上記目録91頁には、「当家軍器図巻」について、つぎのような解説がでている：

　「135.当家軍器図巻　　　　　　二巻
　　　　　　　　　　　　　　　各幅33.6
　　　江戸時代中期　　　　　　伊達家寄贈文化財

　伊達家の当主や御曹子の旗を始め、陣太鼓・陣貝・軍鐘、兜の合印金八日月の前立など、色の組み合わせで区別された大番頭の長柄槍と旗、色の異なった水玉で表す江戸番頭の母衣、役目ごとに着用した法被（陣羽織）、役目別の袋、小人組などの法被が説明とともに図示される。家中の軍装の様子が知られるもので、図中の旗の幾つかは当館所蔵となっている。師の卦の旗は四代伊達綱村の延宝７年（1679）11月に初めて製され、前立も綱村の時に制定された。亀岡・塩釜の神号旗は図版112の旗にあたり、５代吉村の代に製された持明院基雄筆のものが描かれていることから、享保７年（1722）以後の製作になるもととおもわれる。」

伊達藩の資料として上記目録の最後に掲げられているのは、64頁にでている「138.安政四年御野行列」の図である。その中に「師之卦」の旗を持って行進をする場面が描かれている。（D図）

D図　「安政四年御野行列」の隊士が「帰卦」の旗を持って行進する図

この図については、同目録の91頁に、つぎのように解説されている：
「138.安政四年御野行列　　　　　　　一巻
　　　　　　　　　　　　　　　　　幅22.4
　　　江戸時代後期　　　　　　　　伊達家寄贈文化財
　藩主が、仙台で正月を迎える年の1月3日には、御野初（おのぞめ）と呼ばれる雉子狩に名を借りた軍事訓練が行われた。この図は安政4年（1857）に行なわれた13代藩主伊達慶邦の行列を描いたもので、御野初は岩切、松森一帯（現仙台市）で繰り広げられた。白地日の丸旗や師之卦の旗を押し立てており、日の丸旗の説明には「風有之節四方綱ヲ引申候」と記されている。」

なお、仙台市博物館図録①『仙台藩関係資料』（改訂版）（1980）の17頁には、「伊達家軍旗図巻」のカラー複製が掲げられている。同頁にでているこの資料の解説の末尾には、「旗の一部に、四代藩主綱村の時代に制定された軍旗がふくまれているので、江戸時代中期以降の制作のよるものと考えられる」と記されている。

江戸幕府が米、英、露の諸国と和親条約（Treaty of Peace and Amity）を締結したのは、1854年（安政元年）である。そして、1858年（安政5年）には、米、英、仏、露、蘭の諸国と修好通商条約（Treaty of Amity and Commerce）を締結した。19世紀にはいると（文化、文政、天保，弘化、嘉永、安政、万延、文久、元治、慶応から明治となる）、これらの国の商船や軍艦が頻繁にやってくる。幕府は、江戸湾防備のために、諸藩に武装した藩士の出動を命ずる。そのときの沿岸警備の配置図が、木版刷り「海陸御固泰平鑑」というような名称を付して巷で販売された。コレクターのあいだでは、「お固めもの」と呼ばれるそうである。川越市立博物館で1998年10月3日から11月8日まで開かれた第13回企画展の図録『黒船来航と川越藩』（同博物館編集発行）には、諸藩から参加した江戸湾防備の資料が掲げられている。

74 仏具「鰐口」(わにぐち)を木に彫刻した錆地塗りの前立て

　鉦鼓を2個空洞の部分を向かい合わせに張り合わせた鋳銅製の打楽器は、日本では、寺社の拝殿入り口に上から吊るされているから、「鰐口」としてよく知られている。この仏具の1種である鰐口を木彫で立体的に表現して兜の前立てのデザインとするには、工夫を要する。ここに示すのが、そのような前立ての例である。(A図)

A図　表を濃褐色の錆地塗りにした「鰐口」の前立て

　この前立ては、軽い木を彫刻して作り、表側は、濃褐色でザラザラした錆地塗りで仕上げられている。縦横12×13cmで、鰐口の縁の直径は10.3cmである。鰐口の実物は、裏面が空いている鉦鼓を2枚合わせた構造になっているが、この前立ては、裏を削って外周直径10.2cmの椀にし、その全面に金箔が置かれている。(B図) 正面からは見えない口の内側にも、金箔が置かれている。椀になっているのは、水呑みとして使うことができるようにす

B図　椀状に削り金箔を置いた「鰐口」前立の裏面

C図　「鰐口」前立て金箔を置いた口が見える部分

るためである。金箔を置いた口の中央下側に小さい穴が開けられているのは、細くて短い竹のピンを差し込み、その先を兜の角本の穴に入れて固定するためである。(C図)

　鰐口は上から吊るして使う楽器であるから、上部の合わせ目のところに、環が2個つけられている。この環は、「耳」と呼ばれている。この前立ての鰐口にも、耳が2個つけられている。側面の口の両端についている非常に短い円筒は、「目」と呼ばれている。漏斗形に削られた目の内側にも、金箔が置かれている。したがって、この前立ては、正面から見ると、地味なザラザラした濃褐色の小型鰐口であるが、横からは口と耳の内側の金が見えて高級の前立てらしい品位を感じさせる。

　家紋の図鑑に鰐口紋はでていないから、この前立ては、家紋にゆらいするものではないと考えられる。この前立ての作者が、あえて片面を略した「鰐口」をデザインとしたのは、だれでも寺社の拝殿で鳴らすことができる鰐口のほうが庶民に親しまれていることと、その形がユニークでおもしろいことにあると思われる。

　この鰐口の前立ての中心にある花弁で囲った円は、「撞座(つきざ)」と呼ばれる。その外側の太い円と、その外側の細い円とのあいだは「内区(ないく)」、この細い円とその外の太い円とのあいだは「外区(がいく)」と呼ばれる。この太い円と縁とのあいだは、「銘帯(めいたい)」と呼ばれる。上から吊るす環がついている部分は、「肩(かた)」と

74　仏具「鰐口」を木に彫刻した錆地塗りの前立て　257

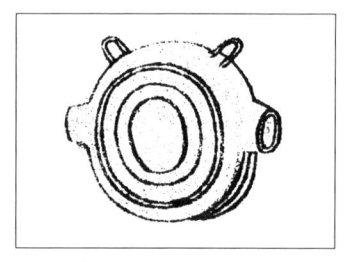

D図 『北斎漫画』二編のなかの一面にでている金属製道具や器具の略画のなかの「鰐口」の略画

呼ばれる。

　文化12年（1815）に刊行された『北斎漫画』二編には、25種類の金属製の道具や器具の略画が1頁に収めて掲げられている。そのなかに、斜め横から見た鰐口の略画が含められている。（D図）

　蔵田蔵編『仏具』（日本の美術 No.16）（至文堂、1967）の55頁と57頁には、「鰐口」について、つぎのような説明がでている：

「金鼓・金口・打響・打具・打鳴・打金などの名称にてもよばれる。鰐口という名は関東方面に多く、金鼓というのは関西に多いときく。──金鼓は、梵鐘。鉦鼓の呼称にも用いられているが、『びらがね』の名があっても、これだけでは鰐口とも鉦鼓とも判明しない。しかし、この法具の源流が朝鮮にあることは確実で京都府智恩寺に至治二年（1322）在銘の作に『禁口』とあり、これは金鼓に通じるもので、三耳である以外の点ではわが国の鰐口に同じである。朝鮮で金鼓と称するものは、薄手の太鼓形をなし、片面は外縁だけで中央をくりぬいたものをいう。この種のも、二者を合したものが鰐口であろうか。──鰐口は鉦鼓を二つ張り合わせた形にし、上方に釣るため二耳をつくり、下辺の縁に大きい口を一文字に開いて鋳造される。鰐口の名はその形から来たものか。」

　ウエバー『KOJI HOTEN　古事寶典』は、"Wani"の項目で「日本語で"crocodile"を意味する語。この名称は、古い物語のなかで不可思議な怪獣、おそらく龍の一種、に与えられた。」と説明し、"Wani–guchi"（"gueule de crocodile"）については、「木で作り、寺院でゴングとして用いられる怪魚の頭」（"Moku–gyo"を見よ）と書かれている。この説明は、金属で作られた鰐口と木魚の口とを混同しているのではないかと思われる。

　平凡社『世界大百科事典』の「わにぐち　鰐口」の項目では、「寺社で用いる金属製打楽器。金鼓（金口）ともいう。鋳銅製が一般的だが、鋳鉄製の

ものもある。鉦鼓を二つ張り合わせた丸い＜もなかの皮＞のような形で、中央に撞座を設け、上方につり下げるための耳を両方に設け、下の半周分程度が大きく一文字に開いている。その大きな口から鰐口と称したらしく、本堂や拝殿の長押や梁にかけ、前につり下げた紐（鉦の緒という）で打ち鳴らす。各寺社に遺品が多く、最古の銘を有するのは長保3年（1001）銘、東京国立博物館蔵といわれる。」という説明がでている。

　1936年12月から38年4月にかけて発行された『工藝百科大図鑑』の復刻版3巻（村田書店、1977）をさらに複製した『諸国デザイン図鑑』（青幻舎、2005）の第2巻132頁には、寺社の拝殿に釣り下げられた鰐口の略図が掲げられている。

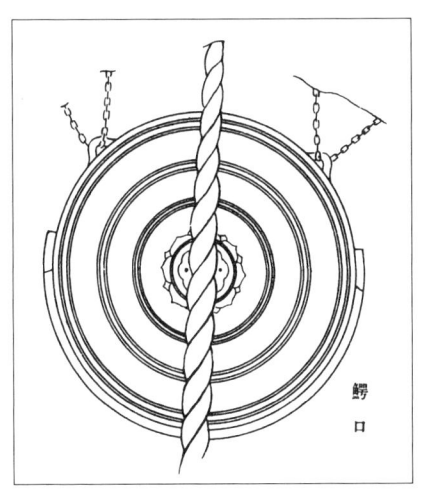

E図　『諸国デザイン図鑑』2巻132頁にでている「鰐口」の略画

　上記の『仏具』56頁には、東京国立博物館にあるわが国で最古の記年銘作長保3年（1001）銘の鰐口の写眞が掲げられている。

75 能面「飛出」（とびで）の表情をした木彫仮面の前立て

　江戸時代に当世具足の兜につけるために作った前立てのなかには、まれに、人間の仮面を前立て用にデザインしたものがある。ここに掲げる前立ては、その1例である。（A図）

　この前立てが、日本に古代から伝わっている多くの種類の仮面のなかのどれに該当するかを確認するため、仮面の参考書数冊にあたって調べた結果、伎楽面、舞楽面、行道面、能面、狂言面などのような定型的な仮面のどれに属するものでもなく、いわゆる民間の仮面といわれるものの一つではないかと判断するにいたった。

A図　仮面「飛出」の前立て

しかし、この前立ての顔の表情が定型的な面のどれに似ているかというと、能面の「飛出」にもっとも近いのではないかと思われる。大きい目玉が跳び出ているばかりでなく、口を大きく開けて舌を少し巻き上げているからである。口を大きく開けた能面には、顰や獅子口もあるが、これらの面は、眉の両端を上げ、目尻を吊り上げて怒った表情である。この前立てとは、表情が基本的にことなる。

　『広辞苑』は、「とびで［飛出］」について、「能面の一つ。口を大きく開き目玉が飛び出すように開いた異相面。大飛出は豪快な神に、小飛出は畜類などにもちいる」という説明をかかげている。

　能面の癋見は、目玉が飛び出しているが、口をしっかり閉じている。

　この前立ては、冠の上端から顎の下端まで20.5cm ある。頭上から顎の下端までは、15.5cmである。裏には、下端に真鍮製の鶴首がつけられ、兜の祓立に差し込んで取り付けられるようになっている。兜につけてみると、この面が前立てとして作られたものだということがわかる。

　仮面の出来が良いか悪いかは裏を見るとよくわかる、といわれている。この前立てもそうである。兜の前立てとするため、顔の真ん中から顎先にかけて、鑿で木がえぐられている。出来からいって、相当身分の高い人の兜に付けられていたものと判断される。

　顔の表面には、薄く茶褐色の漆がかけられている。塗りが薄いため、彫刻刀で削ったあとが良くわかる。これも、作品を迫力あるものにする助けとなっている。目玉は、金地に黒で描かれている。口には、赤漆が塗られている。裏には、黒漆が薄くかけられている。

　参考までに、ウエバー『KOJI HOTEN 古事寶典』の"MASQUES"の項目のFig.588にでている各種能面のなかの「大飛出」面の写真を掲げておく。（B図）

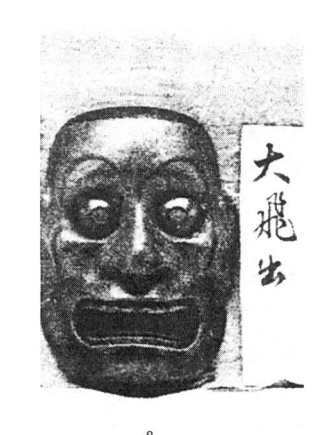

Fig. 588. — Masques de "nô" (d'après le "Bi-jitsu

B図　能面「大飛出」

76 北方守護の「毘沙門天」が片手に持つ「矛」（ほこ）の前立て

　この書の32「銅板に彫金した『毘沙門天』立像の前立て」で取り上げた薄い銅板に打ち出された毘沙門天は、左手に仏塔を捧げ持ち、右手に矛を持って、踏みつけた邪鬼の上に立っている。毘沙門天は、ヒンズー教の叙事詩「マハーバーラタ」などにでてくる北方の守護神バイシュラバナ（Vaisravana）である。仏教では、須弥山の第四層において、四天王の随一として夜叉・羅刹の衆を率いて北方を守護する武神であって、常に仏の道場を守護して法を聞くため「多聞天」と称されている。

　文化12年（1815）に刊行された『北斎漫画』三編には、「四天王」の1人として右手に宝塔を、左手に矛を持った多聞天の立った姿が描かれている。（A図）この絵には、「多門天王」と表示されている。

　毘沙門天は仏教の伝来とともに到来した武神であるから、上杉謙信（1530～78；享禄3～天正6）のように、これをパトロンとする武将も出てきた。毘沙門天が持っている矛を象った兜の前立てが用いられるのも、このような信心にもとづくものと思われる。北斎が描いた「多門天」が持っている矛とくらべると、ここで取り上げる前立て2例は、いずれも毘沙門天の矛を象ったものである。

　第1の例は、高さ14.5cm、矛先の幅4.3cm、黒漆を塗ったうえに金箔を置いた非常に小型の矛の前立てである。

　（B図）柄の下端が細く削られ、黒く塗られているから、大きい前立ての真中に挿し込んで使ったものであろう。

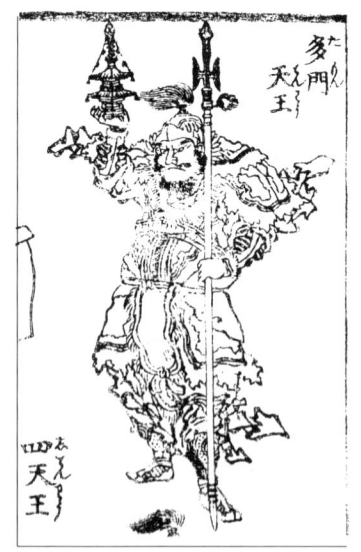

A図　『北斎漫画』三編にでている右手に宝塔を捧げ左手に矛の柄をにぎった多門天王の立像

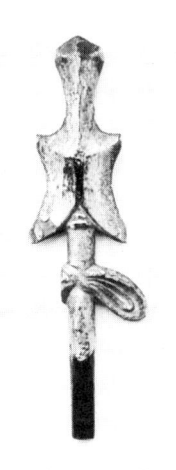

B図　木で作り金箔を置
　　いた矛の前立て

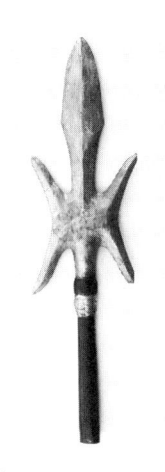

C図　木を削って穂先を作り銀箔を置い
　　た矛の前立て

　第2の例は、1枚の板を削って穂先を作り、柄をつけた高さ36.5cmの矛の前立てである。（C図）穂先の長さは21.5cm、横幅は10cmである。矛先は、黒漆塗りのうえに銀箔が置かれている。この矛は、『北斎漫画』三編にでている多門天王が左手に持っている矛とよくにている。

　学研発行の Books Esoterica－1『密教の本』（学習研究社、1992）は、214頁で、毘沙門天が日本に請来され武将の信仰の対象になった過程について、つぎのように述べている：

> 「日本における毘沙門天信仰は、仏教の伝来とともにはじまる。仏教に深く帰依し、日本ではじめて仏教による国内統一をめざした聖徳太子は、物部氏との抗争で戦勝祈願のため、小さな四天王像を髪の中にいれて戦った。勝利した聖徳太子は誓願した通り、摂津の玉造に四天王寺を建立した。それ以来、毘沙門天は戦いの神、鎮護国家の神として信仰され、全国各地に国分寺が建立されるとともに伝播したといわれている。
> 毘沙門天は、中世においても武神として深く尊崇された。楠正成の母親は、立派な男の子を得たいと、信貴山の毘沙門天に祈願をかけて、正成を生み、毘沙門天の武勇にあやかるよう、正成の幼名を多聞丸と名づけた。また、名将上杉謙信も毘沙門天を信仰し、『毘』の字を旗印として戦ったのである。」

77 仙台藩片倉家の合印「愛宕山大権現守護所」護符の前立て

　護符の前立てというと、金箔地の上に「愛宕山大権現守護所」と黒漆で書いた短冊形の前立てが典型的な例として挙げられる。仙台藩の片倉家では、八日月の前立てに重ねて、これを合印として使わせたからである。

　仙台市博物権発行の特別展目録『伊達政宗と家臣たち——乱世を生きた男の群像』(1987)の4頁と5頁にそれぞれ写真が掲げられている「緋縅五枚胴具足」と「鉄黒漆五枚胴具足」には、いずれも筋兜に八日月の前立てとこの護符の前立てが重ねてつけられている。

　後者には、「片倉家伝来の具足。景綱の嫡子重綱が大坂夏の陣で使用したと伝えられる。型は政宗所用の具足と同じ、八日月の前立ての前に、重綱が信仰した愛宕山権現の守札が付く。これは片倉家中の合印（目印）となった。重綱は万治二年（1659）没。七十六歳。」という説明がついている。

　兜に八日月の前立てに重ねて「愛宕山大権現守護所」と書いた短冊形の護符をつけた片倉重綱の具足のカラー写真は、仙台市博物館収蔵資料図録⑥『武器・武具』（仙台市博物館、1995）に、18「黒塗五枚胴具足　伝片倉重綱所用」として掲げられている。また、1999年1月1日から1月26日まで熱田神宮宝物館で開催された新春特別展のカタログ『日本の武器・武具——神仏への祈りとかたち』の39頁にも、39「黒漆五枚胴具足」として片倉重綱の具足の写真が掲げられている。さらに、歴史群像シリーズ特別編集『図説・戦国武将』（学習研究社、2001）の18頁には、「片倉景綱」の肖像画とともに、「景綱の嫡子・重綱所用黒漆塗五枚胴具足」と表示して同じ写真を掲げている。

　日本甲冑武具研究会編『日本の甲冑』（徳間書店、1963）の157頁には、図示する各種の前立てのなかに、「護符の前立」と表示して、この前立てをつけた筋兜の略図が掲げられている。

　片倉家の合印として使われた護符の前立ては、縦3寸、横幅2寸の短冊型に作られている。表面に金箔を置く。一番上に宝珠の紋章を描き、その下に

「愛宕山大権現守護所」の文字が縦書きされている。しかし、いくつかの例をくらべると、使われている材料や、描かれている宝珠の紋章のデザインなどに違いがあっておもしろい。ここに、3例を示して、比べてみよう。

A図　仙台藩片倉家の護符の前立て（2枚革貼合せ）　B図　仙台藩片倉家の護符の前立て（1枚革）　C図　仙台藩片倉家の護符の前立て（和紙貼合せ）

　第1の例は、薄い革を2枚重ねて貼り合わせた、縦横24.2×7.2cmの短冊形の前立てである。（A図）表裏全面に金箔が置かれている。裏面の中央下端につけられている鶴首の鈎を差し込む管も革で作られている。

　第2の例は、1枚の厚い革で作られた、縦横24.3×6.6cmの短冊の表裏および縁の側面に金箔を置いた、3例のなかではもっとも上等である。（B図）中央下端に鶴首の鈎を差し込む溝があけられている。1枚の短冊形の革でできているため、表側に向けて強く反っている。

　第3の例は、和紙を張り合わせて短冊形に裁断した縦横24×6cmの前立てである。（C図）全面に濃褐色の漆を塗ったあと、表と側面の縁にだけ金箔が置かれている。裏面の中央下端に、鶴首の鈎を差し込む溝があけられて

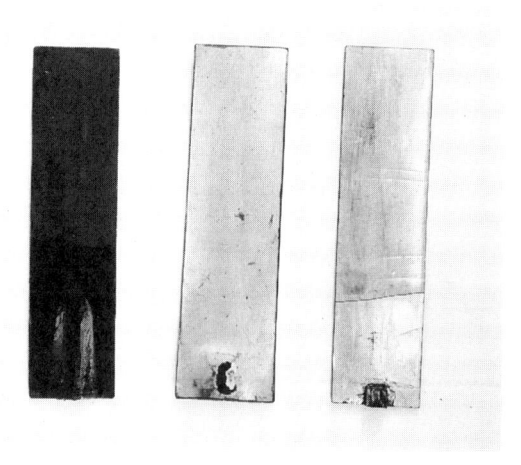

D図　仙台藩片倉家で合印として使われた護符の前立ての裏面（右からA、B、C図の前立て）

いる。

　これら三つの短冊型前立てを裏返して並べた写真を見ると、仕様の違いがわかっておもしろい。（D図）それぞれの表を見ると、宝珠紋の図案や「愛宕大権現守護所」の文字の書き方の違いがわかっておもしろい。

　仙台藩の片倉家で合印として使われた金色の短冊に黒漆で書かれた文字の「愛宕」は地名であり、「権現」は仏教用語である。『広辞苑』には、「ごんげん［権現］」の語について、「［仏］仏・菩薩が衆生を救うために種々の身や物を権（かり）に現すこと。権化。本地垂迹（ほんじすいじゃく）説では、仏が化身してわが国の神として現れること。また、その神の身。熊野三所権現・山王権現の類。」という説明がでている。

　愛宕という地名については、『広辞苑』は、「あたご［愛宕］」の項目のもとで、「━━━　さん〔愛宕山〕京都市北西部、上嵯峨の北部にある山。海抜924メートル。山頂に愛宕神社があって、雷神を祀り、防火の守護神とする。あたごやま。」という説明と、「━━　やま〔愛宕山〕東京都港区芝公園北の丘陵。山上に愛宕神社がある。社前の男坂の石段は曲垣平九郎（まがき）の馬術で有名。もと中央放送局があった。」という説明を掲げている。

78 小円板に「新田一つ引き」(にったひとつびき) 紋を表した前立て

　合印の前立てには、ここに示す例のように、質素な仕立てのものが多い。(A図)この小さくて均等の厚さの木の円板(直径6.5cm、厚さ9mm)の上に金で描かれているのは、引両紋の一種である「新田一つ引き」という家紋である。(B図)幅の広い「一つ引き」は、黒漆の地塗りで表され、上下の半円の部分と、円板の側面には金箔が置かれている。裏面は、黒漆塗りである。円板の下縁には、幅広の二本角本を差し込む溝があけられている。その外側と内側の間隔は、それぞれ4.5cmと2.5cmである。

　幅の広い棒を横に引いた図案の紋章をなぜ「ひきりょう」と呼ぶかについては、いろいろな説があるという。丹羽基二『家紋大図鑑』488頁には、「引両紋は、引領、引輛、引料または引両筋とも書く。その意味については、古来異説が多く、紋章研究家をなやませた」と述べて2、3の説をあげたあと、492頁で『平家物語』九に「平山は……ひおどしの鎧をきて二つ引両のほろをかけ……」というくだりがあるから、源平時代から二つ引両紋があったことがわかると書いている。また、『太平記』のなかに「新田義貞は若宮八幡の拝殿で、錦の袋に入った二つ引両の旗をみて、一つ引両でないから、これは当家のものではない」と呟いた、とあるから、「新田氏が一つ引であることは、これではっきりする」と述べている。

A図　「新田一つ引き」紋の前立て

B図　引両紋の一種「新田一つ引き」紋

78　小円板に「新田一つ引き」紋を表した前立て　267

79 革を切り抜いた「一柳釘抜き」(ひとつやなぎくぎぬき)紋の前立て

家紋図鑑には、釘抜き紋の一種として「一柳釘抜き」紋が掲げられている。(A図) 1870年(明治3)に発行された武鑑『官許列藩一覧』には、播磨国小野藩知事一柳末徳(一万石)の家紋として「一柳釘抜き」紋がでている。(B図)

ここに掲げるのは、「一」文字の下に釘抜きをつけた家紋の前立てである。(C図) 一枚の革を切り抜いて作り、全面に黒漆を塗り、表に金箔を置いている。縦16.5cm、横幅14cmで、一辺5寸の四角形のなかに収まる。裏は、全面黒漆塗りで、釘抜きの下端に角本を差し込む管がつけられている。

厚い革で作られているから、縦の中心線から両側が内に反って曲がっているのがこの前立てに迫力を加えている。

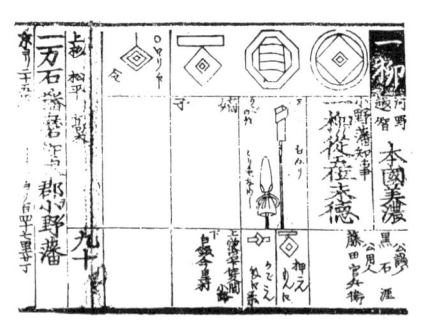

A図 「一柳釘抜き」紋

B図 武鑑にでている播磨国小野藩主一柳末徳の家紋

C図 「一柳釘抜き」紋の前立て

80 開いて杯として使える二枚貝「蛤」（はまぐり）の前立て

　家紋の参考書を見ると、「蛤」紋がいくつかでている。そのなかでもっとも単純なのは、「一つ蛤」紋である。これを2個並べた紋章は、「尻合わせ二つ蛤」と呼ばれる。（A図）

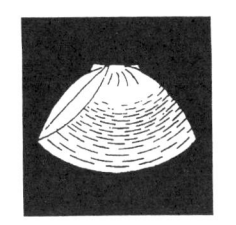

A図　「一つ蛤」紋（左）と「尻合せ二つ蛤」紋（右）

　蛤は、外形が単純であるが、立体的に表現すると美しい工芸作品となる。この前立ては、上記のような単純な蛤の家紋に由来すると思われる。見事に二枚貝である蛤を模している。（B図）木材を非常に薄く削って殻を2枚対照に作り、これを合わせて下につけた真鍮の管を組み合わせて棒をとおすと、2枚の殻が固定されて、完全な蛤の形になる。その高さは20cm、横のもっとも広いところの幅派20.2cmである。二枚合わせて、下の真鍮製の管に棒をとおすと、兜の祓立てにつけること

B図　表を白壇塗りにした「蛤」の前立て

ができる。

　二枚貝の表面は、白檀塗りである、そして放射線状の筋の模様がつけられている。貝殻の内側には、赤漆が塗られている。(C図) このなかに、水または酒をいれて飲むようになっている。水呑みまたは杯兼用の前立ては数多く見られるが、このように二枚貝を合わせるようになったものは珍しい。非常に入念に作られていて、工芸作品として鑑賞することができる前立てである。

C図　赤漆塗りにした二枚具の内側

　小学館『日本国語大辞典』(1975) には、「はまぐり［蛤・文蛤・虫半］」について、つぎのような説明がでている：

「①　マルスダレガイ科の二枚貝。北海道南部以南の沿岸に分布し、浅海の砂泥底にすみ、盛んに養殖されている。殻はほぼ三角形で、長さは8センチぐらい。表面はなめらかで、色彩は変化に富むが灰色の地に褐色または紫色の放射形や斑紋(はんもん)のあるものが多い。内面は白色。肉は美味で、吸物・焼き蛤などとし、殻は胡粉(ごふん)や上等の人形の材料にされる。②①の貝殻。飴、膏薬(こうやく)などを入れ、容器として用いる。また、殻を合わせて、毛抜き代わりにしたり、貝合わせの遊戯に用いたりもする。――③　紋所の名。①を図案化したもの。蛤蝶。丸に三つの蛤、五つ蛤などである。――」

81 径五寸の円板に金箔を置いた「日輪」(にちりん)の合印前立て

　鍍金をしまたは金箔を置いた小型の日輪前立ては、江戸時代の後期に諸藩で多く使われた。これは、直径五寸（15.5cm）の円板を中心から縁に向けて削り、中央下端に角本を差し込む溝を1条彫って蓋をかぶせ、平らに削ったあと、表裏全面に黒漆を塗り金箔を置いた、質素であるが、手馴れた手法で作った前立てである。(A図)

　裏面の左下に、赤漆で「中百八十九」の文字が縦書きされている。(B図) ある藩で数多く作られた合印の前立ての一つであることがわかる。

A図　径五寸の円板に金箔を置いた日輪の前立て（表）

B図　「中百八十九」の番号を赤漆で縦書きした裏面

82 和紙で作り黒漆地に銀箔を置いた「鯖尾」(さばお) の前立て

　江戸時代には魚の尻尾の形が侍グッズの立体的なデザインとして使われたといえば、当世具足の愛好者はすぐ「鯖尾形(さばおなり)」の兜のことだと思うであろう。靖国神社の遊就館に行けば、鯖尾形兜を見ることができる。1978年10月5日から11月13日まで開かれた展覧会の目録『靖国神社遊就館所蔵甲冑武具展』(靖国神社社務所、1978) には、展示番号45「黒漆塗鯖尾形張懸兜」(安土桃山時代) の写真が掲げられている。同目録の巻末にでている解説には、この兜について、「鯖の尾が二岐に裂けた形を象ったもので、異形の兜を好んだ当時はこうした人目につく形をねらったものであろう。鯖尾と燕尾は混同され勝であるが、先端が長く伸びていない形は鯖尾であろう。――――」と説明されている。

　平凡社『世界大百科事典』の「サバ　鯖　mackerel」の項目では、「スズキ目サバ科サバ亜科に属する海産魚の総称。日本近海にはマサバ Scomber japonicus, ゴマサバ S. australasicus, およびグルクマ Rastrelliger kanagurta の3種が分布する。このうち、グルクマは熱帯系で沖縄以南に分布し、漁獲量も少ないため、ふつうサバといえばマサバとゴマサバを指す。――――――（谷内透）」と説明する。この項目のイラストレーションとして、マ

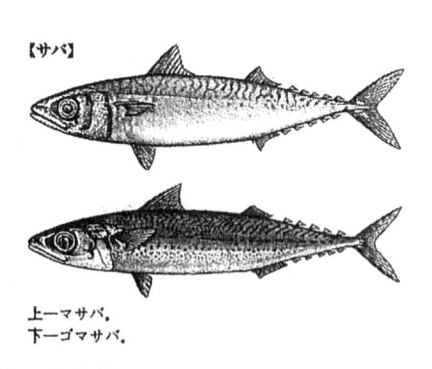

【サバ】

上―マサバ．
下―ゴマサバ．

A図　平凡社『世界大百科事典』の「サバ　鯖」の項目にでているマサバ（上）とゴマサバ（下）の図

サバとゴマサバの図が掲げられている。(A図)

　ここで取り上げるのは、高さ14cm、横幅29cmの「鯖尾」の前立てである。(B図) 和紙を何枚も貼り合わせて成型したのち、表裏全面に黒漆を薄く塗り、その上に銀箔を置いている。裏側のまんなかに兜の角本を差し込む装置がつけられている。

　「鯖尾」を前立てのデザインに用いた理由は、よくわからない。家紋にゆらいするものではないとすると、縁起とか信心といった民俗信仰にもとづくものであろう。

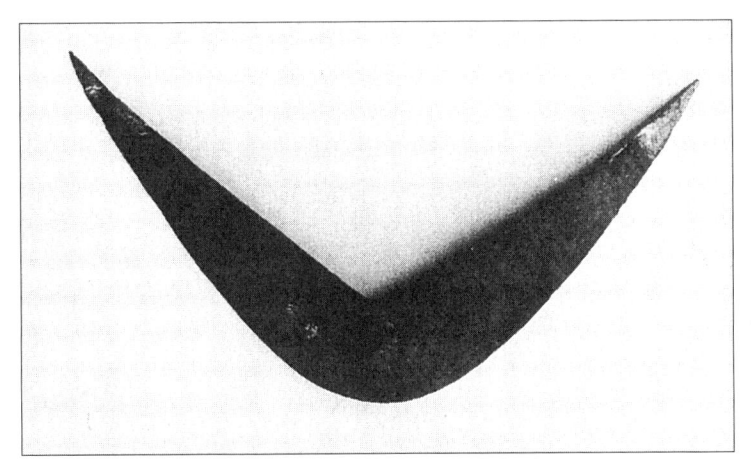

B図　和紙を貼り合わせて成型し黒漆塗りの地に銀箔を置いた「鯖尾」の前立て

　上記の遊就館甲冑武具展の目録には、さらに展示番号46「燕尾形張懸兜」の写真が出ている。この兜については、「燕の二つに岐れた尾羽を象ったもので。丸鉢に張懸けて作り黒漆を塗って銀箔を置いたものである。」と説明されている。この兜の形も、鯖尾といって差し支えない。

82　和紙で作り黒漆地に銀箔を置いた「鯖尾」の前立て　273

83 「隅入り平角に片喰」(すみいりひらかくにかたばみ) 紋の前立て

　大正年代から昭和初期にかけて盛んに行われた古美術品競売の目録には、旧大名家が所持していた刀剣その他の武具や甲冑の写真を掲げたものがある。これは、1925年ころ、東両国の東京美術倶楽部で、株式会社東都美術協会が札元となって行われた競売の目録に、173「時代赤銅金具兜」と表示して掲載された兜の写真である。（A図）

A図　「隅入り平角に片喰」紋を前立てと吹返し金具に表示した兜（東京美術倶楽部の競売目録に掲載）

　この目録の表紙には、『毛く録』「舎身居士田中弘之氏並に某旧家御蔵品入札12月10,11両日下見、12月12日入札並ニ開札」と表示されている。しかし、この競売が行われた年は記載されていない。同じ時代の他の競売目録とくらべると、これは、大正末期か昭和初期に行われた競売の目録と思われる。

B図　「隅入り平角に片喰」紋

　この競売目録に出ている兜を取り上げたのは、所有者の家紋「隅入り平角に片喰」を表示する吹返しの紋金具と同じデザインの家紋を表示する三寸平方の前立てをつけているからである。家紋の図鑑を見ると、「酢漿草(かたばみ)」紋の一種として「隅入り平角に片喰」紋の図がでている。(B図)

　この前立ては、金属板に「隅入り平角に片喰」紋を打ち出して作られているようである。比較的大型の吹返し紋金具とまったく同じデザインの家紋を前立てにも使うのも、幕末の侍ファッションの特色であったといえよう。

84 金革張り円板に黒漆で「丸に五つ柏」紋を描いた前立て

　これは、家紋を表示した合印の前立てであるが、製作の仕様が変わっている。(A図)薄い木の円板の両面に革を張り、金箔を置いて、その上に黒漆で「丸に五つ柏」紋を描いた直径17.2cmの前立てである。この円板には、中央下端に長さ2cm位の短い足がでている。この足は、鯨のひげの薄く平たい棒を立てに二つに割って、革をはるまえの円板を挟んだあと、円板からはみ出た部分を四角に削って作られている。

A図　金箔地に黒漆で「丸に五つ柏」紋を描いた前立て

　この前立てには、表裏の違いがない。両面に張った革の金箔地にまったく同じように家紋が描かれている。さらに変わっているのは、この前立てには、

長さ10.8cmの筒がついていることである。この筒は、木でできている。上端には前立ての円板の足を差し込む穴があり、下端には兜の角本を差し込む溝がある。そして、この筒には、黒い熊毛が植えられている。円板にこの熊毛の筒をつけてみると、相当高級の前立てであることがわかる。

B図　家紋図鑑にでている「中輪に五つ柏」紋

　この前立に表示された家紋は、家紋図鑑に「柏」紋の一種としてでている「中輪に五つ柏」紋に近似し、柏の葉5枚をかこむ輪が太いから、その名称には「中輪」のかわりに「丸」を使えばよい。(B図)

　この前立てのように、家紋のデザインとしてよく使われる「柏」について、丹羽基二『家紋大図鑑』(秋田書店、1971)の168頁には、つぎのように説明されている：

　「カシワは『堅し葉』で、大むかしはこの堅い木の葉の大形のものによく食を盛った。『万葉集』二に「家にあれば笥に盛る飯を草枕、旅にしあれば椎の葉に盛る」とあるのは、椎の葉がカシワだからである。しかし、このカシワのなかで、もっとも多く利用されたのが柏(正しくは槲)だったのである。カタチも大きさも手ごろで、葉も厚くしなやかだからである。それゆえ、いつの間にか、食器専用の葉となってしまった。のち、食膳を掌る専門職を膳夫というようになったのも、ここからきている。陶器製造が発達し、種々の食器がうまれても、宮中ではいまだ大嘗会の式典等にカシワの葉を用いている。それどころか、われわれも柏餅をつつむのにカシワの葉を用いている。」

85 革を切り金箔を置いた「向う鉢巻の結び目」を象った前立て

　威勢のよい姿とされた向う鉢巻は、具足をつけた戦場のファッションでもあった。烏帽子形や頭巾形の兜に向う鉢巻の飾りをつけた例は、多く見られる。近江国膳所の本多家4代本多康慶出陣を描いた陣立屏風には、兜に「本」の字の前立てをつけた大将や武将のほかに、黒漆地に赤で「本」の字を大きく書いた胴をつけ、兜や陣笠をかぶらないで、頭に白い布の向う鉢巻をした徒歩武者の姿が描かれている。（A図）この絵は、別冊太陽『江戸大名百家』（平凡社、1978）の83頁にカラーで掲載されている。

A図　兜に「本」字の前立てをつけた武者と「本」字を表示した胴を着用し向う鉢巻をした武者を描いた本多康慶出陣の陣立屏風の一部

　久能山東照宮所蔵の第7代将軍徳川家継所用の具足についている烏帽子兜につけられている向う鉢巻や、靖国神社遊就館に乃木大将の遺品として保存されている腹巻具足の長烏帽子兜の向う鉢巻は、鉢巻を兜の鉢に仕付け、その結び目を前立てとして正面に取り付けている。

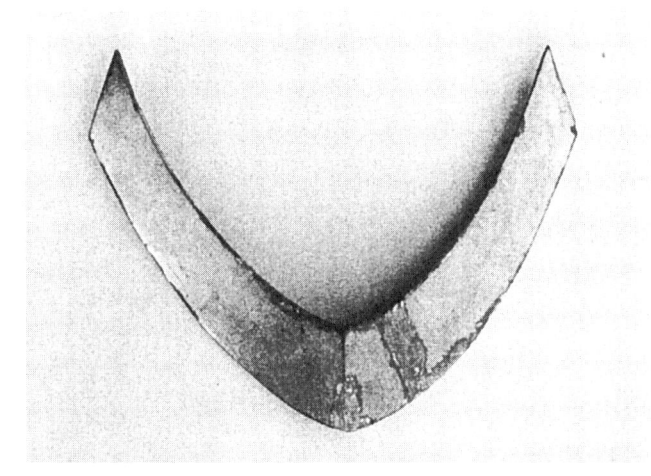

B図　革で作り金箔を置いた向う鉢巻の結び目デザインの前立て

　ここに示すのは、鉢巻の結び目だけを抽象的に表現したＶ字形デザインの前立てである。(Ｂ図)これは、一枚の革をＶ字形に切り、中央下端を左右に折り、裏に兜の角本を差し込む溝を彫った木を貼り付けたあと、表裏全面に黒漆を塗り金箔を置いた、非常に念入りに作った前立てである。Ｖ字の上部両端をカットした、尖った形を見ると、向う鉢巻の結び目の両端を表現していることがわかる。大きさは、縦横16×22cmである。

　向う鉢巻をした姿は、火事が絶えなかった江戸城下町の火消しの粋な、勇ましく格好のよいスタイルであった。その姿は、芝居版画にも描かれた。ここに掲げるのは、豊原国周筆、中村艶雀が演ずる向う鉢巻をする火消しの姿を描いた芝居絵である。
(Ｃ図)

Ｃ図　向う鉢巻をする火消しを描いた芝居版画

86 柄の先に鍛鉄の爪をつけた「熊手」（くまで）の前立て

　『広辞苑』には、「くまで［熊手］」の語について、「①長い柄のさきにクマの爪のような鉄爪を数個並べつけたもので、平安末期以来、戦陣で敵をひっかけて捕らえるのに用いた武器。鉄塔。──②穀物・落葉などを掻き寄せる竹製の道具。──③竹製の熊手に、おかめの面、模造小判などを飾りつけたもの。年中の福徳をかきよせる縁起物として、東京の酉の市で売る。」という説明がでている。

　江戸時代にも熊手が武器として用いられたことは、嘉永元年（1848）に発行された小林祐献編画『武器二百図』に「熊手　鞘巻　薙鎌　雁鋒」の読み札に対応する絵札に4本描かれている棒武器の右端に熊手の略画がでていることからもわかる。（A図）樫の長い棒の先につけた熊手は、船戦さの武器として作られた。（B図）

　ここに紹介する「熊手」デザインの前立て2例は、いずれも、短い木の棒の先につけた熊手の爪に頑丈な鉄の鈎が使われている。したがって、兜からはずすと、具足をつけた敵を引っかくために使うことが

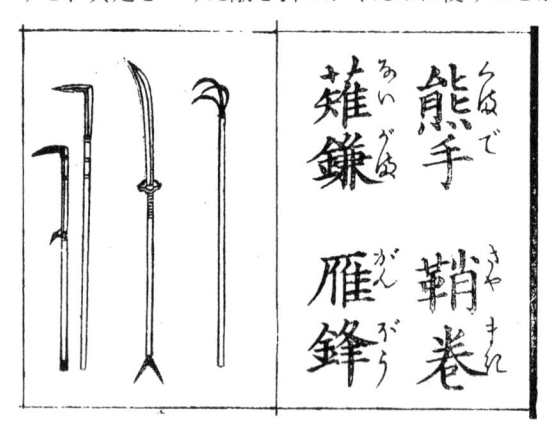

A図　小林祐献編画『武器二百図』にでている読み札（右）と絵札（左）

B図　船戦さに使われた熊手

できる。

　第1は、全長22cmの熊手の前立てである。(C図)柄の下端の背の部分に溝が彫られている。そこに兜の角本をあてがって、紐でくくってとめるのである。(D図)熊手の先には、5本の鉤がついている。鉤の鉄棒の太さは、五寸釘くらいである。これを束ねた根元は袋になっている。ちょうど袋槍穂のように、柄の先端を差し込んで、釘をさして固定されている。鉄の鉤には黒漆が塗られ、その上に白檀塗りの金箔が置かれている。柄は、黒漆塗りである。兜につけるとき、表は熊手の鉤の内側である。

　この前立てを兜からはずすと、いろいろな役に立てることができる。まず、敵の具足に熊手の鉤をかけて、相手の自由を奪うことができる。陣営においては、この熊手で土を掻くことができる。このような実用をかねた前立てが作られるようになったのは、江戸時代の後半である。もっとも、実用品として使うことのできる前立ての多くは、この書でいくつも例を示したように、

C図　5本の爪をつけた鉤の袋に柄の先を差し込んで釘で止めた熊手の前立ての内側（表）

D図　5本の爪をつけた鉤の熊手前立ての外側（裏）

86　柄の先に鍛鉄の爪をつけた「熊手」の前立て　281

水を飲む器になっている。熊手の前立てはめずらしい。保存状態が非常によく、使われた形跡がないから、長年、具足櫃のなかに収納されたままになっていたものと思う。この前立ては、『刀剣春秋』394号（1989年3月15日号）掲載の「熊手の前立」と題する記事で紹介した。

　つぎに取り上げるのは、長さ一尺（30.3cm）の樫の棒の下端に鍛鉄の三つ爪をつけた熊手の前立てである。三つ爪の中子を棒の溝に差し込み、その上に鉄輪をはめて固定した前立てである。（E図）鉄で作った重い熊手の鉤を下にし、熊手の内側を表にし、熊手の外側を裏にして兜につけることができるように、熊手の鉤を差し込んだ付け根と嵌めた鉄輪とのあいだに深さ5cmの溝があけられている。（F図）鉤および柄の樫棒を含めて全面に黒漆をかけ、金箔がおかれている。柄の下端（前立ての上端）と鉤の中爪の先端（前立ての下端）との間の寸法は32.5cmである。

　いずれの熊手の前立ても、武器として十分実用に耐えうるように、頑丈に作られている。

E図　一尺の樫棒の先に鍛鉄の三本鈎をつけた熊手の前立の内側（表）

F図　三本鈎をつけた熊手の前立ての外側（裏）

87 異なる仕様で「御神火」(ごしんか)を象った前立て

　東京都港区元赤坂のサントリービル11階にあるサントリー美術館では、1996年6月3日から7月13日まで、「奇想のデザイン——変り兜と陣羽織」と題する展覧会が開かれた。『刀剣春秋』329号(1996年7月1日付)の8頁には、催し物の案内のなかに、この展覧会を紹介する記事がでていた。この展覧会については、「桃山時代から江戸期にかけて流行した変り兜60余点と陣羽織40点が展示去れている」と書かれていた。そして、「黒黄羅紗地御神火模様陣羽織」の写真が掲げられていた。(A図)

　この陣羽織の背中には、黄色い羅紗で火山が大きく大胆に描かれている。そして、この火山の頂には、黒い羅紗地を背景に、一条の火焔が、渦を巻いた根元から上に向かってくねくねと立ち上がった図が白羅紗を使って描かれている。この陣羽織の名称には、この火焔のことを、「御神火」と表示されている。

　『広辞苑』には、「しん・か [神火(ミクワ)]」の語について、「①不思議な火。②神聖な火。」という説明がでているにすぎない。しかし、同辞典には、「ひ・だま [火玉]」の語について「①球の形をして空中を飛び行くもの。また、そのような怪火。ひのたま。②煙管(キセル)の煙皿の、煙草の火のかたまり。」とい

A図　サントリー美術館蔵「黒黄羅紗地御神火模様陣羽織」

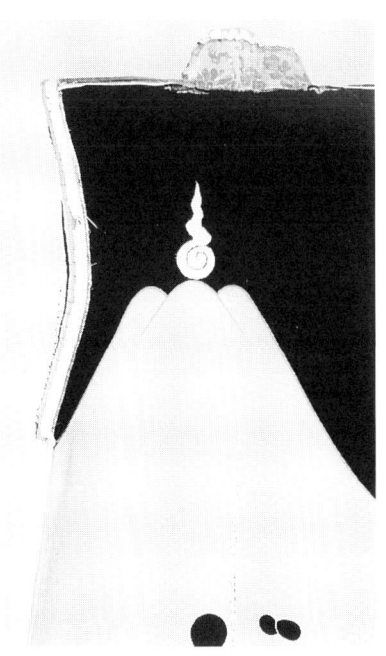

う説明が、また、「ひのたま [火の玉]」については、「①火のかたまり。②墓地・沼沢などに、夜みえる光の塊。おにび・ひとだまなど。」という説明

がでている。さらに、この辞典は、「おにび［鬼火］」の項目について、つぎのような説明を掲げている：

「①火山などで、硫黄の燃える炎。伊豆風土記逸文『山岸の窟の中に火焔隆りに発りて──いたく燐烈る』②湿地に小雨の降る闇夜などに燃え出て、空中に浮遊する青火。燐化水素の燃焼との説があるが、不明。陰火。ゆうれいび。きつねび。③出棺の時の門火。」

上記の鬼火の語義説明の最初に掲げられている「火山などで硫黄の燃える火」が、A図の陣羽織に描かれた山頂に浮いている一条の火炎に該当する。このような火炎を神聖視したから、「御神火」という名称は適切だと思う。

御神火のデザインは、当然兜の前立てにも用いられた。『刀剣春秋』634号（2005年3月1日付）の8頁に掲載した「『火焔』のデザインと、これを用いた兜の立物数例」にかかげた火焔の立て物の6番目と7番目の前立ては、御神火を表現したものであるから、通常の火焔デザインの前立てとは別個に扱うのが適切である。

この連載記事で紹介した6番目の前立ては、1枚の革を一条の御神火の形に切り抜いて表裏に黒漆を塗り、金箔を置いた高さ34cmの前立てである。渦をまいた炎の根元の横幅は、12.5cmである。渦は、金箔地に黒漆で線書きされている。（B図）

7番目の前立ては、1枚の真鍮板を切り抜いて一条の御神火を表現した前立てである。（C図）高さ32.5cm、下の渦を巻いた部分の横幅は11.2cmである。裏の下端中央に兜の角本を差し込む管が、表から足を差し込んだ錨で止められている。

これら二つの前立てを比べると、前者は革

B図　一枚の革を切り黒漆地に金箔を置いた高さ1尺の「御神火」の前立て

板、後者は真鍮板のそれぞれ異なる材料を使って、同じ御神火をおもしろく表現していることがわかる。

　歴史群像シリーズ『図説・戦国武将118』（学習研究社、2001）の147頁にカラー写真がでている吉川広家（1561～1625；永禄4～寛永2）の具足の兜には、木彫で金箔を置いた御神火の前立てがつけられている。この前立ては、少なくとも厚さ2cmの板の表を削って火焰の渦や筋を彫った作品である。その高さは、1尺5寸はあるとおもう。裏は、平らである。渦の部分は少し厚くなる。この具足には、「広家所用龍の丸具足（吉川史料館蔵）胴正面に龍の丸の高蒔絵があるところからその名がある。安政三年に修復」という解説がつけられている。

C図　真鍮板を切り抜いて作った高さ1尺の「御神火」の前立て

88 円板に「陰三つ鱗」(かげみつうろこ)紋を線描きした合印前立て

　幾何学模様の紋章のなかに、三角形を1個または複数個を組み合わせた「鱗」紋がある。同じ大きさの三角形を3個ピラミッドのように重ねた紋章は、「三つ鱗」と呼ばれる。三角形の輪郭だけを線でえがいた鱗紋には、「陰」という形容詞を頭につけて呼ばれる。家紋の図鑑には、線で描いた三つ鱗を線の円で囲んだ「糸輪に陰三つ鱗」紋がでている。(A図)

　ここに示すのは、径約3寸(8.5cm)の真鍮円板を裏側からわずかにふくらませた表に「陰三つ鱗」紋を赤漆で細く線描きした前立てである。(B図)この前立ての中央下端には、兜の角本を差し込む管がつけられている。その表面には、上に「四」の文字が墨書きされている。これは、合印として同じ仕様の前立が多数作られたときにつけた番号である。その下には、小さい字で「畳青」の文字が墨で縦書きされている。

A図　「糸輪に陰三つ鱗」紋

　赤漆で描かれた3個の三角形は、不等辺で、底辺が両側辺よりもやや長い。この前立ての直径8.5cmの円板に描かれた大きい三角形の底辺は、7.3cmである。両側辺は7cmで、上に載せられた三角形の底辺は3.2cmである。漆で描いた細い線で構成されているので、ところどころ剥げているが、その跡が残っている。

B図　赤漆で「陰三つ鱗」紋を描いた合印の前立て

89 径二寸の銅円板2枚に鍍金と鍍銀をして「日月」を表した前立て

　兜の前立てには、太陽、月および星のデザインを用いたものが非常に多い。それらのなかで、ごくまれに、日と月とを左右対照に並べた前立てがある。

　ここに示すのは、径二寸（6.2cm）の銅円板2枚のうちの1枚に鍍金をし、他の1枚に鍍銀をして、真鍮の横軸の両端に対照に取り付けた「日月」紋の前立てである。(A図) 左端から右端までの横幅は、15.7cmである。横軸の中央に兜の祓立てに差し込む脚棒がつけられて丁字形になっている。横棒の中央に小さな四角い穴が開けられている。固定するために楔を差し込む穴である。

　丹羽基二『家紋大図鑑』340頁には、「日月」の項目のはじめに、「日月紋は、太陽と月とを組みあわせた紋である。日月信仰は大むかしからあり、現在もつづいている。日は昼を司り、万物に光と生命を与える。月はまた、夜を司り、陰と死を与える。古代人は両天体を神とあがめ、宇宙の中心においた。日本でも太陽を日の神とし四方を照らす（天照）大御神として拝し、月をあの世を支配する月読命として尊んでいる。」と述べられている。そして、同じページに「日月紋」の図が掲げられている。(B図)

A図　「日月」紋の前立て

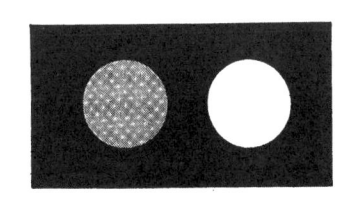

B図　家紋図鑑にでている「日月」紋

90 練り革で作り金箔を置いた「獅噛」(しかみ)の前立て

　現存する獅噛みの前立ては、ほとんど17世紀以降に作られたものである。それ以前のもの、とくに戦国時代の兜につけた獅噛みの前立てを見ることは、たいへんまれである。ここに示すのは、練り革でできた古い獅噛みの前立てである。(A図)

A図　練り革で作った「獅噛」の前立て

　左端から右端までが14cm、下の縁から垂直に角の先端までの高さが9cmである。口は、左端から右端まで7.5cmである。横にピンと張っていた両耳は、変形して後ろに折れ曲がり、角の後ろにかくれている。両耳は、それぞれ別の革で作り、角の外側の本体の革に穴を開けて植え込まれている。両方の角も縮んで曲がっている。下顎が上顎のくっついているは、はじめはもう少し開けていたはずである。口の部分は、革を一直線に横に切って、それぞれ上下に折り曲げられている。両目は、革を切って穴を開け、玉眼がはめ込まれている。目玉の裏には、薄い皮が張られている。両耳を除いて、1枚の革でできている。

　全体に茶褐色の漆が塗られ、その上に金箔が置かれている。耳の内側にだけ、黒漆が塗られている。裏側の中央に真鍮の鈎がつけられ、兜の祓立に差し込むようになっている。この真鍮の鈎は、きちんと立派に作られている。この鈎は、江戸中期に作られたものと思われる。獅噛面の裏側には、なにも塗られていない。

91 曲物（まげもの）の馬上盃（ばじょうはい）を用いた前立て

　江戸時代の侍グッズのなかに、乗馬中に水を飲むために携行する馬上盃という柄のついたカップがある。この水飲器の多くは、たいてい小さい柄のついた綰（曲）物の器である。「わけもの」とは、「檜・杉などの薄い材を円形に曲げ、底をとりつけた容器。合せ目を樺・桜の皮などで綴る。まげもの。檜物。」（広辞苑）のことである。この種の器は、曲物と呼ばれている。この語は、「①綰物に同じ。＜日葡＞　②質物。しちぐさ。」（広辞苑）　と説明されている。

　曲物の侍グッズでよく見かけるのは、「馬上盃」という柄をつけた水呑み用の器である。全面に黒漆を塗り、器の両面に家紋を入れたものが多い。兜の前立てにも、馬上盃として使うことができるように工夫されたものがある。

　第1の例は、径7.2cmの曲物の水呑み器に長い柄をつけた高さ34.5cmの前立てである。（A図）器の内側には赤漆が塗られ、細い縁には金箔がおかれている。兜の角本を差し込む溝は器の底につけられている。柄の先は細く削って器の壁に通して向かい側の壁にさして止めている。柄の手元の太くなった部分は、典型的な馬杓の柄のデザインである。柄の太い部分の穴に小さい真鍮環を差し込み、そこに鹿革の小片がつけられている。

　第2の例は、径6cmの木の盃の壁に細長い柄をつけた高さ28cmの馬上盃の前立てである。（B図）盃の内側には赤漆を塗り、縁に金箔をおいている。柄や

A図　曲物の水呑み器に柄をつけた馬上盃の前立て

盃の形を見ると、前立てとするために特別にデザインされたものであることがわかる。盃は、外側も内側もまるくし、浅く作られている。盃の底には、兜の角本を差し込む溝が開けられている。通常の馬上盃の盃は、縦の断面が台形を逆さにした形である。この前立ての柄は、上から見たとき幅が広く見えるようにつくられている。兜の正面に、前立てとしてつけるためである。

第3の例は、上記2例とは異なり、曲物の水呑み器を上にし、柄の手元の太い部分の端に角本を差し込む溝をつけた前立てである。（C図）水呑み器は、直径9cm、高さ7.2cmである。水呑みの器の上端から柄の下端までの高さは27.5cmである。全面に黒漆を塗り、金箔を置いている。器の内側には、赤漆が塗られている。

この前立ての形は、雑兵が腰に挿して携行する馬杓のデザインである。『雑兵物語』の挿絵には、腰帯に馬杓を差した雑兵を描いたものがある。（D図）

曲物の前立てのなかには、長い柄をつけないで、水呑み用の器として使えるように設計したものもある。（E図）外周の直径10.8cmの盃で、外側には、黒漆地に金箔が置かれている。兜に取り付けると、日輪の前立てとして使うことができる。内側には、赤漆が塗られている。盃の縁壁の高さは、1.2cmである。日輪の円板は、外側に膨らませてある。

井出正信『江戸の侍グッズ　コレクション』（里文出版、1998）の70頁に

B図　径2寸の木の盃に柄をつけた馬上盃の前立て

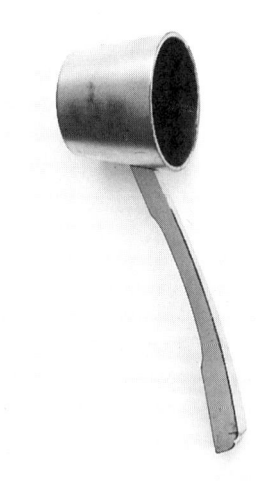

C図　馬杓の形をした馬上盃の前立て

は、山崎藩（現在の兵庫県宍粟郡山崎町）の藩主本
多家に伝わる馬杓と馬上盃のカラー写真が出ている。
いずれも黒漆塗りで、馬杓には「本多立ち葵」紋が、
馬上盃には「本多一本杉」紋が、金で描かれている。
馬杓の内側には赤漆が塗られ、馬上盃の内側には金
箔が置かれている。

　山上八郎『日本甲冑の新研究』（下）の2929頁に
は、前立てを分類したなかの「食器」について、
「食器を象ったものは可なりある。即ち左の通り。

D図　『雑兵物語』の挿絵

盃。重盃。瓢箪。茶筅。飯匙。貝杓子。右の中盃は普通見る所であるが、是
を兜から取り外して、水を汲む利用に供したことは、『武具訓蒙圖彙』に
「水呑ニス」と註してゐるのでも窺われ、又遺物は信濃国典厩寺所蔵真田候
寄進の甲冑に見る所である」と書かれている。

　小学館『日本国語大辞典』には、「ばじょうはい［馬上盃］」について、
「杯の一種。高杯に似て高台部が丈高になっており、そこを握って用いる。
馬上で飲酒するのに適した形であるため、また、器の腰が高く馬上にいるよ
うなのでこの名があるという」と説明されている。この名称のゆらいが、形
にもとづく説もあることがわかる。

表側　　　　　　　　　　　　内側
E図　曲物の盃兼用の日輪前立て

侍グッズの馬上盃は、馬杓と違って、武士本人が使うため、いろいろこったものが作られた。そのなかには、銅で作ったものもある。(F図)これは、全長24cm、銅板を打ち出して作った器は直径6cm、内側に金箔が置かれている。また、曲物に長い柄をつけて、従者が腰帯に差して携行できるように設計したものもある。(G図)しかし、前立てとして使うことを本命とするので、馬杓でありながら柄は短く設計されている。

つぎに示す真鍮製の馬上盃は、全長20cm、直径6cmのカップの内側には、錆びないように錫のメッキがほどこされ、柄の房をつける穴には銀で縁取りがされている。(H図)58「異なる仕様で『源氏車』紋を表した前立て」204頁に掲げた源氏車紋を彫った馬上盃は、錫で作られている。

F図　銅で作った馬上盃

G図　長い柄をつけた馬上盃

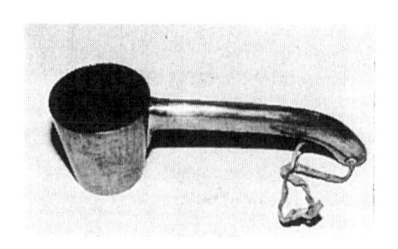

H図　真鍮製の馬上盃

92 明珍派甲冑師が作った「蟷螂」(かまきり)の前立て

　山上八郎『日本甲冑の新研究』(下)は、兜の前立てを分類し、1737頁で、「動物」のなかの「蟲類」の見出しのもとに蛇頭、蝶頭、馬蜂、蟷螂および蝉を掲げ、2014頁で、「蟷螂は志摩国舊鳥羽国藩主稲垣氏が用いたもの」と説明している。

　志摩国の藩主稲垣氏の前立てがどんなものであったかは、わからない。蟷螂の前立てを見ることは、非常にまれである。

　ここに紹介するのは、胴についた頭、脚および翅が動くようになった、全部鉄でできた蟷螂の前立てである。(A図)鎌をまげた前脚の先端から胴の下端までが約14cm、翅の両端の間隔が19cmであるから、本物の大型カマキリとほぼ同じ大きさである。

　胴は、2枚のふくらませた細い鉄板をあわせて作られているから、中は空洞である。胴や翅には、実物の蟷螂を模した筋がきざまれている。胴の前部の裏側に、小さい鈎がつけられていて、兜の祓立てに差し込むようになっている。鉄の表面には、黒漆が薄くかけられている。地味で兜につけても目立たないが、よく見ると、入念に作られたすぐれた工芸品であることがわかる。

　この前立ては、明珍派の甲冑師が製作したもので、胴の裏に「明珍作」という銘が刻まれている。

　蟷螂はどんな昆虫か説明せよといわれると、幼少のころよく見たことがある、大きいのと小さいのと2種類あって、その卵が孵化すると、無数のベビー蟷螂がもぞもぞと動き出す、といえるくらいである。

　平凡社『世界大百科事典』の「カマキリ　蟷(螳)螂」の項目では、つぎのように説明されている：

「mantis：praying mantis
　カマキリ目 Mantodea に属する昆虫の総称、またはそのうちの一種を指す。カマキリの仲間は、夏の終りころから成虫が現われ、草間に多くみられる。肉食性。秋になると交尾し、やがて草の茎や小枝、または人家

の外壁などに卵囊を産みつける。卵囊内の卵はそのまま越冬し、翌年五月ころに孵化し、一生の間に多量の小昆虫を捕食し、いわゆる益虫としての価値が高い。

　日本のカマキリ類は、カマキリ科 Mantidae とヒメカマキリ科 Hymenopodiae の二科よりなる。いずれも前脚の腿節より先の部分が変化してきた鎌を備える。中型のものから大型のものまで種々の大きさがあり、体は全体に平たく細長くのびた前胸、前脚の鎌などに特徴がある。ふつう細長いが、幅広くなることもある。翅はふつうよく発達しているが、なかにはヒメジカマキリのように退化してしまっているものもある。前脚の腿節には鋭いとげの列があり、これにつづく先端のやはり鋭くとがった脛節とともに、いわゆる＜鎌＞を形成し、小昆虫の捕獲に使う。中・後脚は細長く、ヒメカマキリの仲間では飾りの葉片がついていることもある。尾角や産卵管は短く、雄の外部生殖器は不相称形で、ゴキブリ類のものによく似ている。（奥本大三郎）」

この項目では、つづいて蟷螂の「生態」について書かれている。

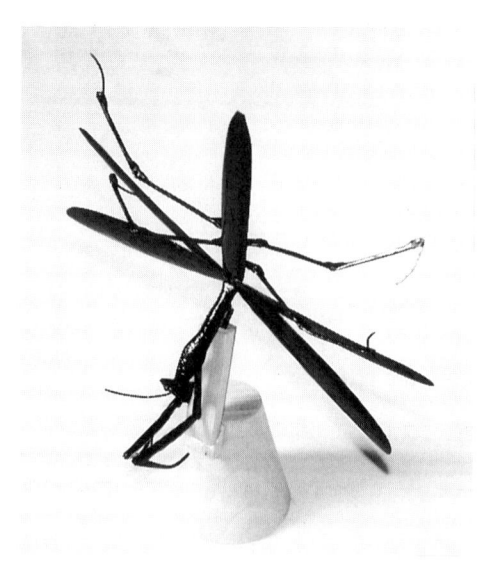

A図　明珍派の甲冑師が鉄で作った「蟷螂」の前立て

93 表に金箔を置いた木彫「向兎」(むこううさぎ)の前立て

『武家重寶記』に掲げられている多くの前立ての略図のなかに「向兎」の前立ての図が出ている。(A図)これは、長い両耳を開いて立て、両前足をそろえて真正面を向いてしゃがんでいる姿勢の兎を表現した前立てである。

A図 『武家重宝記』にでている「向兎」前立ての略図

丹羽基二『家紋大図鑑』の97頁には、兎紋9例の最初に「兎」紋の図が掲げられている。(B図)この紋章は、『武家重寶記』の「向兎」を左右対照に細い線で描いた図案である。『北斎漫画』二編(文化12；1815)には、各種の哺乳動物の姿を描いた略画を載せた面に、しゃがんだ姿勢の兎の図を含めている。(C図)

兎

B図 『家紋大図鑑』にでている「兎」紋

C図　『北斎漫画』二編にでて
　　　いる兜の絵

　木彫の兎の前立てには、いろいろなデザインの作品がある。兜の鉢につけたとき、均整がとれて安定した形であるとおもわせるのは、ここに示すような、「兎」紋を立体的に表現した「向兎」の前立てであろう。（D図）この木彫の向兎は、両足の先から耳の先端までの高さが18.5cm、立てた両耳の先端間の幅が11.8cmである。表には黒漆地に金箔を置いている。両眼と鼻の穴、閉じた口の線、ならびに両耳の内側には、赤漆が塗られている。もっとも目立つ両耳のデザインが、よく考えられている。

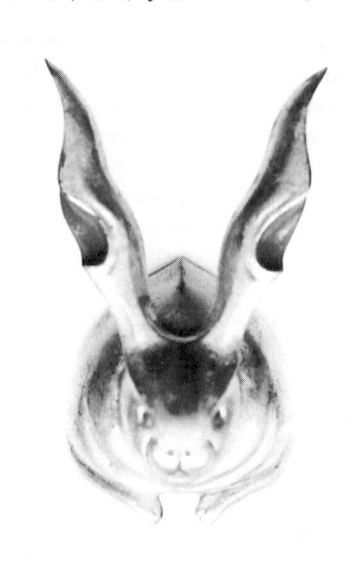

D図　木彫「向兎」の前立て

94 銅板を切り抜き全面に鍍銀をした「月に星」紋の前立て

　丹羽基二『家紋大図鑑』(秋田書店、1971)の423頁には、「月星紋」について、「一にゲッセイと音でもよむ。カタチは、月と星とのコンビ形であるが、数でいえば、月に、星一個、三個、七個、九個の組み合わせがあり、平氏良文流の千葉氏とその一門が用いている。——」と説明されている。

　ここで紹介するのは、直径9.4cmの銅板を切り抜いて半月と星1個とを透かし、全面に鍍銀をした「月星」紋の前立てである。(A図)家紋の本にでている「月に星」紋とくらべると、半月の内側の円を大きく刳りぬいて月をやや細くし、かつ、半月の両端をつなげたところに星を置いている。(B図)

　下縁の裏側に四角い断面の銅管をつけて、兜の角本を差し込むようになっている。裏から銅板をたたいて、表にわずかなふくらみをもたせているのも、この前立てのデザインのすぐれた点である。

A図　銅板に渡銀をした「月に星」紋の前立　　B図　「月に星」紋

95 銅板を切り抜き鍍銀をした「五つ星」紋の前立て

　家紋の図鑑には、6個の同じ大きさの星を、中心に1個、その周辺に等間隔で5個の星を配置した「六つ星」紋がある。その真ん中の星を取り除くと、写真の前立てに示すような「五つ星」紋になる。(A図) しかし、家紋図鑑にでている「五つ星」紋は、3個の星を横に並べ、真ん中の星の上と下に1個ずつ星を縦に並べている。

A図　等間隔に輪状に並べた「五つ星」紋の前立て

　写真の「五つ星」紋の前立ては、縦横8.5×8.8cmで、薄い銅板を切り抜いて作り、全面に鍍銀をしている。銅板を透かしてあるから、等間隔に並べた5個の星は幅の狭い細い帯でつながれている。裏面の下端、横に並んだ2個の星の間に。兜の角本を差し込む管がつけられている。

この前立てに表示されている「五つ星」紋がでているのは、元禄七甲戌年『太平武鑑』(江戸日本橋南一丁目　書肆須原茂兵衛)の下巻である。その巻頭の「日本国中之図」につづいて、「御役付目録」が、「老中」、「町奉行」、「作事奉行」、「普請奉行」の順番ででている。
　「御普請奉行」の筆頭に掲げられる「中坊——」(四千石)の家紋が五個の星を円形につないだ「五つ星」紋である。(B図)
　元禄7年(1694)に発行された『太平武鑑』は、歴史百科第2号『日本紋章事典』(1978)の21頁にはじまるグラビアのなかに掲げられている。この『太平武鑑』は、捕り物小説『銭形平次』の著者である野村胡堂のコレクションから寄贈されて、現在は東京大学史料編纂所が所蔵している。

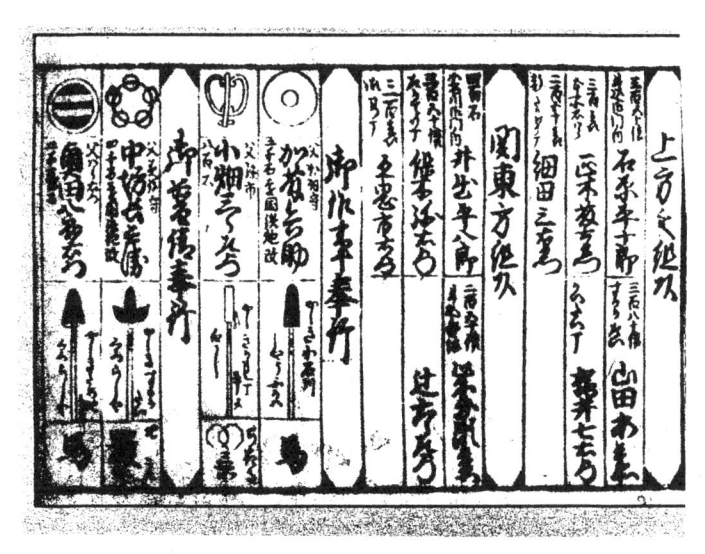

B図　元禄七年に発行された『太平武鑑』の「御普請奉行」の筆頭にでている「中坊…」(四千石)の家紋

96 革板に「陰鱗に剣と抱き蕨」の家紋を透かし金箔を置いた前立て

　これは、硬い厚手の革に小刀をいれて三角形の陰鱗に抱き蕨(わらび)と剣を組み合わせた家紋を切り抜いて黒漆を塗り金箔を置いたおもしろいデザインの前立てである。(A図) 三角形の底辺は16cm、巻いた蕨の下端から上端までの高さは12.2cmである。三角の鱗の底辺から左右両辺を貫いて上で対照に内側に巻いている形は、植物の蕨を図案化したものと思われる。

　この前立ての表には少し丸みをつけ、裏は平らにしている。裏面の下の剣の中央に、角本または鶴首を差し込む金属製の管がつけられている。

　これは、どこかの藩の合印として使われたと思われる。これまで同種の紋章を見たことはない。製作されたのは、(江戸時代初期)といってよいと思う。保存状態もよい。

A図　厚い革を切り抜いて「陰鱗に剣と抱き蕨」紋を透かした前立て

97 春日大社の大鎧兜につけた「獅噛」（しかみ）鍬形台のデザイン

　東京九段にある靖国神社の遊就館には、古墳時代から鎌倉時代にかけての甲冑を復元模造した資料が展示されている。1978年10月5日から11月13日まで、遊就館で開催された展覧会では、これらの資料を含めた、武具甲冑の名品が展示された。そのなかには、奈良の春日大社所蔵の「獅噛」台の大鍬形前立てをつけた大鎧の模造品が含まれていた。この展覧会の目録『靖国神社遊就館所蔵　甲冑武具展』には、写真頁の最初に、この大鎧のカラー写真が掲げられていた。

A図　靖国神社遊就館所蔵の復原春日大社大鎧

B図　獅噛台の鍬形をつけた津軽家の大鎧

　その解説頁には、つぎのような説明がでていた：
「1　絲緋威梅金物鎧　模うつし　鎌倉時代
　　　いとひおどしうめかなものよろい

　本歌は奈良県春日大社所蔵で国宝に指定され、古来華麗の鎧として有名で江戸時代の『集古十種』にもその詳細図が所載されている。兜は八方白と言う特殊の形式で、獅噛の長鍬形、裾金物、裾金物の梅枝花の彫刻の精緻さは糸緋縅の豪華さとよく調和して格調の高い所から、古来種々の伝来を生んでいる。本鎧は本歌と全く同じに復原されたものである。
　＊本歌とは写しの元となった実物を言う。」

　1930年代末に発行された写真画報には、靖国神社遊就館所蔵の復原大鎧のカラー写真がでている。（A図）この写真は、「武士道の花—日本甲冑物語」と題する5ページにわたる解説記事のなかに掲げられている。この大鎧については、つぎのように解説されている：

　「緋縅梅金物の大鎧

　　　奈良春日神社所蔵の名品で、源頼朝の着領したものと云はれていますが、本当は甲冑が最も壮麗になった南北朝時代の製作です。天をつく獅子噛の長鍬形、萌え立つ様な緋の色絲、不動をそめ出した鶴走り、梅を高盛にした金銀の金物——この美しい鎧を着け

た白馬銀鞍の若武者はどんなにか凛々しく立派だったことでせう。
——その俤が彷彿されるではありませんか。」

　この写真画報の「日本甲冑物語」の最初の頁には、「鎧兜の最盛期南北朝時代に作られた『緋縅大鎧』津軽伯爵家の秘蔵品であります」という説明を付した大鎧の写真が出ている。(B図) この大鎧は、幕末に流行した復古調の仕立てである。兜の鉢は、四方白の南北朝スタイルの星兜である。古い兜鉢を利用したのか、模したのかは、この写真を見ただけではよくわからない。獅噛の鍬形台は、春日神社大鎧の獅噛鍬形台を模したものである。鍬形の形は、幕末のスタイルである。大鎧でありながら、頬当をつけている。

　幕末にこのような復古調の鎧や付属品の製作を可能にしたのは、19世紀初頭の数年間（寛政12年から文化初年）に刊行された『集古十種』である。『集古十種』の「甲冑三」73面には、「南都春日神庫所蔵甲冑圖」（函人岩井某所蔵模本）の「冑全圖」がでている。(C図) そのつぎの74面には、この兜の側面図、「天空並びに前鎬垂」の図、および眉庇の絵革と獅噛鍬形台（シカミ彫上金メッキ玉眼牙歯銀）の図がでている。(D図) さらに、76面には、この兜を左側面から見た鉢と吹返しの装飾を詳細に描いた図がでている。(E図) 鍬形台の獅噛は、克明に線描きされている。

　『広辞苑』には、「しがみ〔獅噛〕」の語について、「獅子の顔面を模様化したもの。兜のまびさしの上や火鉢の足などに、飾りとして用いる。——・の・かぶと〔獅噛の兜〕獅噛の鍬形をまびさしにつけた兜」という説明がでている。

　春日神社大鎧の兜を忠実にモデルとした復古調高級兜の例は、久能山東照宮所蔵の「長鍬形獅噛の兜」である。(F図) これは、長鍬形ばかりでなく、その根元を差し込む銀の受け金具まで春日神社の兜のそれを模倣している。この写真は、山上八郎『兜の研究』（下）（大東出版社、1942）の巻頭写真ページに掲げられている。

　復古調スタイルの具足が流行すると、鍬形をつけた獅噛を兜の眉庇に鋲止めする代わりに、いつでも取り外しが可能なように兜の角本または祓立に取り付ける装置をつけた獅噛の前立てが作られるようになる。つぎに掲げるの

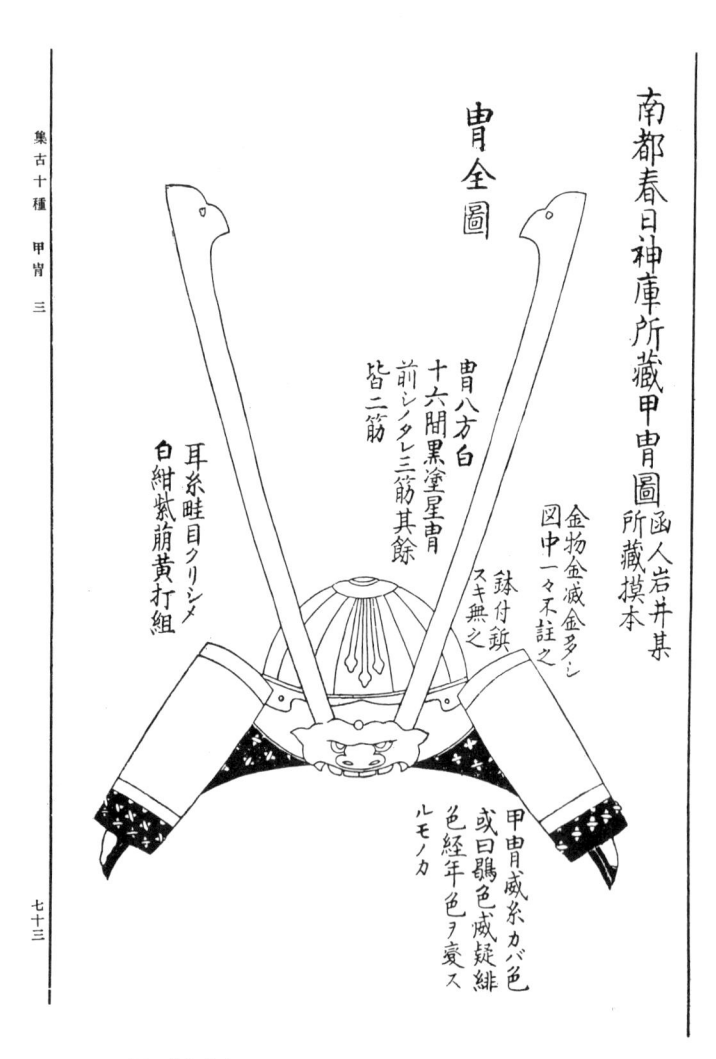

南都春日神庫所藏甲冑圖 函人岩井某所藏摸本

冑全圖

金物金滅金多シ
図中一々不註之

冑八方白
十六間黒塗星冑
前シノタレ三筋其餘
皆二筋

鉢付鋲
スキ無之

耳糸畦目クリシメ
白紺紫萠黄打組

甲冑威糸カバ色
或曰鶍色威疑緋
色経年色ヲ変ス
ルモノカ

C図 『集古十種』にでている春日神社大鎧の兜の略図

D図　春日神社大鎧の兜の左側面図と
　　　獅噛鍬形台の図

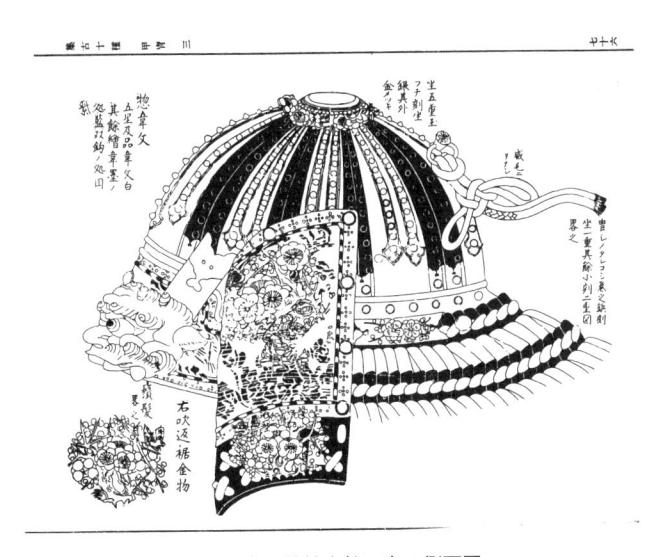

E図　春日神社大鎧の兜の側面図

97　春日大社の大鎧兜につけた「獅噛」鍬形台のデザイン　305

は、ある大名家に所蔵されていた具足である。(G図) 兜の鉢は簡略にされ、鍬形つき獅噛の前立ては鉢の正面、眉庇の上の角本につけられている。(H図) この具足の写真は、1920年代に東両国の東京美術倶楽部で行われた「舎身居士田中弘之氏並ニ某舊家御贓品入札」の『毛く録』に、186「萌黄縅鎧」として掲げられている。

兜の立て物を簡便にする要求は、鍬形から切り離した、「獅噛」前立て単独の登場をもたらす。ここでは、そのような前立て2例を取り上げる。第1は、銅板を打ち出して彫金をし、裏に銅板を張って、その中央に角本または鶴首の鉤を差し込む管をつけ、表裏全面に鍍金をし、むき出した上顎の歯と両眼に鍍銀をした、高さ7.5cm、両耳の端から端までの幅13.5cmの獅噛の前立てである。(I図)

第2の例は、縦横5.5×8cmの、赤銅板を打ち出して彫金した小型の獅噛前立てである。(J図) 両眼の目玉には、鍍金がされている。この前立ても、裏には同じ赤銅板が張られ、真ん中に角本をとおす管がつけられている。むき出した前歯は、鍍銀されている。

どちらの獅噛前立ても、別個に鍬形を取り付けることを予定している。

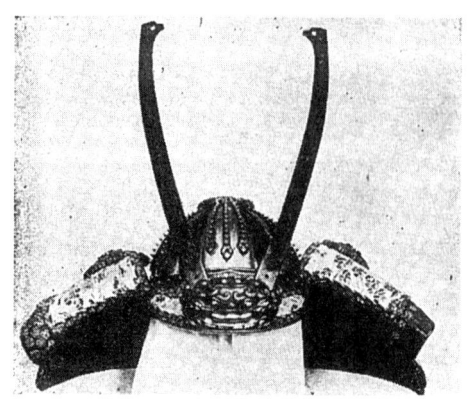

F図　久能山東照宮所蔵の「長鍬形獅噛の兜」

一六 萌黄縅鎧

H図　「萌黄縅鎧」の兜

G図　1920年代に東両国の東京美術倶楽部で行われた競売目録に掲げられた「萌黄縅鎧」

I図　銅板を打ち出して彫金し鍍金をした獅噛の前立て

J図　赤銅板を打ち出して作った獅噛の前立て

98 赤い「唐辛子」(とうがらし) 革張り白檀塗りの頭立て

　肥後国熊本の6代藩主細川重賢(しげかた)(1720〜85；享保5〜天明5)は、動物や植物を写生して、日時、場所、寸法等を書き加えた『草木生写』と題する自筆の写生帖を著作した。そのなかに、赤く熟した果実を2個つけた唐辛子の写生図が含まれている。(A図) この絵は、別冊太陽『江戸大名百家』(平凡社、1978) の15頁に、重賢の他のスケッチ数点とともに掲げられている。

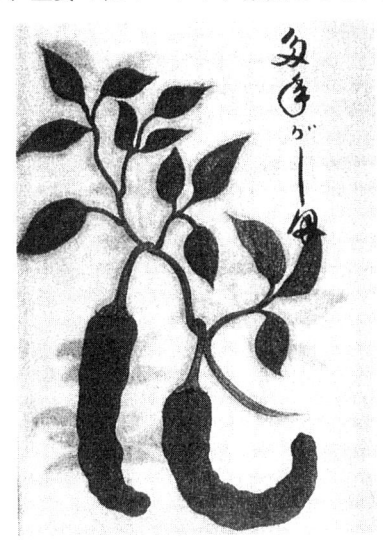

A図　肥後熊本の6代藩主細川重賢が原色で描いた唐辛の絵

　兜の頭立てのなかには、このスケッチに描かれているような、熟した唐辛子レッドペッパーの実を模したデザインのものがある。(B図) この頭立ては、薄い革を赤い唐辛子の実の形に巻いて袋状にし、合わせた革の両端を縦に縫って、枝についた太い部分を皿状にし、その真中に太い短棒を固定して、兜の鉢の頂上につけた管に差し込んで、目釘でとめる設計になっている。革の袋のなかには、形を崩さないようにするため、輪が数か所に入れられている。唐辛子の実の部分は、高さ35cmで、底につけた円形の皿の直径は、

6.5cmである。実の全面を、赤味を帯びた白檀塗りにしているところに、兜のアクセサリとしての特色が見られる。

　唐辛子の赤い実を兜の立て物のデザインとしたのは、所持者の家紋にもとづくのではないかと思ったが、家紋とは関係がないようである。丹羽基二『家紋大図鑑』の446頁には、「唐辛」について、「唐辛は、秀吉の朝鮮征伐のとき加藤清正がもたらしたとの伝説がある。朝鮮の料理になくてはならぬ唐辛は、日本では風流に昇華されてしまった。『紋づくし』には竜胆形、巴形のほか、『獅子唐辛』『鷹の爪唐辛』が載っているが、詳細不明、上絵師の好事になるものか。」と説明されている。

　平凡社『世界大百科事典』には、「トウガラシ　唐辛子」の項目で、「red pepper；Capsicum annuum L．ナス科の一年草．熱帯では多年草．熱帯アメ

B図　革張りビヤクダン塗りの唐辛の実を模した頭立て

リカの原産で、現在は世界中の熱帯から温帯地方にかけて広く栽培されている。1493年コロンブスによってスペインに導入され、ヨーロッパ各地に広まった。その後インド、東南アジアに伝わり、中国には16～17世紀に渡来したといわれる。日本への渡来については後述のように二、三の説がある」と述べたあと、「日本の食用」の見出しで、つぎのような説明が掲げられている：

> 「トウガラシの日本渡来の時期について、江戸時代には三つの説があった。第一は1542（天文11）ポルトガル人が伝えたとするもの〈佐藤信淵など〉第二は1605年（慶長10）とする説〈橘 南谿(たちばななんけい)など〉。第三は秀吉の朝鮮出兵、つまり文禄・慶長の役（1592～98）の際、種子を持ち帰ったとするもの（貝原益軒など）であるが、第三説が正しいようである。唐辛子の語が見られるのは＜毛吹草＞（1638）あたりからである。＜多門院日記＞文禄2年（1593）2月18日条には、明らかにトウガラシである物がコショウとして記載されている。それは、コショウの種と称する物をもらったというのだが、その種はナスの種のように小さく平らで、赤い袋の中にたくさん入っており、その袋の皮の辛さには肝をつぶしたというのである。また、＜コセウノ味ニテモ無之＞といっており、まさしくトウガラシである。まだ和名がなく、コショウの名が借用されている。以上のようなことから、トウガラシは文禄の役当時に朝鮮から将来されたと断定できると思われる。その後、たちまち商品物化されたようで、前記＜毛吹草＞にはすでに伏見稲荷付近の特産品とされている。やがて、＜大経師昔暦(だいきょうじむかしごよみ)＞（1715）が＜本妻の悋気りんきと饂飩うどんに胡椒こしょうはお定まり＞というように、うどんの薬味はコショウと決まっていたが、トウガラシがとって代わるようになった。こうして急速に普及し定着した理由は、しょうゆやみそとの相性がよく、米飯中心の食事体系に適合したためである。長崎ではトウガラシをコショウと呼んだが、これは中国船と交渉の深かった長崎の役人たちが＜唐枯らし＞に通じる音をきらったためだという。(鈴木晋一)」

このようにおもしろい渡来の沿革を読むと、皮袋に白檀塗りで唐辛子の赤い実の特色を表現したこの頭立てのデザインのすばらしさがよくわかる。

99 一枚革を切り抜いて作った「三つ鍬形」（みつくわがた）の前立て

　室町時代から戦国時代にかけて流行し始めた当世具足の兜の鉢には、間隔が広くて長い二本角本を鋲止めしたものが多い。しかし、このような兜につける前立ては、ほとんど残っていない。古い兜鉢は改造してスタイルの違う兜に再利用したのに対し、前立ての保存にはあまり関心がもたれなかったからだと思う。前立ては、兜のアクセサリであるから、鉢を改造してスタイルを変えると、当然それにマッチした立て物を作らなければならない。古い前立ては、まったく不要になる。

　ここに示すのは、高級武将のステイタス・シンボルであった三つ鍬形の前立てである。（A図）左右両先端の間隔は40.5cm、高さは27.5cmである。1枚の厚い革を裁断して左右の鍬形と中央の利剣を作り、それらの下端に鍬形台の形に裁断した一枚の革を載せ、その裏側に角本をさしこむ2条の溝を彫った板片をあてて、裏から銅釘を打ち付けて止めている。二本角本の間隔は、4.3cmである。全面に茶褐色の漆を塗り、その上に金箔が置かれてい

A図　一枚革を切り抜いて作った「三つ鍬形」の前立て

る。鍬形台の革には、漆で唐草模様が描かれ、その上に金箔を置き、さらにその上に黒漆で輪郭がとられている。2本の鍬形の先端の猪の目も、黒漆で描かれている。裏には和紙を貼り、赤漆を塗っている。

100 赤漆塗り円板の下縁に雲を配した「日輪」(にちりん)の前立て

　兜の前立てのなかでもっとも数が多いのは、太陽をかたどった「日輪」の前立てであろう。しかし、『武家重寶記』にでている「日輪」の略図のように、下半分の縁に雲がついている日輪の前立てを見るのはまれである。(A図)

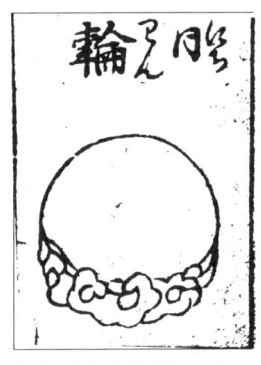

A図　『武家重寶記』にでている「日輪」前立ての図

　ここで紹介するのは、高さ18.5cm、横幅17.3cmの木彫の雲をつけた日輪の前立てである。この日輪の直径は15.5cm、約5寸であるから、よく見かける日輪の前立てよりもずっと大きくて迫力がある。日輪は、厚めの檜板で作られ、全面に赤漆が塗られている。木目を横にしているので、上半分がやや後ろに反っている。雲は立体的な彫刻で表現され、黒漆が塗られている。裏は、全面黒漆塗りの表面に金箔が置かれている。

　この前立ての下端の雲の部分の厚さは、3cmもある。そこに、二本角本を差し込む溝があけられている。工芸的に優れた、高級の前立てである。

B図　円形の板に赤漆を塗り木彫の雲を配した日輪の前立て

『刀剣春秋』と『愛刀』に連載した「立て物」にかんする論説：
『刀剣春秋』 (刀剣春秋新聞社発行、月刊)

—連載『戦場の武器と装具』
45.「鳥居の立物をつけた六十二間小星兜」378号（1988.7.15）p.3.
53.「熊手の前立」394号（1989.3.15）p.3.
73.「戦国時代の練革頭形兜」419号（1990.4.1）p.3.
74.「革製金箔置の三つ鍬形前立」421号（1990.5.1）p.2.
75.「『相州小田原　明珍勝家』作の三十間座星兜」422号（1990.5.15）2.
86.「大獅噛の前立」434号（1990.11.15）p.
87.「『江馬』の注記のある獅噛の前立」435号（1990.12.1）p.2.
91.「三ツ巴紋を彫り出した十六世紀の前立」440号（1991.2.15）p.5.
92.「幕末に越後刀匠兼宗が製作した頭形兜」441号（1991.3.1）p.6.
96.「柏の葉の兜前立2例」445号（1991.5.1）p.2.
101.「天衝の前立2種」450号（1991.7.15）p.2.
102.「三つ巴紋の兜前立4種」454号（1991.10.1）p.3.
104.「獅噛の前立3種」457号（1991.11.1）p.2.
105.「戦国時代の獅噛前立」458号（1991.11.15）p.8.
106.「後立をつけた十七世紀の置手拭兜」459号（1991.12.1）p.3.
109.「練革に金箔を置いた半月の前立」464号（1991.2.15）p.2.
115.「江戸時代後期の大獅噛の前立」474号（1992.7.15）p.3.
117.「戦国時代の日輪の前立」477号（1992.9.1）p.8.
119.「全面に金箔を置いた鳳凰の前立」479号（1992.10.1）p.6.
120.「戦国時代の孔雀の前立」480号（1992.10.15）p.8.
124.「『一』の文字を入れた合印の前立2種」485号（1993.1.1）p.8.
126.「牡丹（ぼたん）の花の前立」487号（1993.2.1）p.8.
128.「合印として使われた猪の目の前立2種」489号（1993.3.1）p.8.
130.「『愛宕山大権現守護所』護符の前立」491号（1993.4.1）p.12.
132.「網代で作った二本角元用の前立」493号（1993.6.1）p.11.
134.「菱を透した合印の前立2種」495号（1993.8.1）p.11.

136.「輪貫（わぬき）の前立4例」497号（1993.10.1）p.11.
138.「薄い銅板で作った半月の前立」499号（1993.12.1）p.11.
139.「火焔の前立」500号（1994.1.1）p.15.
140.「鷹の羽の後立」501号（1994.2.1）p.13.
142.「仮面『飛出』の前立」503号（1994.4.1）p.11.
144.「戦国時代の桑の葉の前立」505号（1994.6.1）p.11
146.「逆瓢箪（さかさひょうたん）の前立2種」507号（1994.8.1.）p.11.
147.「海老（えび）の前立」508号（1994.9.1.）p.11.
150.「朱色の円板に金の光線を植えた日輪の前立」511号（1994.12.1.）p.11.
151.「三角に蕨と剣を配した金箔置革製の前立」513号（1995.2.1.）p.11
152.「連翹（れんぎょう）紋の前立」514号（1995.3.1.）p.11.
153.「獅噛の前立」515号（1995.4.1.）p.11.
154.「市女笠をレリーフした厚い木の円板の前立」516号（1995.5.1.）p.11.
156.「耳を取り外せるようにした獅子噛の前立」518号（1995.7.1.）p.11.
157.「木彫の亀の前立」519号（1995.8.1.）p.11.
158.「前立を兜の袋立に取り付ける装置『鶴首』」520号（1995.9.1.）p.11.
159.「抱き柊の前立」521号（1995.10.1.）p.11.
162.「五鈷杵の柄をつけた利剣の前立」524号（1996.1.1.）p.11.
163.「馬上盃（はじょうはい）の前立」525号（1996.2.1.）p.11.
164.「軍配に兼用することができる両面に丸に大文字を描いた円板の前立」526号（1996.6.1.）p.11.
165.「鬼面の前立2種」527号（1996.4.1.）p.11.
166.「兜の鉢巻」528号（1996.5.1.）p.11.
167.「盃として使うことができる蛤の前立」529号（1996.6.1.）p.11.
168.「隼の前立」530号（1996.7.1.）p.11.
169.「猿田彦命（さるたひこのみこと）の面の前立」532号（1996.9.1.）p.12.
170.「兜の前立を収納するケース2例」533号（1996.10.1.）p.9.
171.「蔦をつけた三枚の蔦の葉の前立」534号（1996.11.1.）p.11.
172.「法螺貝の前立」535号（1996.12.1.）p.11.
173.「鹿頭の前立」537号（1997.2.1.）p.11.

174.「船釘の前立」　538号（1997.3.1.）p.11.
175.「鍬形の脇立3種」539号（1997.4.1.）p.11.
176.「練革の板に金箔を置いた唐団扇の前立て」540号（1997.5.1.）p.11.
177.「兜の鉢にはめ込み前立や脇立を取り付けるための装置」541号（1997.6.1.）p.11.
178.「五輪塔の前立と頭立各1例」542号（1997.7.1.）p.11.
179.「金箔地に黒漆で丸に五つ柏の紋を描いた前立」543号（1997.8.1.）p.11.
180.「輪宝（りんぽう）の前立2例」544号（1997.9.1.）p.11.
181.「唐冠の嬰の後立と脇立」545号（1997.10.1.）p.11.
182.「和紙を貼り合わせた板を切り黒漆地に金箔を置いた蕪の前立」546号（1997.11.1.）p.11.
183.「上り藤紋の前立と八つ藤紋の前立」　547号（1997.12.1.）p.11.
184.「鉄板を打ち出してつくった獅噛の前立」552号（1998.2.1.）p.11.
185.「鉄製の蟷螂の前立」553号（1998.3.1.）p.11.
186.「水呑み兼用の『桃』と『栗』の前立」554号（1993.4.1.）p.11.
187.「銅製に金箔を置いた天衝の前立」555号（1993.5.1.）p.11.
188.「『羽団扇』の前立2例」556号（1998.6.1.）p.11.
189.「銅で作り鍍銀をした『桃』の前立」554号（1998.7.1.）p.10.
190.「『兎耳』の脇立2例」555号（1998.8.1.）p.10.
191.「澤潟紋の前立3例」556号（1998.9.1.）p.10.
192.「『鹿角』（ろっかく）の脇立」557号（1998.10.1.）p.10.
193.「水牛の角を象った抱角の脇立」558号（1998.11.1.）p.10.
194.「中央に懸仏を取り付けた『剣鍬形』の前立」559号（1998.12.1.）p.11.
195.「集古十種にでている『或家蔵武田信玄前立物圖』から復元した獅噛の前立」561号（1999.2.1.）p.10.
196.「小十人組馬廻役の隊士が使った合印の前立」562号（1999.3.1.）p.10.
197.「月輪の前立4例」563号（1999.4.1.）p.10.
198.「牛角の脇立2例」564号（1999.5.1.）p.10.
199.「兜の受張りの裏に縫いつけられた『摩利支天武運長久祈念』の守り札」565号（1999.6.1.）p.10.

200.「羽箒（はぼうき）の脇立」566号（1999.7.1.）p.10.
201.「一本角本と二本角本の両方に差し込むことができるように互換性をもらせた前立」567号（1999.8.1.）p.10.
202.「菖蒲（しょうぶ）のデザインの前立物3例」568号（1999.9.1.）10.
203.「いたら貝の前立」569号（1999.10.1.）p.10.
204.「『袋』紋の前立物2例」570号（1999.11.1.）p.10.
205.「バジラ（跋折羅）のデザインを取り入れた前立」571号（1999.12.1.）p.10.
206.「蘭の葉を模した前立物」573号（2000.2.1.）p.11.
207.「下総古河土井家の合印として使われた赤漆塗の天衝前立」574号（2000.3.1.）p.10.
208.「山鳥の尾の前立」575号（2000.4.1.）p.10.
209.「大きい金の玉に、小さい玉を周辺に配した馬標」576号（2000.5.1.）p.10.
210.「ストーンの武具甲冑事典に紹介される日本の兜前立29例」577号（2000.6.1.）p.10.
211.「『不動明王』立像の前立」578号（2000.7.1.）p.10.
212.「柊葉をデザインした脇立の1例」579号（2000.8.1.）p.10..
213.「『倶利伽羅龍王』の前立2例」580号（2000.9.1.）p.10.
214.「『烏天狗』面の前立2例」581号（2000.10.1.）p.10.
215.「『刀八毘沙門』の文字を全面に書き『南無妙法蓮華経』の文字を下端に書いた扇の前立」582号（2000.11.1.）p.10.
216.「六弁の鉄線紋を彫刻した木の前立」583号（2000.12.1.）p.10.
217.「弓で矢を射抜いた穴のある頭形兜鉢」585号（2001.2.1.）p.10.
218.「『釘抜き』のデザインの前立物2例」586号（2001.3.1.）p.8.
219.「隅切り角持ちの金地に『一』の文字を描いた紋章の前立物3例とこの紋章を表示した雑兵陣笠」587号（2001.4.1.）p.10.
220.「熨斗をかたどった前立物4例」588号（2001.5.1.）p.10.
221.「『分銅』紋のデザインの前立物2例」589号（2001.6.1.）p.10.
222.「立つ波をデザインした兜の立物4例」590号（2001.7.1.）p.10.

223.「『変わり平戸梶の葉』紋の前立物2例」591号（2001.8.1.）p.10.
224.「加賀藩の合印猪の目紋の前立物11例」592号（2001.9.1.）p.10.
225.「木を彫って作り金箔を置いた錫杖（しゃくじょう）の立物3例」593号（2001.10.1.）p.10.
226.「『五三桐』紋の兜の吹返紋金具と前立物2例」594号（2001.11.1.）p.10
227.「大黒天信仰と木槌のデザインの前立物3例」595号（2001.12.1.）p.10.
228.「『毘沙門天』の立像を銅板に彫金した前立」597号（2002.2.1.）p.10.
229.「梅鉢紋と梅花紋の前立物6例」598号（2002.3.1.）p.10.
230.「シッポを下げ、背を丸くし、頭を持上げた姿の『虎』の木彫前立物」599号（2002.4.1.）p.10.
231.「一枚の銅板を打ち出して作った雑兵の陣笠」600号（2002.5.1.）p.3.
232.「橘（たちばな）紋の前立物6例」601号（2002.6.1.）p.10.
233.「小田原藩で合印として使われた三鈷杵に剣と半月をつけた前立物」602号（2002.7.1.）p.10.
234.「木で作り黒漆を塗って金箔を置いた畳扇（たたみおうぎ）の脇立」603号（2002.8.1.）p.10.
235.「『鶴の丸』紋の前立物3例」604号（2002.9.1.）p.10.
236.「禅宗の説法師が持つ麻姑手形と心字形の如意を転用した前立物」605号（2002.10.1.）p.11.
237.「茗荷紋の前立3例と杏葉紋の前立1例」606号（2002.11.1.）p.10.
238.「大耳の脇立物と大耳をつけた人頭形の兜鉢」607号（2002.12.1）p.10.
239.「サンスクリットのスバスティカにゆらいする卍（万字）紋の前立物7例」608号（2003.2.1.）p.10.
240.「異なるデザインの『木瓜』紋を表示した前立物8例」609号（2003.3.1.）p.10.
241.「『源氏車』紋を表示した前立物2例と馬上杯」610号（2003.4.1.）p.10.
242.「沢潟（おもだか）の葉と花のデザインの合印と紋章の前立物十例」612号（2003.5.1.）p.10.
243.「鷹の羽紋の前立物5例と鷹の羽の後立物」613号（2003.6.1.）p.10.
244.「走る白狐の像を彫刻した前立物」614号（2003.7.1.）p.10.

245.「銅板を切って鍍金をした『矢』紋と『矢羽』紋の前立物各1例」615号（2003.8.1.）p.10.

246.「『龍の丸』と『入れ違い雨龍』紋の前立物各1例」616号（2003.9.1.）p.10.

247.「復古調の大円山星兜に付けられた長鍬形の前立物」617号（2003.10.1.）p.10.

248.「『集古十種』にでている信濃国清水寺に伝わる最古の違例を模した鉄の鍬形前立物」620号（2004.1.1.）p.10.

249.「二つ花房の『藤丸』紋の前立物5例の比較」621号（2004.2.1.）p.10.

250.「『雁金』紋と『結び雁金』紋を表示する前立物各1例」622号（2004.3.1.）p.10.

251.「『梵字』を表示した前立物7例」623号（2004.4.1.）p.10.

252.「日本の妖怪の一つ『犬神』面の前立物」624号（2004.5.1.）p.10.

253.「一勇斎国芳の版画に描かれた『飛龍』の前立とその実例」625号（2004.6.1.）p.8.

254.「『鍬形』デザインの脇立物8例」626号（2004.7.1.）p.8.

255.「『丸に上の字』紋を透かした前立物2例」627号（2004.8.1.）p.8.

256.「『井筒』紋を表示した合印の前立物2例」628号（2004.9.1.）p.8.

257.「紙垂（かみしで）を串にさし挟んだ御幣のデザインの前立物」629号（2004.10.1.）p.8.

258.「『鯱』（しゃちほこ）の前立てと脇立て数例のデザインの比較」630号（2004.11.1.）p.10.

259.「『桔梗』紋の前立と桔梗の花のデザイン」631号（2004.12.1.）p.11.

260.「熟して赤くなった唐辛子の果実を模した革張白檀塗の頭立」633号（2005.2.1.）p.8.

261.「『火炎』のデザインとこれを用いた兜の立物数例」634号（2005.3.1.）p.8.

262.「兜の装飾として用いられた『向鉢巻』のデザイン」635号（2005.4.1.）p.8.

263.「三つ芦の葉紋の前立と抱き芦の葉に釘抜紋の前立各1例に表現される

芦の葉のデザイン」636号（2005.5.1.）p.9.
264.「『桔梗』紋の前立と桔梗の花のデザイン」637号（2005.6.1.）p.9.
265.「鉞をデザインとした兜の頭立」638号（2005.7.1.）p.9.
266.「俵屋宗達が描いた『風神雷神図』と『風神』・『雷神』面の前立」639号（2005.8.1.）p.9.
267.「円形木板の黒漆塗の地に『繋ぎ四つ目』紋をレリーフし金箔を置いた前立」640号（2005.9.1.）p.10.
268.「『宝珠』のデザインを用いた兜の立物」641号（2005.10.1.）p.10.
269.「『笹竜胆』紋と『丸に笹竜胆』紋の前立」642号（2005.12.1.）p.10.
270.「瓢箪をデザインに用いた前立と脇立」645号（2006.2.1.）p.9.
271.「金属板で作った『抱き杏葉』紋と『丸に抱き花杏要』紋の前立」646号（2006.3.1.）p.9.
272.「仏具『鰐口』の表半分を木に彫刻して錆地塗りにし裏側を椀状に刳り貫き金箔を置いた前立」647号（2006.4.1.）p.10.
273.「革で作り銀箔を置いた『日』と『三日月』を組み合わせた前立」648号（2006.5.1.）p.10.
274.「黒漆地に金で『丸に揚羽蝶』紋を金蒔絵で表示した合印の前立」649号（2006.6.1.）p.11.
275.「頭や甲羅に金箔をおいた木彫『蓑亀』の前立」650号（2006.7.1.）p.11.
276.「三鈷杵と二個十字に交叉させた密教の法具『羯磨』を銅板に彫り鍍金をした前立」651号（2006.8.1.）p.11.
277.「『将棋駒』をつけた鍬形を一枚の銅板を切り抜いて作り鍍金をした小型の前立」652号（2006.9.1.）p.11.
278.「木の厚板の金箔地に『師卦』を表示した前立と仙台藩で延宝七年に制定された『師之卦』の軍旗」653号（2006.10.1.）p.10.
279.「黒漆塗り円板の表に『三枚上がり笹』紋を裏に『月に北斗星』紋を描いた前立」654号（2006.11.1.）p.9.
280.「和紙を貼り合わせて作り黒漆地に銀箔をおいた『鯖尾』の前立」655号（2006.12.1.）p.10.
281.「異なる仕様の『一本杉』紋と『三本杉』紋の前立」656号（2007.1.

1.) p.10.
282.「小笠原壱岐守長行の越中頭形兜につけた『三階菱』の前立」657号（2007.2.1.）p.9.
283.「『向う鉢巻の結び目』を象ったV字形に革を切り黒漆地に金箔をおいた前立」658号（2007.3.1.）p.6.

『愛刀』（刀剣春秋新聞社発行、月刊）

連載『古武具コーナー』

103.「槍印2種」203号（1993.4.）p.8.
131.「九曜紋の頭に金革の小旗と白毛の馬簾をつけた指物」231号（1995.8.）p.9.
141.「采配の前立」241号（1996.6.）p.9.
145.「五枚笹のデザインの前立2例」245号（1996.10.）p.9.
162.「円形の板に赤漆を塗り下半分に彫刻した雲を配した日輪の前立」262号（1998.3.）p.9.
163.「護身用鍛鉄製の如意」263号（1998.4.）p.9.
193.「四角の金革に亀甲崩しデザインの標識を描いた槍印」293号（2000.10.）p.9.
199.「兜の脇立物を収納する木綿袋」299号（2001.4.）p.9.
201.「矩形の紙を折りたたみ赤漆をかけた槍印」301号（2001.6.）p.9.
206.「兜の前立を収納する『立物箱』」306号（2001.11.）p.9.
209.「正面に二本角本を錨止めした突盔兜鉢の目庇」309号（2002.2.）p.10.
212.「長縄をつけて打鉤（うちかぎ）として使うことのできる鉄製の碇（いかり）型前立物」312号（2002.5.）p.9.
214.「一枚の革をたたきのばして作った縫い合わせ目のない雑兵陣笠」314号（2002.7.）p.7.
225.「『丸に右重ね違い鷹の羽』紋を描いた和紙で作り柿渋を塗った槍袋」325号（2003.6.）p.10.
230.「白い麻布地に濃紺で『丸に三つ柏』紋を染めた旗指物」330号（2003.11.）p.10.
232.「紺に染めた絹布に『丸に違い釘紋』の家紋を白く抜いた旗指物」332号（2004.3.）p.7.
233.「白地に藍で『田村茗荷』紋を染め抜いた麻布の旗指物」333号（2004.2.）p.7.
235.「木製の軸の毛筆を表した前立物」335号（2004.4.）p.7.

236.「練革で作り黒漆を塗り、前後に金泥で『丸に隅立て井筒』紋を描いた雑兵陣笠」336号（2004.5.）p.7.

239.「和紙を重ね張りし黒漆を塗って三方に『違い山形』紋を金箔で描いた雑兵陣笠」339号（2004.8.）p.7.

241.「白い麻布地に墨で『丸に抱き花杏葉』紋を染め抜いた旗指物」341号（2004.10.）p.10.

245.「白い麻布に『丸に片喰』紋を墨で染め抜き下に藍染めの布を縫いつけた旗指物」345号（2005.2.）p.7.

246.「薄い木板に細い縁をつけ金箔を置いた『州浜』紋の前立」346号1（2005.3.）p.10.

249.「真鍮板を切り抜いて作った小型の『隅切り角』（隅立て折敷）紋の合印前立」249号（2005.6.）p.12.

250.「銅板を切り抜いて作り全面に鍍銀をした「月星」紋の前立」350号（2005.7.）p.10.

251.「木板を切り抜き『九曜』紋をレリーフし金箔を置いた前立」351号（2005.8.）p.7.

252.「金箔地に『細輪に三つ割り唐花』紋を描いた古式鍬形台を模した前立」352号（2005.9.）p.7.

253.「直径三寸の黒塗り円板に金で『太輪』紋を描いた御貸し具足の兜の前立」353号（2005.10.）p.7.

254.「銅板を切り抜いて鍍銀をした『五つ星』紋の前立」354号（2005.11.）p.7.

255.「径三寸の丸い板に『丸に九枚笹』紋を彫った前立」355号（2005.12.）p.7.

256.「表に『大』文字を黒漆で表示し裏に『奥州仙台住宗定作』と記した前立」356号（2006.1.）p.7.

257.「縦長の小さい真鍮板に『南無妙法蓮華経』の題目を黒漆で書いた前立」357号（2006.2.）p.10.

258.「銅板を切り抜き透して鍍銀をした『平隅切り角に釘抜き』紋の前立」358号（2006.3.）p.7.

259.「『脹ら雀』紋を立体的に表現した木彫の前立」359号（2006.4.）p.10.
260.「直径二寸厚さ五分の円形の板に金箔で描いた『新田一つ引』紋の前立」360号（2006.5.）p.7.
261.「銅板に『井桁に団扇陰五枚笹』紋を彫り鍍金をした前立」361号（2006.6.）p.7.
262.「革を切り抜き黒漆地に金箔をおいた『一柳釘抜き』紋の前立」362号（2006.7.）p.7.
263.「径二寸の銅円板二枚に鍍金と鍍銀をして『日月』を表した前立」363号（2006.8.）p.7.
264.「直径二寸の真鍮円板に『包み抱き稲』紋を透した合印の前立」364号（2006.9.）p.7.
265.「吹返の紋金具と前立に『隅入り平角に片喰』紋を表示した兜」365号（2006.10.）p.7.
266.「真鍮円板に『三つ地紙に木の字』紋を透した前立」366号（2006.11.）p.7.
267.「木彫黒漆塗の『結び留』デザインの前立」367号（2006.12.）p.7.
268.「『丸に釘抜き』紋をつけた赤銅製抱き牛角の前立」368号（2007.1.）p.7.
269.「銅板を切り抜き鍍金をした『十日足』紋の前立」369号（2007.2）p.7.
270.「底辺七寸の銀のウロコ二枚を向かい合わせ蝶番でつないだ『対い鱗』の前立」370号（2007.3）p.7.

索　引

あ

「愛宕山大権現守護所」護符
　………………………68、264〜266
錨（いかり）………………104〜107
池田恒興…………………………29
いたら貝…………………170〜171
「五つ星」紋………………305-306
犬神（いぬがみ）…………115〜118
「猪の目」（いのめ）紋……226〜229
「入れ違い雨龍」紋………233〜235
打鉤（うちかぎ）…………104〜107
「梅鉢」紋…………………148〜152
「梅花」紋…………………………150
蝦夷の鍬形…………………………8
扇の前立て…………………76〜78
応挙（円山）………………………91
応挙「孔雀」襖絵…………………91
大釘（おおくぎ）……………97〜98
大耳（おおみみ）…………197〜202
大村純忠…………………172〜174
「大村瓜」紋………………………174
「織田木瓜」紋……………………172
小田原藩『大久保家秘記』………160
鬼………………………………58〜60

か

海老（かいろう）…………188〜189
火焔…………………………33〜38
懸け仏……………………………66
「陰平井筒」紋……………153〜154
蟷螂（かまきり）…………300〜301

「陰三つ鱗」紋……………290〜291
「陰鱗に剣と抱き蕨」……………307
羯磨（かつま）……………250〜251
蕪…………………………241〜243
紙垂（かみしで）…………111〜114
烏天狗（からすてんぐ）……42-44
「雁金」（かりがね）紋……138〜140
『官許列藩一覧』（武鑑）………186
「桔梗」紋…………………210〜214
北尾政美…………………………125
木槌………………………119〜122
ギメ美術館…………………21、64
釘抜き……………………………133
孔雀（くじゃく）……………90〜91
国貞（五渡亭）……………………44
国芳（一勇斎）……………………23
熊手（くまで）……………284〜286
久能山東照宮……………………306
鞍馬寺（山城国）…………………13
倶利迦羅龍王（くりからりゅうおう）
　………………………………18〜22
鍬形（くわがた）……………1〜14
剣鍬形………………………65〜66
「源氏車」（げんじくるま）紋…203〜204
光琳（尾形）……………………120
『光琳神仙百図』…………………120
五鈷杵（ごこしょ）………………178
「五三の桐」紋……………219〜222
『KOJI-HOTEN古事寶典』…20-21、40、
　43、47、54、64、120、125、140、
　184、240
古式鍬形……………………1-10

327

古式鍬形台	187
御神火（ごしんか）	36、287～289
御幣（ごへい）	111～114
五輪塔	50～54

さ

采配（さいはい）	39～41
榊原康政	181
貞秀（五雲亭）	16
鯖尾（さばお）	275～276
猿田彦命	127～129
三鈷杵（さんこしょ）	160～163、177～181
獅噛（しかみ）	15、294～295
獅噛鍬形台	308～315
師卦（しけ）	252～255
師之卦（しのけ）	252
錫杖（しゃくじょう）	45～49
鯱（しゃち）	82～86
清水寺（信濃国）	1～5
『将軍塚造営絵巻』	5
スティバート博物館	20
ストゥーパ	50
スバスティカ	238
『集古十種』	1～3、13～14、15～16、302～305
「隅入り平角に片喰」紋	277～278
宗達（俵屋）	182
仙台藩伊達家『当家軍器図巻』	253～255

た

大黒天（だいこくてん）	119～122
『太平武鑑』	299
田河水泡	28
「鷹の羽」紋	190～193
茶枳尼天（だきにてん）	57
武田信玄	15
「橘」紋	166～169
把熨斗（たばねのし）	194～196

『単騎要略製作辨』	79
津軽藩『御旗并御験合図式』	48～49
「月に星」紋	304
「繋ぎ四つ目」紋	185～186
「鶴の丸」紋	205～207
「鉄線」紋	223～225
天狗（てんぐ）	42
「唐団扇」（とううちわ）紋	164～165
唐辛子	316～318
刀八毘沙門（とばつびしゃもん）	76～78
飛出（とびで）面	260～261
豊国	28～29
虎	99～102
鳥山石燕	118

な

長鍬形	12～14
「中輪に三つ割り唐花」紋	187
「並び矢」紋	136～137
「新田一つ引き」紋	267
日月	292～293
日輪	273～274、292～293、320
如意（にょい）	61～64
『年中行事絵巻』	4
乃木希典	29、31
『のらくろ』	28～29

は

馬上盃（ばじょうはい）	296～299
バジラ	160～162、177～181
蜂須賀家『武具御定』	106
鉢巻（はちまき）	32
蛤（はまぐり）	271～272
隼（はやぶさ）	79～81
彦根具足	72
毘沙門天（びしゃもんてん）	123～126、262～264
『百鬼夜行絵巻』	115
白狐（びゃっこ）	55～57

「平井筒」(ひらいづつ)紋	……153～154
飛龍(ひりゅう、ひりょう)	……23～27
「一柳釘抜」紋	……………269～270
風神(ふうじん)	……………182～184
『武器甲冑グロサリ』	
	………32、45、83、95、177
『武器二百図』	…39、96、105、122、131
「袋」(ふくろ)紋	……………230～232
『武家重寶記』	……33、62、65、71、97、
	103、141、143、164、170、178、188、
	226、244、314
「藤丸」紋	…………………244～246
筆(ふで)	……………………134
不動明王	…………………………33
船釘(ふなくぎ)	………………97～98
「分銅」(ふんどう)紋	………141～142
『兵器考』(有坂鉊蔵)	…………4～5
ペーサロ宮内東洋博物館	…44、100、199
鳳凰(ほうおう)	………………87～89
宝珠(ほうじゅ)	………………67～70
北斎(葛飾)	……18、24～25、43～55、
	57、60、78、88、100、129、130、
	248、258
『北斎絵事典』	………60、130、247
『北斎漫画』	…18、24-25、43-55、57、
	78、88、100、129、258
矛(ほこ)	………………………262
法螺貝(ほらがい)	……………130～132
梵字(ぼんじ)	……………108～110
『本朝軍器考集古図説』	………9、69
『本朝廿四孝』	……………………16

ま

鉞(まさかり)	…………………92～96
松平定信	……………………15
「丸に五つ柏」紋	……………279～280
「丸に上の字」紋	……………145～147
「丸に蔦」紋	…………………155～158
「万字」(まんじ)紋	……………236～240
三つ鍬形(みつくわがた)	……………319

三つ葉蔦	……………………155～159
湊川神社	……………………………119
蓑亀	…………………………247～249
「茗荷」紋	……………………215～218
向兎	…………………………302～303
向鉢巻	……………………………28～32
向う鉢巻の結び目	……………281～283
「結び雁金」紋	………………138～140
村上水軍	……………………145～147
『名甲図鑑』	……………………26、198
南薫造「相馬野馬追」図	…………93
毛筆	……………………………134
「木瓜」紋	……………………172～176
桃	……………………………143～144

や

「矢」紋	……………………135～137
「矢尻付き三本違い矢」紋	……135～136
「矢羽」紋	……………………135～137
遊就館	……………………185、301
「養命酒」の商標	………………………27
『義経』(NHK大河ドラマ)	………10～11

ら

雷神	……………………………182～183
蘭	……………………………………103
「龍の丸」紋	……………………233～234
輪宝	……………………………71～75

わ

鰐口	……………………………256～259

《著者紹介》

土井 輝生 (どい・てるお)

弁護士(第二東京弁護士会所属；事務所：柏木総合法律事務所)
早稲田大学名誉教授
(社)日本甲冑武具研究保存会参与

主要著書

- 『武具甲冑紀行』1、2巻 ((株)同信社、2000)．
- 『キャラクター・マーチャンダイジング』(同文舘出版、1989)；
- 『トレード・シークレット法』(同文舘出版、1989)；
- 『フランチャイズ・システム』(商事法務研究会、1972)
- 『インテレクチュアル・プロパティ』(商事法務研究会、1972)
- Japanese Copyright Law in the 21st Century (Oceana Publications, 2001);
- The Intellectual Propoerty Law of Japan (Sijthoff & Noordhoff, 1980);
- International Business Transactions: Contract and Dispute Resolution(Waseda Univ. Inst. Comp. Law, 1996);
- Intellectual Property Protection and Management: Law and Practice in Japan (Waseda Univ. Inst. Comp. Law, 1992);

平成19年5月25日初版発行　　　　　　　　　　　　　　　　　《検印省略》

当世具足の兜の立て物 —そのデザインと機能—
(とうせいぐそく　かぶと　た　もの　　　　　　　　　　　　きのう)

著　者　　土井　輝生
発行者　　宮田哲男
発行所　　㈱　雄山閣
　　　　　〒102-0071　東京都千代田区富士見2－6－9
　　　　　電話 03-3262-3231(代)　FAX 03-3262-6938
　　　　　振替：00130-5-1685
　　　　　http://www.yuzankaku.co.jp

印　刷　　藤原印刷
製　本　　協栄製本

TERUO DOI　　　　　　　　　法律で定められた場合を除き、本書から無断のコピーを禁じます。
Printed in Japan 2007
ISBN 978-4-639-01984-8　C3021